KB264376

새로운 수능 대비 영단어

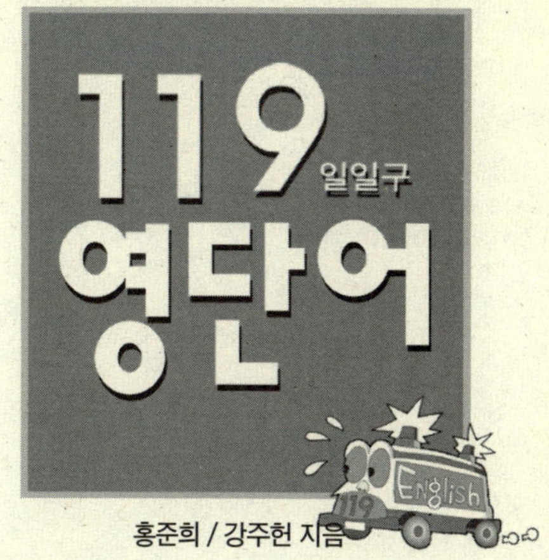

119 영단어

홍준희 / 강주헌 지음

오늘닷컴

119 영단어

1판 인쇄 · 2002년 1월 10일
1판 발행 · 2002년 1월 15일

지은이 · 홍준희 · 강주헌
펴낸이 · 이종천
펴낸곳 · 오늘닷컴
등록일 · 1997년 11월 17일, 제10-1510호
주소 · 서울시 마포구 용강동 45-8
전화번호 · 719-2811(대)
팩스 · 712-7392

http://www.o-neul.com
http://www.oneul.co.kr
ID : oneull@netsgo.com

※ 인지는 붙이지 않습니다.
※ 오늘닷컴의 편집 · 영업 · 관리는 '오늘'에서 합니다.
※ 잘못된 책은 구입하신 서점에서 바꿔 드립니다.
ISBN 89-87928-53-5 13740

값 7,000원

머 리 말

수능영어 새경향,
빈틈없이 필수단어를 정복한다!

최근 고교 영어학습 및 수능영어 경향은 단어수보다 자주 쓰이는 단어에 관해서 그 어법까지 철저히 이해할 것을 강조하고 있다.

이러한 추세에 따라 자주 쓰이는 필수단어를 철저히 어법까지 정복하는 것이 수능영어의 일차적인 대책이 될 것이다.

이 책은 고교영어 전과정을 컴퓨터 분석하고, 가장 빈출도가 높은 필수단어를 최신 학습이론에 따라 체계적으로 정리하여, 뛰어난 암기효과를 제시하고 있다.

☆ 필수단어 단계적 정리

수능대비 필수단어 1400개(파생어 포함 1750개)를 난이도에 따라 단계별로 정리한다.

1단계 / 고교영어 기초 수준 가운데 어법상 중요한 단어들로, 파생어까지 일괄로 암기해야 한다.

2단계 / 고교영어 중간 수준 단어들로, 단어에 대한 빈틈없는 지식을 쌓아 한 단계 높은 영어실력으로 도약할 수 있는 단계이므로 꼼꼼히 암기해야 한다.

3단계 / 수능영어 도전 수준 가운데 어법상 매우 중요한 단어들로, 관련어들과의 결합방법을 유의해서 철저히 연구하고 암기해야 한다.

4단계 / 수능영어 필수단어 가운데 다양한 뜻과 용법을 갖는 단어들로, 문장을 정확히 파악하지 않으면 오역을 일으킬 수 있으므로 주

의해서 암기해야 한다. 예문을 통하여 다양한 용법을 자기화해
야 할 것이다.

5단계 / 수능영어 빈출단어 가운데 영문 독해력 향상에 필수적인 단어
들로, 그 뜻과 용법을 예문과 함께 철저히 암기해야 한다.

☆ 최고의 암기효과 체제

단어는 단어만을 끌어 내서 기억할려고 해도 잘 되지 않는다. 암기에는
대비와 연합의 방법이 있다.

예를 들면 동의어·반의어를 함께 기억하든가, 활용형을 함께 암기하는 방
법이 효율적이다.

단어의 여러가지 뜻과 어법을 익히는 방법도 단어의 결합형을 통하여 파
악하고 암기하는 것이 효율적이다.

이 책은 이러한 특징을 최대화하여 최고의 암기효과를 보장하고 있다. 효
과적으로 제시된 동의어·반의어·활용형 및 어법을 함께 암기할 수 있다.

☆ 예문속에서 문맥을 통하여 암기

단어는 어디까지나 문장의 구성요소에 불과하다. 따라서 단어는 문장을
통해서 암기하는 것이 효율적이다.

오랜 연구와 강의경험의 결실로 제시하는 모범예문을 통하여 암기효과를
배가할 수 있을 것이다.

효과적으로 엄선한 예문을 보면서, 같은 단어가 여러가지 뜻으로 쓰이는

것을 아는 것으로 훌륭한 암기효과를 거둘 수 있을 것이다.

☆ 참고사항 활용으로 마무리

암기한 단어를 정리하는 것이 중요하다. 다음 단계 [발전편]의 단어 학습으로 진행하기 위해서 이 책 [필수편]이 제시하는 체계적 정리사항을 충분히 활용하고 마무리 해야 한다.

참고로, 용법 에서 해당어의 어법을 철저히 익히고, 주의 에서 다른 말과의 관련사항이나 주의사항을 마무리 한다.

"All's well that ends well!"
(결과가 좋으면 다 좋다!)

지금 여러분은 참으로 중요한 과정에 있습니다. 오직 미래를 향하여 뛰세요!

대망의 고교생 여러분!

지금부터 빈틈없이 미래의 초석을 쌓으세요!

지금부터 다지는 영어실력은 여러분의 장래를 결정할 것입니다.

영광을 빕니다!

CONTENTS

필·수·기·본·단·어

어법에 유의해서 꼭 파생어까지
함께 암기해야 할 기본단어 587

필·수·기·본·단·어

어법에 유의해서 꼭 파생어까지
함께 암기해야 할 기본단어 587

Absence makes the heart grow fonder
(떨어져 있으면 더욱 그리워진다)

A

1 aboard [əbɔ́:ɾd]　　　　뷔 배로, 배안에서 ; 승선하여

〈반의어〉 ashore

▶ Let's go *aboard*. 승선합시다.

2 abroad [əbrɔ́:d]　　　　1. 뷔 외국으로[에] ; 널리
　　　　　　　　　　　　　　　2. 몡 외국

〈반의어〉 at home

1. ▶ My brother is going to study *abroad*.
　 우리 형은 유학갈 예정이다.
　 ▶ Soon the news spread *abroad*.
　 곧 그 소식이 널리 퍼졌다.
2. ▶ She will come back from *abroad* next month.
　 그녀는 다음달 해외에서 돌아올 것이다.

3 abstract [ǽbstrækt]　　　　혱 추상적인 ; 난해한

〈반의어〉 concrete (구체적인)

▶ Philosophy is an *abstract* subject.
철학은 추상적인 분야이다.

4　**accept** [æksépt]　　　🖹 ~받다 ; ~에 응하다 ; ~을 인정하다

〈명사형〉 acceptance (승락)

▶ She *accepted* my invitation.
그녀는 나의 초대에 응했다.
▶ I *accepted* his statement as true.
나는 그의 진술을 사실로 받아 들였다.

5　**accident** [ǽksidənt]　　　🖹 사고 ; 우연한 일

〈형용사형〉 accidental

▶ Many people were killed in the railway *accident*.
기차사고로 많은 사람이 죽었다.
▶ He had a bad *accident*. 그는 심한 사고를 당했다.

6　**according** [əkɔ́ːrdiŋ]　　　🖹 ~에 따라서 (~as) ;
　　　　　　　　　　　　　　　　　　~에 의하면 (~to)

〈부사형〉 accordingly (그 때문에)

▶ You will be paid *according as* you work.
너는 일에 따라 돈을 받게 될 것이다.
▶ *According to* the radio, it will be cloudy tomorrow.
라디오에 의하면 내일은 흐릴 것이라고 한다.

〈용법〉　**according as**는 접속사, **according to**는 전치사 역할을 한다.

7　**accustomed** [əkʌ́stəmd]　　　🖹 익숙해지다(be [or get] ~to)

〈동의어〉 get used to

▶ His eyes got *accustomed* to the dark.
그의 눈은 어둠에 익숙해졌다.
▶ That American is *accustomed* to eating Korean food.
저 미국인은 한국음식을 먹는 것에 익숙해져 있다.

8 **acquire** [əkwáiər] 태 ~을 손에 넣다;
(끊임없는 노력으로) ~을 습득하다

〈명사형〉 acquirement；acquisition

▶ She *acquired* the land for nothing.
그녀는 그 토지를 공짜로 손에 넣었다.
▶ You must try to *acquire* a good knowledge of English.
당신은 영어의 좋은 지식을 습득하도록 노력해야 한다.

9 **address** [ədrés] 1. 명 연설；주소
2. 태 ~에게 연설하다;
~의 이름을 보내다 (~to)

〈명사형〉 addressee (수신인) addresser (발신인)

1. ▶ Who made the opening *address*? 누가 개회사를 했는가?
▶ Tell me your *address*. 너의 주소를 가르쳐 줘.
2. ▶ I *addressed* the letter to the principal.
나는 그 편지를 교장선생님 서명으로 보냈다.
▶ I *addressed* the boys. 나는 소년들에게 연설했다.

10 **adventure** [ədvéntʃər] 명 모험；모험담

〈동의어〉 adventurous

▶ He told me about his *adventure*.
그는 나에게 그의 모험담을 말했다.
▶ He is fond of *adventure*. 그는 모험을 좋아한다.

11 **affair** [əfέər] 명 사건；문제；일

▶ It was indeed a terrible *affair*.
그것은 실로 무서운 사건이었다.
▶ Our journey was a miserable *affair*.
우리여행은 비참한 것이었다.

《용법》 '일'이란 뜻으로는 보통 〈부정관사＋형용사＋affair〉의 형식을
띤다.

12 **affirm** [əfə́ːrm]　　　囲 단언하다

〈형용사형〉 affirmative (단정적인)

　　▶ He *affirmed* that he was telling the truth.
　　　그는 그가 사실을 말하고 있다고 단언했다.

13 **afford** [əfɔ́ːrd]　囲 ~할 수 있다(~to do);~할 여유가 있다

　　▶ I can't *afford to* buy a new car.
　　　나는 새 차를 살 수 없다(살 여유가 없다)
　　▶ I'm not rich enough to *afford* a car.
　　　나는 차를 살만큼 부유하지 못하다.

《용법》　조동사의 **can, cannot**과 함께 사용하는 경우가 많다.

14 **afraid** [əfréid]　　　图 무서워 하여;걱정하여

　　▶ Don't be *afraid*. 무서워 하지마.
　　▶ What are you *afraid* of? 무엇을 무서워하고 있니?
　　▶ I'm *afraid* I don't know. 유감이지만 나는 모른다.

《용법》　**be afraid to do**와 **be afraid of**의 의미가 다름에 주의. He is
afraid to die.는 「죽을 만한 용기가 없다」, He is afraid of dying.
는 「죽는 것은 아닐까 걱정하고 있다」는 의미.
　　{ I'm afraid it will rain.
　　　비가 내리는 것은 아닐까 걱정이다.
　　　I hope it will clear up. 날씨가 개이기를 바란다.

15 **afterward(s)** [ǽftərwərd]　　图 후에

　　▶ I met him not long *afterwards*.
　　　그 후에 곧 그를 만났다.

16 **age** [éidʒ]　　　　　　图 연령;일생;성년;노년;시대

　　▶ He is thirty years of *age*. 그는 30세이다.
　　▶ The cat died from *age*. 그 고양이는 나이들어 죽었다.

16

▶ My sister will be [or come] of *age* next year.
내 여동생은 내년 성년이 될 것입니다.

17 **aged** [éidʒid]　　　　〈발음주의〉 혱 늙은

▶ The *aged* and children should be protected.
노인들과 아이들은 보호되어야만 한다.

[주의]　「~살의」의 의미로는 [éidʒd]라고 발음한다.
He died aged 70. 그는 70세의 나이로 죽었다.

18 **ahead** [əhéd]　　　　튄 전방에(으로);미리

▶ There appeared a big truck right *ahead*.
바로 앞에 큰 트럭이 나타났다.
▶ We saw a ship *ahead* of us. 우리는 앞쪽에서 배를 보았다.

19 **aid** [eid]　　　　타 ~을 거들다;~을 돕다

〈동의어〉 help
____

▶ We *aided* him in the work. 우리는 그 일을 거들었다.
▶ He *aided* me to finish the work.
그는 내가 그 일을 끝내도록 도와주었다.

20 **aim** [eim]　　　1. 타 ~ 겨누다
　　　　　　　　　2. 자 [구체적인 목표를] 겨누다 (~at);
　　　　　　　　　　　…하려 노력하다(~to do)
　　　　　　　　　3. 명 표적;목표

1. ▶ He *aimed* his gun *at* the lion.
그는 총으로 사자를 겨누었다.
2. ▶ He *aimed at* winning the first prize.
그는 일등을 목표로 노력했다.
▶ He *aims to* gain the first prize.
그는 1등상을 얻는 것을 목표로 하고 있다.
3. ▶ He traveled without *aim*.
그는 목표도 없이 여행했다.

21 **alarm** [əlάːrm] 1. 몡 놀람;경보;자명종 시계
2. 팀 ~을 놀라게 하다

2. ▶ We were all *alarmed* at the news.
우리는 모두 그 소식에 놀랐다.

22 **alike** [əláik] 1. 혱 《서술형용사》 비슷한
2. 뷔 똑같이, 양쪽 모두

1. ▶ They are very much *alike.* 그들은 매우 비슷했다.
[주의] 한정형용사로서는 **similar** 을 사용한다. 또한 항상 (very) much로 수식될 뿐, very만으로는 수식되지 않는다.
2. ▶ All the pupils should be treated *alike.*
모든 학생은 평등하게 다루어져야 한다.
▶ They walk *alike.* 그들은 걸음걸이가 똑같다.

23 **alone** [əlóun] 뷔 ~만;혼자서, 단지 ~만으로

▶ He *alone* can solve the problem.
그는 혼자서 그 문제를 풀 수 있다.
▶ Why must we stay here *alone*?
왜 우리만이 여기에 머물러야 합니까?

[주의] **only**는 「어떤 조건에 대적할 유일한 일·사람」 **alone**은 「단독으로」라는 사실을 나타낸다.

24 **aloud** [əláud] 뷔 큰소리로[＝《미》 loudly]

▶ Read the passage *aloud.* 소리내어 그 메모를 읽으세요.

25 **alter** [ɔ́ːltər] 1. 팀 ~을 변경하다;다시 만들다
2. 쟤 변하다

〈형용사형〉 alternate (번갈아 하는), alternative (양자택일의)

1. ▶ We can *alter* our course. 우리는 방침을 바꿀 수 있다.
2. ▶ Tokyo has *altered* a great deal since after the war.

동경은 전쟁후에 크게 변했다.

[주의]　동음이의어에 **altar**(제단)이 있다.

26　**altogether** [ɔ́ːltəgéðər]　부 완전히；전부；《문전체를 수식해》
　　　일반적으로 말하면

▶ The game was *altogether* exciting.
그 게임은 상당히 흥미있었다.
▶ How much *altogether*? 합계 얼마?
▶ *Altogether*, it was not a failure.
전체로서 생각해보면, 그것은 실패가 아니었다.

《용법》　이 단어는 부정어와 함께 사용하면 부분부정이 되며 '완전히
～하고 하는 것은 아니다'의 의미를 나타낸다.
I did *not altogether* agree with him.
나는 완전히 그에게 동의한 것은 아니었다.

27　**amaze** [əméiz]　타 ～을 놀라게 하다

〈동의어〉 astonish 〈명사형〉 amazement (놀람)

▶ We were *amazed* at his knowledge.
우리는 그의 지식에 놀랐다.

28　**ambition** [æmbíʃən]　명 야망；포부；야심

〈형용사형〉 ambitious (야망있는)

▶ He had the *ambition* to be a great statesman.
그는 위대한 정치가가 되려는 야망을 가졌다.

29　**amount** [əmáunt]　1. 명 (the～) 총액；액수；요지
　　　2. 자 총계 ～에 달하다(～to)；
　　　결국 ～와 대등하다(～to)

1. ▶ He gave me a large *amount* of money.
그는 나에게 많은 액수의 돈을 주었다.
▶ No *amount* of facts makes a good story.

많은 양의 사실이 좋은 이야기가 되는 것은 아니다.
2. ▶ The loss *amounted to* ten million won.
손실은 총계 1,000만원에 달했다.
▶ His answer *amounts to* a refusal.
그의 대답은 거절과 같다.

30 **apologize** [əpálədʒaiz]　　图 사죄하다, 사과하다

〈명사형〉 apology (사과)

▶ He *apologized* to his teacher for coming to shcool late.
그는 학교에 지각한 것을 선생님에게 사과했다.

《용법》　**apologize to somebody for** …**ing**의 형태를 취하는 경우가
많다.

31 **appoint** [əpɔ́int]　　　　图 ～을 지명하다;약속하다

〈명사형〉 appointment (지명)

▶ I *appointed* him as my successor.
나는 그를 후계자로 지명했다.
▶ He *appointed* the place for the meeting.
그는 모임을 위한 장소를 지정했다.

32 **apt** [æpt]　　　　　图 적절한;～의 경향이 있는(be ～ to do)

〈동의어〉 likely 〈명사형〉 aptitude (경향;적성)

▶ He made an *apt* answer. 그는 적절한 대답을 했다.
▶ I *am apt to* catch cold in winter.
나는 겨울에 감기에 쉽게 걸린다.

33 **arise** [əráiz]　　　　　图 일어나다, 나타나다;
결과로서 발생하다(～from)

〈활용형〉　**arise－arose－arisen**
▶ A new question has *arisen.* 새로운 문제가 생겼다.
▶ The accident *arose from* carelessness.

그 사고는 부주의로 일어났다.

34 **artificial** [ɑːrtifíʃ(ə)l]　혤 인조의 ; 인공의 ; 거짓의

▶ She welcomed me with an *artificial* smile.
그녀는 거짓 미소를 지으며 나를 환영했다.

35 **aside** [əsáid]　튄 옆에, 벗어나서

▶ Please help me move this table *aside*.
이 테이블을 옆으로 움직이게 도와주세요.
▶ Put your care *aside*. 걱정일랑 접어두어라.

36 **asleep** [əslíːp]　혤 (be~) 자는

〈반의어〉 amake

▶ The baby is fast *asleep*. 아기는 빠르게 잠이 든다.
▶ The sail is asleep. 돛이 바람을 가득 안고 있다.

《용법》　이 단어는 형용사이지만 명사의 수식에는 사용하지 않는다. 명사 수식에는 **sleeping**을 사용해 **a sleeping child**(자고 있는 아이)가 된다.

37 **assure** [əʃúər]　탄 ~보증하다 ; (사람에게) 확신시키다(~of)

〈명사형〉 assurance (보증 ; 확신)

▶ I *assure* you *of* his innocence.
나는 당신에게 그의 결백을 보증합니다.
▶ I am *assured of* your success.
＝I am *assured that* you will succeed.
나는 당신이 성공하리라 확신하고 있습니다.
▶ This *assures* his success. 이것으로 그의 성공은 확실하다.

38 **athletic** [æθlétik]　혤 운동경기의

〈명사형〉 athlete (운동선수)

▶ Our *athletic* meeting will be held tomorrow.
운동회는 내일 열릴 것입니다.

39 avoid [əvɔ́id]　　　　　타 ~을 피하다(~ …ing)

▶ *Avoid* reading bad books. 나쁜 책을 읽는 것을 피하세요.
▶ I could not *avoid* saying so.
나는 그렇게 말하지 않을 수 없었다.

《용법》　동사를 목적어로 취할 때는 동명사가 된다.

40 awake [əwéik]　　　1. 타 ~을 잠에서 깨우다;깨닫게 하다
　　　　　　　　　　　　2. 자 깨다 3. 형 《보어로서》 잠이 깬

〈반의어〉 asleep

〈활용형〉　**awake－awoke－awaken**
1. ▶ The noise *awoke* me from my sleep.
그 소리는 나를 잠에서 깨웠다.
2. ▶ You must keep him *awake*. 당신은 그를 깨워야만 합니다.

41 awaken [əwéik(ə)n]　　1. 타 ~을 일으키다;깨닫게 하다
　　　　　　　　　　　　　2. 자 일어나다

1. ▶ My interest in history was *awakened* by the book.
그 책이 역사에 대한 나의 흥미를 불러 일으켰다.
▶ It has *awakened* him to a sense of his position.
그것이 그에게 자기 위치의 중요함을 깨닫게 해주었다.

42 aware [əwɛ́ər]　　　　형 《보어로서》 깨닫는, 아는(~of)

〈동의어〉 conscious 〈명사형〉 awareness

▶ He will never *be aware of* the danger.
그는 결코 그 위험을 깨닫지 못 할 것이다.
▶ He *was aware that* he had made a mistake.
＝He *was aware of* having made a mistake.
그는 실수한 것을 알고 있었다.

43 **awfully** [ɔ́:fli] 부 매우

〈동의어〉 very

▶ It's *awfully* hot today. 오늘은 매우 덥다.
▶ I'm *awfully* sorry for you. 정말 미안합니다.

B

44 **baggage** [bǽgidʒ] 명 《미》 수하물

〈동의어〉《영》 luggage

▶ Take a piece of *baggage* over there.
저쪽에서 화물 하나를 받아가세요.

[주의] 이 명사는 불가산명사이기 때문에, 1개를 가리킬 때는 **a piece of baggage**라고 한다.

45 **bake** [béik] 1. 타 ~을 굽다 2. 자 구워지다

〈명사형〉 bakery (빵가게)

1. ▶ My mother is good at *baking* bread.
어머니는 빵굽는 일을 잘 한다.

46 **balance** [bǽləns] 1. 명 저울;안정;균형
2. 타 ~을 저울에 달다;[균형을] 잡다
3. 자 균형이 잡히다

1. ▶ Don't lose your mental *balance*. 마음의 안정을 잃지마.
2. ▶ He *blanced* himself on one foot.
그는 한 발로 몸의 균형을 잡았다.

47 **bare** [bέər] 형 알몸의;맨손의;빈몸의, 있는 그대로의

〈부사형〉 barely (겨우)

▶ Don't walk in *bare* feet. 맨발로 걷지마.

▶ He put it on the *bare* floor. 그는 그것을 맨바닥 위에 놓았다.

48 **barefoot**[bέərfút]　　　형 부 맨발의(로)

▶ Don't walk *barefoot*. 맨발로 걷지마.

49 **bark** [bɑːrk]　1. 명 개짖는 소리
　　　　　　　　2. 자 짖다(~at);[사람이] 딱딱거리며 말하다.

▶ The dog *barked at* me. 그 개가 나를 보고 짖었다.

50 **bath** [bæθ]　　　　명 목욕

〈동사형〉 bathe [beið]
___

▶ How often a week do you take a *bath*?
　너는 1주일에 몇 번 목욕하니?

51 **battle** [bǽtl]　　　명 전쟁;투쟁;승리

〈명사형〉 battlefield
___

▶ The *battle* is not always to the strong.
　전쟁은 항상 강자가 이기는 것은 아니다.

52 **beast** [biːst]　　　명 동물, 짐승;사람이 아님

▶ A lion is a *beast* royal. 사자는 동물의 왕이다.

53 **beat** [biːt]　1. 타 ~을 연달아 치다;~을 이기다
　　　　　　　2. 자 강하게 치다(~at);(심장이)뛰다;울리다
　　　　　　　3. 명 일타;박자;고동

〈활용형〉 **beat—beat—beaten**
　1. ▶ He often *beats* his child on the head.
　　그는 자주 아이의 머리를 때린다.
　　▶ He has never been *beaten* in ping–pong.
　　그는 결코 탁구에서 진적이 없다.
　2. ▶ He could hear his heart *beating*.

그는 심장이 뛰고 있는 것을 들을 수 있었다.
3. ▶ I could hear the *beat* of a drum in the distance.
나는 멀리서 드럼 치는 소리를 들을 수 있었다.

54 **become** [bikʌ́m] 1. 困 [〜이] 되다
2. 타 어울리다

〈활용형〉 **become－became－become**
1. ▶ At last he *became ill*. 그는 마침내 병에 걸렸다.
2. ▶ That red dress does not *become* her.
저 빨간 드레스는 그녀에게 어울리지 않는다.

55 **beforehand** [bifɔ́:ɾhæ̀nd] 閉 미리, 앞서

▶ Make an appointment *beforehand*. 미리 예약해 두세요.

56 **beg** [beg] 1. 타 〜을 청하다;바라다
2. 困 의 자비를 빌다

1. ▶ It is no use *begging* your life.
살려달라고 해도 아무 소용 없다.
▶ She *begged* her husband not to scold the son.
그녀는 남편에게 아들을 꾸중하지 말도록 부탁했다.
2. ▶ I will *beg* for his help. 나는 그의 도움을 바란다.

57 **begin** [bigín] 1. 困 시작되다.
2. 타 〜을 시작하다(〜to/…ing)

〈명사형〉 beginner (초심자)

〈활용형〉 **begin－began－begun**
1. ▶ The second term *begins* in September.
2학기는 9월부터 시작한다.
〈용법〉 「〜부터 시작하다」라고 할때, "시"인 경우는 **at**, "일"은 **on,**
"월, 년"의 경우에는 **in**을 사용한다.
2. ▶ She *began* to cry [or crying] 그녀는 울기 시작했다.

58 **beginning** [bigínin] 명 처음;(〜s) 초창기, 초기

▶ The meeting will take place at the *beginning* of next month. 그 회의는 다음달 초에 개최할 것이다.
▶ Start again from [or at] the very *beginning*.
처음부터 다시 하세요.

59 **believe** [bilí:v]   1. 타 ~을 믿다 2. 자 [~의] 존재를 믿다;좋다고 생각하다(~in)

〈명사형〉 belief (신념;신앙)

1. ▶ I *believe* him to be honest.
[=I *believe* that he is honest.]
나는 그가 정직한 사람이라는 것을 믿는다.
2. ▶ You should *believe in* Christianity.
당신은 기독교를 믿어야 한다.

60 **belong** [bilɔ́:ŋ]   자 소속하다(~to)

▶ That car *belongs to* my uncle.
[=My uncle is the owner of that car.]
그 차는 내 삼촌의 것이다.

61 **bend** [bend]   1. 타 ~을 구부리다;기울이다
2. 자 구부러지다 3. 명 구부러짐

〈활용형〉 **bend—bent—bent**
1. ▶ He *bent* his mind to his studies.
그는 공부에 마음을 기울였다.
▶ He is *bent* with age. 그는 나이가 들어 허리가 굽어져 있다.
3. ▶ Take care of a sharp *bend* in the road.
도로의 급커브를 조심하세요.

62 **benefit** [bénifit]   명 이익;은혜

〈형용사형〉 beneficial (유익한)

▶ This book is of much *benefit* to me.
이 책은 나에게 무척 유익하다.

63 **bid** [bid]　　　　　　　태 명령하다(+목적어+원형);
　　　　　　　　　　　　　　[이별]을 알리다;값을 부르다(~for)

〈활용형〉 **bid—bade—bidden**
　　　▶ I *bade* them go. 나는 그들에게 가라고 명령했다.
　　　▶ *Bid* him good—by. 그에게 작별을 고하세요.
　　　▶ He *bid* fifty dollars *for* the table.
　　　　그는 그 책상에 50달러를 불렀다.
[주의]　「값을 부르다」의 의미에는 **bid, bid, bid**라고 활용한다.

64 **bill** [bil]　　　　　　　명 청구서;어음;지폐;법안

　　　▶ I'll pay the *bill*. 내가 값을 지불할 것이다.
　　　▶ The *bill* will be passed. 그 법안은 통과될 것이다.

65 **bind** [baind]　　　1. 태 ~을 묶다, ~을 결박하다;제본하다
　　　　　　　　　　　2. 자 묶이다

〈활용형〉 **bind—bound—bound**
　　　1. ▶ You had better *bind* the package.
　　　　그 꾸러미를 묶는 것이 낫다.
　　　▶ The ground was *bound* by frost.
　　　　땅은 추위로 얼어 붙었다.

66 **birth** [bə:rθ]　　　　　명 출생;가계;기원

　　　▶ Tell me the date of your *birth*.
　　　　=Tell me when you were born.
　　　　너의 생년월일을 가르쳐 줘.
　　　▶ She is an artist by *birth*. 그녀는 타고난 예술가이다.

67 **bit** [bit]　　　　　　　명 조금, 소량

　　　▶ We could only see a *bit* of blue sky.
　　　　우리는 단지 푸른하늘을 조금 볼 수 있었다.
　　　▶ The boy was not a *bit* pleased with the present.

그 소년은 선물에 조금도 기뻐하지 않았다.

《용법》　**not a bit**는 부사적으로 사용되며「조금도 ～않다」의 의미.

68　**bite** [bait]　　1. 匣 ～을 물다;짜릿하게 자극하다
　　　　　　　　　　2. 丞 물다 3. 阁 물기;한입거리;물린 상처

〈활용형〉 **bite－bit－bit or bitten**
　　1. ▶ The mad dog *bit* me on [or in] the hand.
　　　미친개가 나의 손을 물었다.
　　2. ▶ The fish were *biting* well. 물고기가 자꾸 미끼를 물었다.
　　3. ▶ I have not had a *bite* today. 오늘은 아무것도 먹지 않았다.

69　**blame** [bleim]　　　　匣 [사람을] 비난하다

　　▶ Don't *blame* him 그를 비난하지마라.
　　▶ He *blamed* me *for* the accident.
　　　=He *blamed* the accident *on* me. 《구어체》
　　　그는 그 사고로 나를 비난했다.
　　▶ You are *to blame.* = You are (in the) wrong.
　　　네게 책임이 있다.

70　**blank** [blæŋk]　　1. 阅 백지의;텅빈;멍한
　　　　　　　　　　　2. 阁 공백;공허;백지

〈동의어〉 empty (텅빈)
───────────────────────────
　　1. ▶ My memory is perfectly *blank* on the matter.
　　　이 문제에 대해 완전히 기억이 없다.
　　　▶ He always looks *blank.* 그는 항상 멍하게 있다.
　　2. ▶ Her son's death left a great *blank* in her life.
　　　그녀의 아들의 죽음이 그녀의 인생에 큰 허무함을 남겼다.

71　**blind** [blaind]　1. 阅 눈이 보이지 않는;이해할 수 없는(～to)
　　　　　　　　　　2. 匣 ～의 눈을 속이다, ～을 보이지 않게 하다
　　　　　　　　　　3. 阁 눈을 막는 것, 차양

〈부사형〉 blindly (맹목적으로)
───────────────────────────

1. ▶ We are *blind* to our own defects.
우리는 우리 자신의 결점을 보지 못한다.
▶ We are defenseless against the *blind* forces of a typhoon. 우리는 태풍의 강한 힘에 손쓸 도리가 없다.
2. ▶ I was *blinded* by the glaring light.
나는 반짝이는 빛때문에 눈이 부셨다.

72 bloom [blu:m]   1. 몡 꽃;개화(의 상태) 2. 잣 꽃이 피다

1. ▶ The roses are in full *bloom*. 장미가 가득하게 피어있다.
2. ▶ These trees *bloom* in summer.
이 나무는 여름에 꽃이 핀다.

73 blossom [blásəm]   1. 몡 꽃;꽃이 한창임
                            2. 잣 꽃이 피다

1. ▶ The cherry trees are in full *blossom* now.
벚나무가 지금 가득 피어 있습니다.

[주의]   **blossom**는 주로 「과수 꽃」, **flower**는 「화초」, **bloom**는 「관상 식물 꽃」을 의미한다.

74 blow [blou]   1. 잣 [바람이]불다;숨을 내쉬다
                    2. 탸 ~을 불다;~에 숨을 불어넣다;폭파하다
                    3. 몡 한호흡

〈활용형〉 **blow－blew－blown**
1. ▶ It [or The wind] is *blowing* hard.
바람이 심하게 불고 있다.
▶ Don't *blow* on the soup to cool it.
입으로 불어 스프를 식히지 마라.
3. ▶ He gave a hard *blow* on a whistle.
그는 휘파람을 강하게 불었다.

75 board [bo:rd]   1. 몡 판자;게시판;식사
                      2. 탸 ~에 판자를 대다;~을 하숙시키다
                      3. 잣 하숙하다

2. ▶ He is *boarded* by his aunt.
그는 아주머니집에 하숙하고 있다.

---

76 boast [boust]   1. 困 자랑하다(~of/~that)
                            2. 圄 ~을 자랑하다 3. 圀 자랑

〈형용사형〉 boastful (자랑하는)

---

1. ▶ She *boasts of* being beautiful.
   =She *boasts that* she is beautiful.
   그녀는 자신이 아름다운 것을 자랑한다
2. ▶ Our village *boasts* a fine library.
   좋은 도서관은 우리 마을의 자랑이다.
3. ▶ He makes a *boast* of his garden.
   그는 그의 정원을 자랑한다.

---

77 boil [bɔil]   1. 困 끓다 2. 圄 ~끓이다 3. 圀 비등

1. ▶ The kettle is *boiling*. 주전자가 끓고 있다.
2. ▶ *Boil* my eggs soft. 계란을 반숙해 줘
3. ▶ The water is on the *boil*. 물이 끓고 있다

---

78 borrow [bɔ́rou]   圄 ~을 빌리다

〈반의어〉 lend (빌려주다)

▶ I have *borrowed* this camera from him.
나는 이 카메라를 그에게서 빌렸다.

〈용법〉 **borrow something from somebody**의 형태를 취하는 경우가 많다.

---

79 bound[1] [baund]   1. 困 뛰어 오르다 2. 圀 바운드

〈명사형〉 bounce

1. ▶ My heart *bounded* with joy. 내 심장은 기쁨으로 뛰었다.

---

80 bound[2] [baund]   圐 《서술형용사》 ~행의(~for)

30

▶ This train is *bound for* Seoul. 이 기차는 서울행이다.

81 bound³ [baund]
1. 몡 (~s) 경계[선]
2. 탄 ~의 경계를 이루다;~제한하다

〈동의어〉 border 〈명사형〉 boundary (경계선)

1. ▶ It is within the *bounds* of my estate.
   그것은 내 소유지 경계안에 있다.
2. ▶ The United States is *bounded* on the north by Canada.
   미국은 캐나다와 북쪽에서 경계를 이루고 있다.

82 brain [brein]　　　몡 뇌:(~s) 머리

▶ His family have good *brains*.
그의 가족은 좋은 머리를 갖고 있다.

83 brake [breik]　　　몡 브레이크, 정거

▶ He put on the *brake* when he saw a dog ahead.
그가 전방에 개를 발견했을 때 브레이크를 밟았다.

84 branch [bræntʃ]　　　몡 가지;부분;지점;지류

▶ Monkeys leap from *branch* to *branch*.
원숭이가 나무가지 사이를 뛰어 넘는다.
▶ He is well versed in the *branches* of economics.
그는 경제학 분야에 매우 밝다.

85 bread[bred]　　　몡 빵;먹을 것

▶ He cut me a piece of *bread*.
그는 나에게 한 조각의 빵을 잘라 주었다.
▶ *Bread* and butter is his usual breakfast.
버터 바른 빵이 보통 그의 아침식사이다.

[주의]　「빵 한조각」 **a piece[or loaf, slice] of bread**라고 한다. **bread and butter**는 [bréd−n−bʌ́tər]라고 발음한다.

86   **break** [breik]   1. 태 ~을 깨다, 부수다, 끊다
                                2. 자 깨지다;중단하다
                                3. 명 파괴, 깨진 곳;중단;휴식

1. ▶ He never **breaks** his promise.
　 그는 결코 약속을 깨뜨리지 않는다.
2. ▶ Day will soon **break**. 곧 날이 밝는다.
3. ▶ Let's have a ten minutes' **break**. 10분간 휴식하자.

87   **breast** [brest]   명 가슴;심정

▶ I have a pain in my **breast**. 나는 가슴이 아프다.

88   **brick** [brik]   명 벽돌

▶ The **brick** building over there is his house.
　 건너편의 벽돌 건물이 그의 집이다.

89   **brief** [briːf]   형 단시간의;간결한

▶ Man's life is **brief**. 인간의 일생은 잠깐이다.
▶ His explanation is **brief** and to the point.
　 그의 설명은 간단하고 요령이 있다.

90   **bright** [brɑit]   형 밝은;날이 개인;깨끗한

〈동의어〉 clever 〈부사형〉 brightly (밝게)

▶ Everything looks **bright** in the sun.
　 모든 것이 태양아래서 밝게 보인다.
▶ You'd better look on the **bright** side of things.
　 사물의 밝은 면을 보는 것이 낫다.
▶ They are **bright** young fellows.
　 그들은 머리가 좋은 청년들이다.

91   **bring** [briŋ]   태 ~을 가져 오다;데리고 오다;되게 하다

〈활용형〉 **bring－brought－brought**

▶ *Bring* me a cup of coffee. 커피 1잔 가져다 주세요.

《용법》 「간접목적어＋직접목적어」를 취하는 수여동사의 용법이다.
　　　　▶ Ten minutes' walk *brought* me to the park.
　　　　＝After I walked ten minutes I came to the park.
　　　　10분 걸어서 나는 공원에 도착했다.
　　　　▶ He *brought* the fight to the end.
　　　　그는 그 싸움을 멈추게 했다.

92　broad [brɔ́ːd]　　　　형 넓은;명백한;노골적인

〈부사형〉 broadly (넓게)

　　　　▶ He has a *broad* outlook. 그는 넓은 시야를 가지고 있다.

93　brush [brʌʃ]　　　1. 명 솔;모필
　　　　　　　　　　　2. 타 빗질하다;솔로 털어내다;제거하다
　　　　　　　　　　　3. 자 이를 닦다

　　2. ▶ You should *brush* your hair every morning.
　　　　매일 아침 머리를 빗질해야 한다.
　　　▶ His hand *brushed* a speck of lint from his coat.
　　　　그는 손으로 코트의 실밥을 제거했다.

94　bucket [bʌ́kit]　　1. 명 물통, 통 2. 타 [물을]물통으로 푸다

〈형용사형〉 bucketful 한 통 분량(의)

　　1. ▶ Bring me a *bucket* [or *bucketful*] of water.
　　　　한 통의 물을 가져다 주세요

95　bud [bʌd]　　　　1. 명 싹, 꽃봉우리 2. 자 싹이나다
　　　　　　　　　　　3. 타 ~을 싹 틔우다

　　1. ▶ The trees are in *bud*. 나무는 싹이 트고 있다.

96　bundle [bʌ́ndl]　　1. 명 묶음;꾸러미
　　　　　　　　　　　2. 타 ~을 묶다(~up), ~쫓아내다
　　　　　　　　　　　3. 자 급히 떠나다

1. ▶ He handed me a *bundle* of letters.
그는 나에게 한 다발의 편지를 건네 주었다.

| 97 | **burn** [bəːʌn] | 1. 困 타다, 연소하다
2. 囲 ～을 굽다;화상입다 |

〈활용형〉 **burn－burnt－burnt**
2. ▶ His house was *burnt* down last night.
그의 집은 어제밤 타버렸다.
▶ He *burnt* his fingers. 그는 손가락에 화상을 입었다.

| 98 | **burst** [bəːʌst] | 1. 困 터지다;차서 넘치다;갑자기 ～하다
2. 囲 ～을 깨다;밀어서 터뜨리다 |

〈활용형〉 **burst－burst－burst**
1. ▶ The gas tank *burst*. 가스탱크가 터졌다.
▶ She *burst* into tears. 그녀는 갑자기 울음을 터뜨렸다.
▶ They *burst* out laughing. 그들은 갑자기 웃었다.
2. ▶ He *burst* open the door [＝the door open].
그는 문을 확 열었다.

| 99 | **bury** [béri] 〈발음주의〉 | 囲 ～을 매장하다;파묻다;숨기다 |

〈명사형〉 burial (매장)

▶ The house was half *buried* under snow.
집이 눈으로 반쯤 파묻혔다.

| 100 | **bush** [buʃ] | 몡 덤불, 수풀 |

〈형용사형〉 bushy(무성한)

▶ Stick to your *bush*. 자신의 입장을 지켜라. 《속담》

| 101 | **business** [bíznis] | 몡 일;《부정문에서》 관계가 있는 일;사업 |

▶ *Business* before pleasure. 놀기보다는 먼저 일. 《속담》
▶ It is none of your *business*. ＝It's no *business* of yours.
그것은 너와는 아무런 관계가 없다.

▶ He has gone into *business*. 그는 사업을 시작했다.

102 busy [bízi] 형 바쁜;[장소가] 번화한;《전화》 통화중인

〈활용형〉 **busy—ier—iest**
▶ I'm very *busy with* the work.
나는 그 일 때문에 매우 바쁘다.
▶ He is *busy doing* the work. 그는 그 일로 매우 바쁘다.
▶ This is a *busy* street.
여기는 번잡한(교통량이 많은) 거리이다.

《용법》 서술형용사로 〈**be busy with＋명사, be busy ～ing**〉의 용법에 주의. **～ing**는 동명사이다.

103 buy [bai] 1. 타 ～을 사다 2. 자 쇼핑하다

〈활용형〉 **buy—bought**[bɔ:t]**—bought**
1. ▶ I *bought* this car cheap. 나는 이 차를 싸게 샀다.
   ▶ Father *bought* me a bicycle.
     =Father *bought* a bicycle for me.
     아버지는 나에게 자전거를 사주었다.

《용법》 수여동사로도 사용된다.
He *bought* it from a friend of his.
그는 그것을 그의 친구로부터 샀다.

C

104 cage [keidʒ] 명 새장;우리

▶ I found the *cage* empty. 나는 새장이 텅빈 것을 발견했다.

105 capital [kǽpitl] 1. 명 수도;대문자;자본
　　　　　　　　　　　　 2. 형 수위의;주요한;으뜸가는

〈동의어〉 chief, original

▶ Rome is the *capital* of Italy. 로마는 이탈리아의 수도이다.

106 careful [kέərfəl]　　　형 주의깊은

〈명사형〉 care (주의) 〈부사형〉 carefully

- ▶ Be *careful* in choosing your friends.
  친구을 선택하는 것에 주의하세요.
- ▶ Be *careful* not to drop it.
  그것을 떨어뜨리지 않게 주의하세요.
- ▶ Be *careful* about yourself. 몸 조심하세요.

107 careless [kέərlis]　　　형 부주의한;무관심한

〈명사형〉 carelessness

- ▶ He is *careless* about his clothes.
  그는 그의 옷에 대해 무관심하다.
- ▶ It was *careless* of you to leave your umbrella in the bus.
  버스에 네 우산을 놓고 내리다니 부주의했다.
- ▶ He was *careless* of danger.
  그는 위험을 염두에 두지 않았다.

108 carry [kǽri]　　　1. 타 ～을 운반하다;가지고 있다;(소식을)
　　　　　　　　　　전하다;경영하다(～on);실행하다(～out)
　　　　　　　　　2. 자 가지고 가다;닿다

1. ▶ He is always *carrying* a child in his arms.
  그는 언제나 아이를 안고 다닌다.
- ▶ He *carries on* business in Chicago.
  그는 시카고에서 사업을 하고 있다.
- ▶ Our plan was *carried out*. 우리의 계획은 실행 되었다.

109 cast [kæst]　　　1. 타 ～을 던지다, 눈을 돌리다;표를 던지다
　　　　　　　　　　2. 자 던지다

〈동의어〉 throw

〈활용형〉　cast－cast－cast
1. ▶ The boys *cast* some stones at me.

그 소년은 나에게 돌을 던졌다.
▶ She *cast* all glance at the list. 그녀는 그 표를 응시했다.

110 **castle** [kǽsl]　　　　　명 성

▶ He is building *castles* in the air.
그는 공중누각을 짓고 있다. ⇨ 공상에 빠져있다.

111 **catch** [kætʃ]　1. 타 ~을 잡다;~에 대다;(비 등을) 만나다
　　　　　　　　　2. 자 잡으려고 하다(~at)

〈활용형〉 catch—caught—caught
1. ▶ I was *caught* in a shower on my way home.
나는 집에 가는 도중에 소나기를 맞았다.
▶ He *caught* me by the hand. 그는 내 손을 잡았다.
〈용법〉 '비를 만나다'는 의미로는 주로 수동구문으로 쓰인다.

112 **celebrate** [sélibrèit]　1. 타 ~을 축하하다 2. 자 의식을 행하다
〈명사형〉 celebration (축하)

1. ▶ Father *celebrated* his fifty–sixth birthday.
아버지는 그의 56회 생신을 축하했다.

113 **century** [séntʃuri]　　　　명 100년, 1세기

▶ A hundred years make a *century*. 100년이 1세기를 이룬다.

114 **chain** [tʃein]　1. 명 쇠사슬;족쇄;연속
　　　　　　　　　2. 타 ~을 쇠사슬로 묶다(~up), ~속박하다

1. ▶ We saw some prisoners in *chains*.
우리는 쇠사슬로 묶인 몇 명의 죄수를 보았다.

115 **change** [tʃeindʒ]　1. 타 ~을 바꾸다;환전하다;~을 교환하다
　　　　　　　　　　2. 자 변하다 3. 명 변화;잔돈

1. ▶ Let's *change* the subject. 주제를 바꿉시다.

▶ *Change* trains at Jamsil. 잠실에서 기차를 바꿔 타세요.
2. ▶ She has *changed* since I saw her last.
그녀는 이전에 만났을 때와는 변했다.

《용법》　**change trains, change seats** (좌석을 바꾸다)에는 복수명사.
3. ▶ There have been many *changes* in Korea after the war. 전쟁후 한국에 많은 변화가 있었다.
▶ Can you give me *change* for one thousand bill?
천달러 지폐를 바꾸어줄 수 있습니까?

116　**charm** [tʃɑːɾm]　　1. 몡 매력;마력
　　　　　　　　　　　　　2. 타 ~을 황홀하게 하다;
　　　　　　　　　　　　　　　~에게 마력을 걸어 …시키다

〈형용사형〉 charming (즐거운)

2. ▶ I was *charmed* by her beauty.
나는 그녀의 아름다움에 매력을 느꼈다.

《용법》　동사로 쓰일 때는 주로 수동구문으로 쓰인다.

117　**cheap** [tʃiːp]　　1. 몡 값싼;싸게 파는 2. 분 싸게

2. ▶ They buy *cheap* and sell dear.
그들은 싸게 사서 비싸게 팔았다.

118　**cheek** [tʃiːk]　　몡 뺨;뻔뻔스러움(~to)

▶ He had the *cheek* to try to teach me English.
그는 뻔뻔스럽게도 나에게 영어를 가르치고자 했다.

119　**chew** [tʃuː]　　타 ~을 씹다

▶ Stop *chewing* gum. 껌 씹는 것은 그만두세요.

120　**chief** [tʃiːf]　　1. 몡 우두머리;수령
　　　　　　　　　　　　2. 몡 주요한;제 1위의;가장 중요한

2. ▶ What is your *chief* aim in life?

당신 인생에서 가장 중요한 목적은 무엇입니까?

121 **childish** [tʃáildiʃ]　　　휑 어린이같은;유치한

　▶ The lady spoke in a *childish* voice.
　그 부인은 어린이 같은 목소리로 말했다.
《용법》　이것에 대해 **childlike**는 좋은 의미로「어린이 같이 순수한」
　의 의미.

122 **chimney**[tʃímni]　　　명 굴뚝

　▶ His house has two *chimneys* of bricks.
　그의 집에는 벽돌 굴뚝이 2개 있다.

123 **circle** [səːrkl]　　1. 명 원;고리;범위;집단
　　　　　　　　　　　2. 타 ~을 둘러싸다;~을 선회하다
　　　　　　　　　　　3. 자 돌다

　1. ▶ The girls sat in a *circle*. 소녀들은 둥그렇게 앉았다.
　2. ▶ *Circle* the right answer. 정답을 동그라미 하세요.

124 **citizen** [sítizn]　　　명 시민, 국민

　▶ You should be a *citizen* of the world.
　당신은 세계인이 되어야 한다.

125 **civil** [sív(ə)l]　　　휑 시민의;공공의;정중한

〈형용사형〉 civic (시의) 〈명사형〉 civility (정중)

　▶ The *civil* rights will be protected.
　시민권은 보호받아야 할 것이다.
　▶ He is *civil* to everybody. 그는 누구에게나 정중하다.

126 **claim** [kleim]　1. 타 ~을 요구하다;주장하다(~to do/that절)
　　　　　　　　　　2. 명 (당연한 것으로)요구;
　　　　　　　　　　　　(사실이라는)주장;권리

〈동의어〉 demand 〈명사형〉claimant (요구자)

1. ▶ He *claimed* acquaintance with *her*.
   그는 그녀를 알고 있다고 단호하게 주장했다.
   ▶ He *claimed that* he was telling the truth.
   그는 사실을 말하고 있다고 주장했다.
   ▶ She *claimed to* let her alone.
   그녀는 자신 혼자있게 해달라고 요구했다.
2. ▶ He has no *claim* on us.
   그는 우리에게 아무것도 요구할 권리가 없다.

---

127 **class** [klæs] 　　　　　　명 학급;부문;계급;수업

▶ He is at the top of his *class*. 그는 학급에서 수석이다.
▶ We have no *class* today. 우린 오늘 수업이 없다.

---

128 **classify** [klǽsifai] 　　　　타 ~을 분류하다, 등급을 나누다

▶ *Classify* these apples by size.
이 사과들을 크기에 따라 분류하시오.

---

129 **clerk** [klə:rk] 　　　　　　명 사무원;서기;점원

▶ My brother is a bank *clerk*. 내 형은 은행원이다.

---

130 **climate** [kláimit] 　　　　　명 기후;풍토

▶ We have a mild *climate* here.
이 지방은 기후가 온화합니다.

---

131 **climb** [klaim] 　　　1. 자 기어오르다, 오르다(~up)
　　　　　　　　　　　　　2. 타 ~에 오르다 3. 명 등산

1. ▶ They *climbed* down the mountain.
   그들은 산에서 내려왔다.
2. ▶ I'm going to *climb* Mt. Halla this summer.
   나는 올여름 한라산에 오를 예정이다.
3. ▶ It was a long *climb* to the top. 정상까지는 긴 등반이었다.

132 cloud [klaud]　　　　　몡 구름;큰 떼

〈명사형〉 cloudy

▶ We saw a *cloud* of dust in the distance.
우리는 멀리서 자욱하게 낀 먼지를 보았다.
▶ a *cloud* of flies 파리떼

133 clutch [klʌtʃ]　　　　1. 팀 ~을 꽉 붙잡다.
　　　　　　　　　　　　　2. 쟈 매달리다 (~at)

2. ▶ A drowning man will *clutch* [=catch] at a straw.
물에 빠진 사람은 지푸라기라도 잡을 것이다. 《속담》

134 coal [koul]　　　　　몡 석탄

▶ Put more *coals* into the stove.
난로에 좀 더 석탄을 넣어라.

135 coast [koust]　　　　몡 해안, 연안

▶ San Francisco is a port on the Pacific *coast*.
샌프란시스코는 태평양 연안의 항구이다.

136 collar [kɑ́lər]　　　　몡 깃, 칼라

▶ He caught me by the *collar*. 그는 내 멱살을 잡았다.

137 collect [kəlékt]　　　1. 팀 ~을 모으다;모금하다
　　　　　　　　　　　　　2. 쟈 모이다, 쌓이다

〈명사형〉 collection (수집)

1. ▶ *Collect* the books and put them on the desk.
책을 모아 책상 위에 놓으세요.
2. ▶ A crowd of students *collected* in front of the dean.
수많은 학생들이 학장 앞에 모였다.

138 **colo(u)r** [kʌ́lər] 1. 명 색;(~s) 그림물감
2. 타 ~을 색칠하다, 칠하다 3. 자 물들다

1. ▶ He lost *color* at the news.
그는 그 소식을 듣고 새파랗게 질렸다.
3. ▶ The oranges have begun to *color*.
오렌지가 익기 시작했다.

139 **committee** [kəmíti] 〈철자주의〉 명 위원;위원회

▶ ① The *committee* were different in their opinions.
위원들은 의견이 달랐다.
▶ ② The *committee* consists of ten members.
그 위원회는 열명으로 구성되어 있다.

[주의]   ①은 군집명사(단수형으로 복수 취급 명사, 예 audience, fami-
ly, cattle, police etc.). ②는 집합명사.

140 **companion** [kəmpǽnjən] 명 친구, 동료

▶ Try to make a dictionary your constant *companion*.
사전을 당신의 한결같은 친구처럼 만들도록 노력해라.

141 **compare** [kəmpɛ́ər] 타 ~와 비교하다;비유하다

〈명사형〉 comparison (비교)

▶ *Compare* your translation with the model translation.
너의 번역을 모범번역과 비교해 보아라.
▶ Poets have *compared* sleep to death.
시인들은 잠을 죽음에 비유했다.

〈용법〉 「비교하다」에는 **with**외에 **to**도 사용하지만 「비유하다」에는
to만을 사용한다.

142 **complain** [kəmpléin] 자 불평하다(~of);[고통 등을]호소하다

〈명사형〉 complaint (불평)

▶ She is always *complaining of* high prices.
그녀는 항상 높은 물가를 불평한다.

▶ He *complains* that his wife does not understand him.
그는 그의 아내가 자신을 이해해주지 않는다고 불평한다.

〈용법〉 **complain of**의 뒤에 **that**—절이 올때는 **of**를 생략한다.

---

143 **complete** [kəmplíːt]　　1. 형 완전한;완성한
　　　　　　　　　　　　　　2. 타 ~을 완성하다, 끝내다

〈동의어〉 finish

1. ▶ My work is now *complete*. 내 일은 이제 끝났다.
2. ▶ He has *completed* his work. 그는 그의 일을 끝냈다.

---

144 **completely** [kəmplíːtli]　　부 완전하게, 철저히

▶ He is *completely* satisfied with the result.
그는 그 결과에 완전히 만족하고 있다.

---

145 **compose** [kəmpóuz]　　타 《수동태로》 ~을 구성하다;
　　　　　　　　　　　　　　(마음)을 진정시키다

〈명사형〉 composition (구성;작문)

▶ Water is *composed* of hydrogen and oxygen.
＝Water conisists of hydrogen and oxygen.
물은 수소와 산소로 구성되어 있다.

▶ *Compose* your thoughts. 당신의 생각을 정리하세요.

---

146 **conclude** [kənklúːd]　　타 ~라고 결론내리다;끝내다

〈명사형〉 conclusion (결론)

▶ We *concluded* that the animal was dead.
우리는 그 동물이 죽었다고 결론 내렸다.

---

147 **condition**　　　　1. 명 상태;조건;(~s) 사정
　[kəndíʃ(ə)n]　　　2. 타 ~을 적당한 상태로 하다;
　　　　　　　　　　　　　~의 필요조건이 되다

1. ▶ He is in a serious *condition.* 그는 심각한 상태이다.
2. ▶ *Condition* the air of your room.
당신 방의 공기를 조절하세요.

148 congratulate
[kəngrǽtjuléit]
㉣ ~을 축하하다;
~에게 축하의 말을 하다(~on)

▶ I *congratulate* you *on* your success.
나는 당신의 성공을 축하합니다.

149 continent [kántinənt/kɔ́n-] ㉤ 대륙

〈형용사형〉 continental (대륙의)

▶ Columbus found the New *Continent* in 1492.
콜롬부스는 1492년에 신대륙을 발견했다.

[주의] **the Continent**는 「유럽대륙」을 의미한다. **the New Continent** 은 「남북아메리카」를 가르킨다.

150 control [kəntróul]
1. ㉣ ~을 지배하다, 관리하다;
~을 제어하다
2. ㉤ 지배력;관리;억제력

1. ▶ You must learn to *control* youself.
당신은 당신자신을 관리하는 것을 배워야 한다.
2. ▶ That child is beyond our *control.*
저 아이는 우리의 제어권 밖에 있다.

151 conversation [kànvərséiʃ(ə)n] ㉤ 대화;회화

〈동사형〉 converse (대화하다)

▶ I had a long *conversation* with him.
나는 그와 긴 대화를 했다.

152 copy [kápi]
1. ㉤ 복사;1부;글씨본
2. ㉣ ~을 복사하다;~을 묘사하다

1. ▶ Will you take a *copy* of this page?
   이 페이지 복사하시겠습니까?
2. ▶ Don't *copy*. 복사하지마.

---

153 corner [kɔ́:ɹnər]　　　몡 모퉁이, 모서리

▶ I'll wait for you at the *corner* of the street.
나는 길모퉁이에서 너를 기다리겠다.

---

154 correct [kərékt]　1. 탄 (잘못을) 고치다　2. 혱 올바른, 적절한

1. ▶ The teacher *corrected* some mistakes in my composition. 선생님은 내 작문에서 실수한 곳을 정정해 주었다.
2. ▶ Ask your teacher the *correct* pronunciation of the word. 선생님께 그 단어의 정확한 발음을 물어보아라.

---

155 correspond [kɔ́:rispánd]　　재 일치하다, 조화되다(~with);
　　　　　　　　　　　　　　　　　상응하다(~to)

〈동의어〉 match;parallel 〈명사형〉 correspondence (일치)

▶ His necktie *corresponds with* his suit.
그의 넥타이는 양복과 어울린다.
▶ This mark on the map *corresponds to* a school.
지도 위의 이점은 학교를 가라킨다.

---

156 cost [kɔst]　　　　　　1. 몡 가격;비용;손실
　　　　　　　　　　　　　　2. 탄 (돈, 시간 등)이 들다,
　　　　　　　　　　　　　　　(사람에게) …를 소비하게 하다

1. ▶ What is the *cost* of the desk?
이 책상의 가격은 얼마입니까?
2. ▶ How much did it *cost* you to have your house rebuilt?
당신 집을 다시 짓는데 얼마나 들었습니까?
▶ It *cost* him much time and labor.
그것은 그에게 많은 시간과 노동을 요구한다.

〈용법〉　위의 예문에서 타동사처럼 사용되고는 있으나, 수동구문으로

는 사용될 수 없다.

157 country [kʌ́ntri]　　　　　명 나라;(the~) 시골

▶ The United States is a democratic *country*.
미국은 민주주의 국가이다.
▶ He likes to live in *the country* better than in the city.
그는 도시에 사는 것보다 시골에서 사는 것을 좋아한다.

158 courage [kə́:ridʒ]　　　　　명 용기;담력

〈형용사형〉 courageous (용감한)

▶ He had the *courage* to state his opinion.
그는 자신의 의견을 주장할 용기가 있었다.

〈용법〉　**have the courage to do＝be courageous enough to do**

159 course [ko:rs]　　　　　명 진행;경과;방침;과정

▶ You will learn it in *course* of time.
시간이 경과하면 당신은 그것을 배울 것이다.
▶ You had better not change your *course* so often.
당신은 자신의 방침을 그렇게 자주 바꾸지 않는 것이 좋다.

160 court [ko:rt]　　　　　명 마당;코트;궁전;재판소

▶ This gimnasium has ten tennis *courts*.
이 체육관에는 10개의 테니스 코트가 있다.
▶ She was brought to *court* for trial.
그녀는 재판때문에 법정에 나오게 되었다.

161 crash [kræʃ]　　1. 자 부서지다, 충돌하다 2. 타 ~을 부수다

1. ▶ A bus *crashed* into our train.
버스가 우리가 타고 있는 기차와 충돌했다.

162 crop [krɑp]　　　　　명 작물;수확고

▶ The rice *crop* of this year is average.
올해 쌀 수확고는 평년작이다.

163 crowd [kraud]　　　　　명 군집 ; 많은 사람들 ; (the~)대중

〈동의어〉 throng

▶ There was a large *crowd* of children in the park.
공원에는 많은 아이들이 모여 있었다.
▶ *The crowd* needs a leader. 대중은 지도자를 필요로 한다.

164 crowded [kráudid]　　　　　형 떼지어 모인 ; 혼잡한

▶ We made our way through the *crowded* department store. 우리는 혼잡한 백화점을 뚫고 지나갔다.

165 crown [kraun]　　　　　1. 명 왕관 ; 산의 정상 ; 닭벼슬
　　　　　　　　　　　　　　　　2. 타 ~에게 왕관을 안겨주다 ;
　　　　　　　　　　　　　　　　　씌우다 ; ~에게 영예를 주다

2. ▶ The top of the mountain is *crowned* with snow.
그 산의 정상은 눈으로 덮여있다.

166 cruel [krú:əl, kruəl]　　　　　형 잔인한 ; 비참한 ; 무자비한

〈명사형〉 cruelty (잔혹)

▶ Don't be *cruel* to animals. 동물을 학대하지마.
▶ It was a *cruel* sight. 그것은 참혹한 광경이었다.

167 culture [kʌ́ltʃər]　　　　　명 교양 ; 문화

〈형용사형〉 cultural (문화의)

▶ He is studying the *cultures* of Oriental countries.
그는 동양 여러나라의 문화를 연구하고 있다.
▶ He is a man of considerable *culture*.
그는 교양있는 사람이다.

168 **curious** [kjú(:)riəs]　　　휑 호기심이 강한;기이한

〈동의어〉 strange 〈명사형〉 curiosity (호기심)

> ▶ I was *curious* to know everything.
> 나는 모든 것을 알고 싶어했다.

〈용법〉　**be curious**뒤에는 **to do, about~** 등이 온다.

169 **curve** [kə:ʳv]　　1. 휑 곡선, 구부러짐
　　　　　　　　　　　2. 타 ~을 구부리다 3. 자 구부러지다

> 1. ▶ Be careful of a sharp *curve* of the road.
> 도로의 급커브에 주의해라.
> 3. ▶ This road *curves* here to the left.
> 이 길은 여기에서 왼쪽으로 구부러진다.

170 **custom** [kʌ́stəm]　　휑 관습, 풍습;(~s) 관세;(the ~s)세관

〈형용사형〉 customary (관습적인)

> ▶ You had better act according to the manners and *cus-toms*. 풍습과 관습에 따라 행동하는 것이 좋다.

171 **cut** [kʌt]　　1. 타 ~을 자르다;상처입히다
　　　　　　　　2. 자 절단하다;잘리다;뼈속에 스며들다
　　　　　　　　3. 휑 자르기;칼자국;한 조각

> 1. ▶ I had my hair *cut* at the barber's
> 나는 이발소에서 머리를 잘랐다.
> 2. ▶ This knife *cuts* well. 이 칼은 잘 잘린다.
> ▶ The north wind in winter *cuts* bitterly.
> 겨울에 북풍은 심하게 살을 엔다.
> 3. ▶ a *cut* of cake 케이크 한 조각

D

172 **daily** [déili]
1. 〔형〕 매일의
2. 〔명〕 일간신문, 일간간행물

〈명사형〉 day (일)

---

1. ▶ He recorded *daily* happenings in the diary.
그는 매일 일어나는 일을 일기에 써두었다.

[주의]　**dairy** [dέ(:)ri]「낙농」이라고 실수하지 않을 것.

173 **damage** [dǽmidʒ]
1. 〔명〕 손해, 손상;(~s) 비용
2. 〔타〕 ~에게 손해를 입히다

〈동의어〉 harm, injury

---

1. ▶ The typhoon did great *damage* to the crop.
태풍은 농작물에게 큰 손해를 입혔다.
2. ▶ The goods got *damaged* by the flood.
상품은 홍수로 손해를 입었다.

174 **damp** [dæmp]
1. 〔형〕 습기를 띤 2. 〔명〕 습기;낙담
3. 〔타〕 ~을 습하게 하다, 약하게 하다

〈동의어〉 wet

---

1. ▶ The room is *damp.* 방은 축축하다
3. ▶ His appearance *damped* the pleasant atmosphere.
그의 등장은 즐거웠던 분위기를 가라앉혔다.

175 **deal**¹ [diːl]
1. 〔자〕 처리하다(~with);취급하다(~in)
2. 〔타〕 ~을 분배하다
3. 〔명〕 거래;분배;정책

〈활용형〉 deal－dealt－dealt

1. ▶ History *deals with* the past. 역사는 과거를 다룬다.
▶ His father *deals in* jewels.그의 아버지는 보석을 취급한다.
2. ▶ He *dealt* me five cards. 그는 나에게 카드 5장을 돌렸다.
3. ▶ the New *Deal* 뉴딜 정책

176 **deal²** [diːl] 명 [불특정의] 양

〈반의어〉 number (수)

▶ I have to do a good **deal** of work today.
나는 오늘 많은 일을 해야한다.

177 **defeat** [difíːt] 1. 타 ~에 이기다;좌절시키다
2. 명 타파;패배

〈반의어〉 victory (승리)

1. ▶ Our school **defeated** that school at football.
우리학교는 축구로 저 학교를 이겼다.
▶ Our hope was **defeated**. 우리 희망은 무너졌다.

178 **degree** [dirgríː] 명 정도;지위

▶ Water boils at 100 **degrees** centigrade.
물은 섭씨 100도에서 끓는다.
▶ You are responsible to a certain **degree**.
당신도 어느 정도까지는 책임이 있다.

179 **delicate** [délikit] 형 섬세한, 우아한;민감한

〈명사형〉 delicacy (섬세, 우아)

▶ She is in **delicate** health. 그녀는 몸이 약하다.
▶ It was a **delicate** affair. 그것은 처리가 민감한 일이었다.

180 **delicious** [dilíʃəs] 형 맛있는;상쾌한

▶ We had a **delicious** dinner. 맛있는 저녁을 먹었다.
▶ It was a **delicious** morning. 상쾌한 아침이었다.

181 **dense** [dens] 형 밀집한;짙은

〈반의어〉 thin(드문드문한) 〈명사형〉 density (농도)

▶ *Dense* fog was over the whole town.
짙은 안개가 그 마을 전체를 덮고 있었다.

182 **depart** [dipá:rt]　　　　㉠ 출발하다;벗어나다(~from)

▶ They *departed* for England a week ago.
그들은 1주일 전에 영국으로 출발했다.
▶ He *departed from* the old custom.
그는 오랜 관습에서 벗어났다.

183 **departure** [dipá:rt∫ər]　　㊅ 출발

〈반의어〉 arrival (도착)

▶ Tell me the time of your *departure*.
당신 출발시간을 말해주세요.

184 **depend** [dipénd]　　　　㉠ 의지하다;~나름이다

〈형용사형〉 dependent 〈명사형〉 dependence (의존)

▶ We all *depend* upon many people for our happiness.
우리 모두는 행복을 위해 많은 사람들에게 의지한다.

〈용법〉　종종 **depend upon somebody for something**의 형태를 취한다.

185 **describe** [diskráib]　　　㉣ ~을 기술하다;설명하다

〈명사형〉 description (기술)

▶ Please *describe* what you saw.
무엇을 보았는지 설명해 주세요.
▶ Can you *describe* the man to me?
그 사람에 대해 나에게 말해줄 수 있겠느냐?

186 **design** [dizáin]　　　　1. ㉣ ~을 설계하다;~을 계획하다;
　　　　　　　　　　　　　　　　~을 예정하다(~for)
　　　　　　　　　　　　　2. ㉠ 디자인 하다 3. ㊅ 디자인;계획

1. ▶ He *designs* his son to be a pilot.
그는 그의 아들을 파일럿으로 만들 작정이다.
▶ This toy is *designed for* girls.
이 장난감은 소녀들을 위해서 설계되었다.
▶ He *designed* to study law.
그는 법을 공부할 계획을 세웠다..

187 **desire** [dizáiər] 1. 囲 ~을 열망하다;요구하다
2. 명 욕구, 요망

〈형용사형〉 desirable (바람직한)

1. ▶ Most men *desire* happiness and health.
대부분의 사람은 행복과 건강을 소망한다.
2. ▶ We have the *desire* that these bad customs should be done away with.
우리는 이런 나쁜 관습이 폐지되기를 바란다.

188 **district** [dístrikt] 명 구역, 지방

▶ They have had heavy snow in northern *districts* this year.
북쪽 지방에서는 올해 많은 눈이 내렸다.

189 **domestic** [do(u)méstik] 1. 형 가정의;국내의
2. 명 하인;국산품

〈반의어〉 foreign (외국의)

1. ▶ *Domestic* news refers to events that happen in the home country.
국내 뉴스는 국내에서 일어나는 사건을 취급한다.
▶ She is a *domestic* woman. 그녀는 가정적인 여성이다.

190 **dozen** [dʌ́zn] 명 1다스(12개), 몇 십(~s)

▶ There were some *dozens* of people in the park.
공원에는 수십 명의 사람이 있었다.

〈용법〉 수사 뒤에는 단수형의 **dozen**을 사용, three dozen eggs(3다스

의 계란)처럼 말한다.

---

191 draw [drɔː]
1. 団 ~끌다;~꺼내다;~을 묘사하다
2. 区 끌다;그리다;이목을 끌다
3. 몡 잡아당기는 것;인기거리

〈활용형〉 **draw－drew－drawn**
1. ▶ I must *draw* some money from the bank.
   나는 은행에서 약간의 돈을 인출해야 한다.
   ▶ He *drew* a picture on the wall. 그는 벽에 그림을 그렸다.
3. ▶ The new play droved a great *draw*.
   새 연극은 큰 인기를 끌었다.

---

192 dreadful [drédfəl]   혱 무서운;《구어》 몹시 불쾌한

〈동의어〉 fearful 〈명사형〉 dread

▶ Something *dreadful* must have happened.
   뭔가 무서운 일이 일어난 것이 틀림없다.

---

193 dress [dres]
1. 몡 여성복;드레스;의복
2. 団 ~에게 옷을 입히다
3. 区 입다;좋은 옷차림을 하다(~up)

2. ▶ She was *dressed* in black. 그녀는 검은 옷을 입고 있었다.
3. ▶ She was all *dressed up* in her new mink coat.
   그녀는 새 밍크코트를 입고 있었다.

〈용법〉 **be dressed in**~의 형태로 사용되며, black은 a black dress의
의미.

---

194 drive [draiv]
1. 団 ~을 몰아내다;운전하다;[사람]을
   [차로] 보내다:~을 움직이게 하다
2. 区 돌진하다;운전하다
3. 몡 운전;[모금]운동

〈활용형〉 **drive－drove－driven**
1. ▶ While we were *driving* home, we were talking about it.

차로 집에 돌아가는 도중에, 우리는 그것에 대해 이야기했다.
- ▶ I *drove* him home. 나는 그를 차로 집에까지 태워다 주었다.
- ▶ Steam can *drive* machinery.
  증기는 기계를 움직일 수 있다.
2. ▶ Clouds *drove* across the sky. 구름이 하늘위로 떠다닌다.

195　**drop** [drɑp]
1. 몡 물방울;미량;낙하
2. 짜 방울져 떨어지다;떨어지다;
　들르다(~in, at, on)
3. 타 ~을 떨어지게 하다;~을 떨어뜨리다

2. ▶ The book *dropped* to the floor. 그 책은 바닥에 떨어졌다.
- ▶ Tears *dropped* from his eyes.
  그의 눈에서 눈물이 흘러 내렸다.
- ▶ A friend of mine *dropped in* on me [or at my house].
  내 친구 하나가 집에 들렀다.

196　**drown** [draun]
1. 타 ~을 빠뜨리다
2. 짜 빠지다

1. ▶ Her only son was *drowned* to death in the river.
  그녀의 하나뿐인 아들은 강에 빠져 죽었다.
- ▶ He tried to *drown* his troubles in drink.
  그는 시름을 술로 달래려 했다.

《용법》　타동사 용법이 보통으로 「~가 물에 빠지다」의 의미일 때에
는 **be drowned**와 **drown oneself**을 사용, 현재분사일 때에는
자동사 용법.

197　**dry** [drai]
1. 혱 마른;냉담한;무미건조한
2. 타 ~을 말리다;~을 닦다

1. ▶ It has been *dry* for a month. 한 달동안 계속 건조했다.
- ▶ He gave me a *dry* answer.
  그는 나에게 무뚝뚝한 대답을 했다.
2. ▶ He *dried* his wet shirt. 그는 젖은 샤츠를 말렸다.

| 198 | **dull** [dʌl] | 혱 둔한 ; 무딘 ; 재미없는 |

〈명사형〉 dullness (둔감, 부진)

- ▶ The lecture was *dull*. 강연은 재미없었다.
- ▶ This is a *dull* knife. 이것은 무딘 칼이다.

| 199 | **dust** [dʌst] | 1. 몡 먼지 ; 쓰레기 ; 가루 |
| | | 2. 탄 먼지를 털어내다 |

1. ▶ *Dust* lay thick on his desk.
   그의 책상 위에는 먼지가 두껍게 쌓여 있었다.
2. ▶ *Dust* your desk. 책상 먼지를 치우세요.

| 200 | **duty** [d(j)úːti] | 몡 의무, 직무 |

〈형용사형〉 dutiful

- ▶ Everybody must do his *duty*. 누구든지 의무를 다해야 한다.
- ▶ He has a strong sense of *duty*.
  그는 강한 의무감을 가지고 있다.

E

| 201 | **eager** [íːgəʌr] | 혱 열망하는 ; 열심인 |

〈명사형〉 eagerness (열성)

- ▶ He is *eager* for fame. 그는 명예를 바라고 있다.
- ▶ I am *eager* to see her. 나는 매우 그녀를 만나고 싶다.

《용법》 **be eager**의 뒤에 〈**for** [or **after, about**]＋**명사/to do**〉가 온다.

| 202 | **economical** [íːkənámikəl, èk-] | 혱 경제적인 ; 절약적인 |

〈동의어〉 saving

- ▶ She is an *economical* housekeeper.

그녀는 검소한 가정부이다.

[주의]　「경제학의」의 의미에는 *economic*을 사용한다.

203　edit [édit]　　　　　타 ~을 편집하다

〈명사형〉 edition (편집자)

▶ Our teacher *edits* books for use in school.
우리 선생님은 학습용 책을 편집하고 있다.

204　educate [édʒukeit]　　타 ~을 교육하다;양육하다;훈련하다

〈동의어〉 bring up, train 〈명사형〉 education (교육)

▶ Who will *educate* the children if their father dies?
이 아이들의 아버지가 죽으면 누가 기를 것이냐?

205　effort [éfərt]　　　　명 (자주 ~s)노력

▶ He made every *effort* to finish the work.
그는 그 일을 끝내는 데에 모든 노력을 다했다.
▶ All his *efforts* were in vain.
그의 모든 노력이 물거품이 되었다.

206　else [els]　　　　　부 그 외에;(or~)그렇지 않으면

▶ This is somebody *else's* book.
이것은 누군가 다른 사람의 책이다.
[주의]　부정대명사와 연결될 때는 **else's**[élsiz]가 된다.
▶ Take care, *or else* you will fall.
주의하세요. 그렇지 않으면 넘어져요.

207　encourage [enkə́:ridʒ]　　타 격려하다;촉진하다;조장하다

〈명사형〉 encouragement (격려)

▶ They *encouraged* the children to paint pictures.
그들은 아이들에게 그림을 그리도록 격려했다.

208 **end** [end] 1. 뗑 끝:목적 2. 태 ~을 끝내다
3. 재 끝나다;[~으로]끝나다(~in)

〈형용사형〉 endless (무한의)

1. ▶ The war came to an *end*. 전쟁은 끝이났다.
   ▶ Finally he achieved his *end*.
   드디어 그는 목적을 달성했다.
3. ▶ The adventure *ended in* his death.
   그 모험은 결국 죽음으로 끝이 났다.

209 **enter** [éntər] 1. 재 들어가다
2. 태 ~에 들어가다;입학하다;~을 시작하다

1. ▶ A good idea *entered* my head.
   좋은 생각이 머리에 떠올랐다.
2. ▶ We *entered* into negotiation with them.
   우리는 그들과의 교섭을 시작했다.

210 **entire** [entáiər] 뗑 전체의;완전한;철저한

〈동의어〉 whole, complete, utter 〈부사형〉 entirely (아주)

▶ I am in *entire* agreement with you.
나는 당신과 완전히 의견이 일치하고 있다.
▶ The *entire* group was found safe.
전원이 안전하다는 것을 알게 되었다.

211 **envy** [énvi] 뗑 질투;선망의 대상

〈형용사형〉 envious (부러워하는)

▶ He was filled with *envy* at my success.
내가 성공한 것을 알고 그는 질투로 가득 차 있었다.
▶ I am in *envy* of his good luck. 나는 그의 행운이 샘난다.

212 **escape** [eskéip] 1. 재 [~에서] 도망치다;피하다;탈출하다
2. 태 ~을 벗어나다;피하다

1. ▶ How did you *escape* from the danger?
   어떻게 그 위험에서 도망쳤는가?
2. ▶ He *escaped* being captured. 그는 체포되는 것을 피했다.

213 essential [isénʃ(ə)l]　　형 필수적인;완전한;본질적인(~to)

〈명사형〉 essence (본질)

▶ Water is *essential to* life.
물은 생물에게 필수적인 것이다.
▶ This dictionary is *essential* in learning English.
이 사전은 영어를 공부하는데 필수불가결한 것이다.

214 establish [estǽbliʃ]　　타 ~을 설립하다;자리잡게 하다

〈명사형〉 establishment (설립)

▶ Our school was *established* in 1950.
우리 학교는 1950년에 설립되었다.
▶ We are comfortably *established* in our new home.
우리는 새 집에서 안락하게 살고 있다.

215 event [ivént]　　명 일;행사;사건

▶ It is one of the chief *events* of the year.
그것은 주요한 연중 행사의 하나이다.

216 evident [évid(ə)nt]　　형 명백한, 확실한

〈명사형〉 evidence (증언)

▶ It is *evident* that he has told a lie.
그가 거짓말을 했다는 것은 명백하다.
▶ It is *evident* to any one. 그것은 누구에게나 명백한 것이다.

217 example [egzǽmpl]　　명 예;모범;견본

▶ Parents should set a good *example* to their children.
부모님은 아이에게 모범을 보여야 한다.

  excite [eksáit]　　　　타 ~을 흥분시키다 ; 자극하다

〈형용사형〉 exciting (자극적)

▶ Everybody was *excited* by the news of the victory.
승리의 소식에 모두가 흥분했다.

《용법》　본래 타동사이므로 「흥분하다」는 **be**[or **get**] **excited**이다.

219　**excuse** [ekskjú:z]　　1. 타 ~을 용서하다 ; ~을 해명하다 ;
　　　　　　　　　　　　　　　~을 면제해주다(~from)
　　　　　　　　　　　　2. 명 변명 : 구실

1. ▶ *Excuse* me for interrupting you.
당신을 방해한 것을 용서하십시요.
▶ She is *excused from* the examination.
그녀는 시험을 면제 받았다.
2. ▶ Don't make *excuses*. 변명하지마.

[주의]　명사의 경우 발음은 「ekskjú:s」가 된다.

220　**exercise** [éksərsaiz]　　1. 명 운동 ; 행사 ; 연습[문제]
　　　　　　　　　　　　　　2. 타 ~을 훈련하다 ; ~을 행사하다
　　　　　　　　　　　　　　3. 자 연습하다 ; 운동하다

1. ▶ The task requires the *exercise* of care.
그 일은 주의력을 기울여야 할 필요가 있다.
2. ▶ She was *exercised* hard with a piano.
그녀는 심하게 피아노 연습을 받았다.

221　**expensive** [ekspénsiv]　　형 비용이든, 값비싼

〈명사형〉 expense (비용)

▶ What *expensive* taste you have!
사치스런 취미를 가지고 있구나!

222　**experience** [ekspí(:)riəns]　1. 명 경험　2. 타 ~을 경험하다

〈형용사형〉 experienced (경험있는)

1. ▶ We learn by [or from] *experience.*
　　우리는 경험을 통해 배운다.
　▶ I have some *experience* in teaching English.
　　나는 영어를 가르친 경험이 약간 있다.

223　**expert** [ékspə:ɾt]　　1. 명 숙련자;전문가 (~in, at, on, with)
　　　　　　　　　　　　　2. 형 숙련된 (~in, at)

1. ▶ He is an *expert in* engineering.
　　그는 공학 전문가이다.
2. ▶ He is *expert at* driving a motorboat.
　　그는 모터보트 운전을 잘 한다.

[주의]　형용사의 경우 발음은 [ekspə́:ɾt]가 된다.

F

224　**fact** [fækt]　　　　　　명 사실;실제

▶ He tried to deny the *fact* that he is guilty.
　그는 자신이 유죄라는 사실을 부정하려고 했다.

〈용법〉　the fact that~ 「~라고 하는 사실」의 의미.

225　**fail** [feil]　　　　　　자 실패하다 (~in);하지 못하다 (~to do);
　　　　　　　　　　　　　　결핍되다 (~in)

〈명사형〉 failure (실패)

▶ He *failed* to pass the examination. 그는 시험에 떨어졌다.
▶ Our water supply has *failed*. 물 공급이 중단되었다.

226　**fairly** [fέəɾli]　　　　　부 공평하게, 바르게;상당히

▶ Her composition is *fairly* good.
그녀의 작문은 상당히 잘 되어있다.

227 faith [feiθ]　　　　　명 신용;신념, 신앙

〈형용사형〉 faithful (충실한)

▶ I can't put *faith* in his promise.
나는 그의 약속을 신용할 수 없다.
▶ He has *faith* in God. 그는 하나님을 믿는다.

228 fall [fɔ:l]　　1. 자 떨어지다;넘어지다;추락하다;～이 되다
　　　　　　　　　2. 명 낙하;강우[량];폭포;《미》 가을

〈활용형〉 fall―fell―fallen
1. ▶ Snow is *falling* heavily. 눈이 심하게 내리고 있다.
　 ▶ He *fell* in love with her. 그는 그녀와의 사랑에 빠졌다.
　 ▶ He *fell* dead. 그는 죽었다.
2. ▶ a heavy *fall* of rain 호우

229 false [fɔ:ls]　　　　　형 틀린;거짓의

〈동의어〉 mistaken, wrong

▶ He is *false* to his word. 그는 약속을 지키지 않는다.

230 famous [féiməs]　　　　형 유명한(～for)

〈명사형〉 fame (명예)

▶ This island is *famous for* its beautiful scenery.
이 섬은 아름다운 풍경으로 유명하다.

231 far [fɑ:r]　　　1. 부 멀리서;훨씬
　　　　　　　　　2. 형 먼, 아득한

1. ▶ How *far* is it from here to your school?
　 여기에서 당신 학교까지 어느 정도 거리입니까?
2. ▶ You will find it in a *far* country.

그것을 먼 나라에서 발견할 수 있을 것이다.

232 **favo(u)r** [féivər]　　　명 호의, 친절한 행위, 편애

〈동의어〉 support 〈형용사형〉favo(u)rable (호의적인)

▶ Will you do me a *favor*? 한가지 청이 있는데요?
＝May I ask a *favour* of you?

〈용법〉　**do me a favor**의 형태로 기억하면 좋다.

233 **favo(u)rite** [féiv(ə)rit]　형 마음에 드는;특히 잘하는

▶ Who is your *favorite* Korean novelist?
당신이 좋아하는 한국 소설가는 누구입니까?

234 **fear** [fiər]　　　1. 명 두려움;불안
　　　　　　　　　　　2. 타 ~을 무서워하다;~을 걱정하다

〈형용사형〉 fearful (무서운)

1. ▶ He is in *fear* of earthquakes.
그는 지진이 올 것을 두려워하고 있다.
2. ▶ Man *fears* to die. 사람은 죽는 것을 무서워한다.
　 ▶ I *fear (that)* he will soon be dismissed.
나는 그가 곧 해고될까 걱정이다.

235 **feed** [fi:d]　1. 타 ~에게 먹을 것을 주다;[사람]을 부양하다
　　　　　　　　2. 자 [동물이] 먹다 3. 명 사료, 사육

〈명사형〉 feeder (사육자, 여물통)

1. ▶ Did you *feed* the dog? 개에게 먹을 것을 주었습니까?
2. ▶ The lion *feeds* on flesh. 사자는 날고기를 먹고 산다.

236 **fellow** [félou]　　　명 남자;놈;동료;상대

▶ Mr. Kim is a good *fellow*. 김군은 좋은 동료이다.

237 **festival** [féstiv(ə)l]　　　명 축제, 제사;축일;행사

▶ There will be a music *festival* tomorrow.
내일 음악제가 열립니다.

238 fetch [fetʃ]　　1. 国 ~을 가지고[데리고] 오다
　　　　　　　　　　　 2. 因 가서 가지고 [데리고]오다

1. ▶ Will you *fetch* my bag from the next room?
옆방에서 내 가방을 가지고 와 줄래요?

239 finally [fáinəli]　　圓 마침내;결국

〈형용사형〉 final (최종의)

▶ *Finally* he gave way to anger. 마침내 그는 짜증을 내었다.
▶ *Finally* justice triumphed. 드디어 정의가 승리했다.

240 finish [fíniʃ]　　1. 国 ~을 끝내다(~ing);마무리하다
　　　　　　　　　　　 2. 因 끝나다 3. 囲 끝;마무리

〈동의어〉 end

1. ▶ Did you *finish* writing your letter?
당신은 편지를 다 썼습니까?

〈용법〉　동사를 목적어로 취할때는 동명사로 한다.

2. ▶ I *finished* before he did. 나는 그보다 먼저 끝냈다.
3. ▶ He is now busy giving the last *finish* to his novel.
그는 지금 열심히 소설의 최종 마무리를 하고 있다.

241 fire [faiər]　　1. 囲 불;화재;열정
　　　　　　　　　　　 2. 国 방화하다, (총을) 쏘다,[사람]을 해고하다
　　　　　　　　　　　 3. 因 발포하다

〈형용사형〉 fiery (불의)

1. ▶ There broke out a big *fire* around here.
이 근처에서 큰 화재가 발생했다.
2. ▶ He *fired* (off) a shot at the policeman.
그는 경찰을 노려 발포했다.

▶ He was *fired*. 그는 해고되었다.
3. ▶ The soldiers *fired* at the fleeting enemy.
군인들은 도망가는 적에게 발포했다.

242 **firm** [fə:ɤm]　　　　혱 굳은;완전히 고정된;확고한

〈부사형〉 firmly (굳게)

▶ He is still *firm* on his feet. 그는 아직 꿋꿋이 서있다.
▶ She is *firm* in her beliefs. 그녀는 신념이 굳다

243 **flat** [flæt]　　　　1. 혱 평평한;명백한;단조로운
　　　　　　　　　　　2. 튐 단호히;꼭 3. 몡 평면;평지

1. ▶ Once people believed that the earth was *flat*.
일찌기 사람들은 지구가 평평하다고 믿고 있었다.
▶ I gave him a *flat* refusal. 그에게 단호하게 거절했다.
2. ▶ I tell you *flat*. 확실히 너에게 말하겠다.
▶ He ran in ten seconds *flat*. 그는 꼭 10초 안에 뛰었다.

244 **flow** [flou]　　　　1. 짜 흐르다 2. 몡 흐름

1. ▶ Tears *flowed* down her cheeks.
눈물이 그녀의 뺨을 타고 흘렀다.

245 **fluent** [flú(:)ənt]　　　　혱 유창한

〈부사형〉 fluently (유창하게)

▶ He is a *fluent* speaker of English.
＝He speaks English fluently.
그는 영어를 유창하게 말한다.

246 **folk** [fouk]　　　　몡 (보통 복수형으로)사람들;(one's～) 가족

▶ They are all plain *folks*. 그들은 모두 소박한 사람들이다.
▶ His *folks* are of Dutch descent. 그의 가족은 네덜란드계이다.

[주의]　현재에는 people을 사용하는 경우가 많다.

247 **fond** [fɑnd] 　　　형 [~을] 좋아하는(be~of); 《한정 용법에서》 상냥한

> ▶ He is very *fond* of fishing. 그는 낚시를 매우 좋아한다.
> ▶ *fond* parents 지나치게 아이를 귀여워하는 부모

248 **forbid** [fərbíd] 　　　타 ~을 금하다

〈활용형〉 **forbid－forbade－forbidden**
> ▶ The doctor *forbids* him wine.
> 의사는 그에게 술을 금하고 있다.
> ▶ He *forbade* me to enter his house.
> 그는 내가 그의 집에 들어가는 것을 금했다.

249 **force** [fo:rs] 　　　1. 명 힘;폭력;(~s) 군대
　　　　　　　　　　　　2. 타 [사람]에게 ~하는 것을 강요하다;
　　　　　　　　　　　　　　~을 뚫고 나가다

> 1. ▶ He used *force* in opening the door.
> 그는 있는 힘을 다해 문을 열었다.
> 2. ▶ We were *forced* to sign the paper.
> 우리는 그 서류에 억지로 서명해야만 했다.

250 **forever** [fərévər] 　　　부 영원히;언제나

> ▶ The sun will shine *forever*. 태양은 영원히 빛날 것이다.

251 **forgive** [fərgív] 　　　타 용서하다;너그러이 봐주다

〈동의어〉 excuse, permit

〈활용형〉 **forgive－forgave－forgiven**
> ▶ I *forgave* him for stealing the money.
> 나는 그가 돈을 훔친 것을 용서해 주었다.

252 **formerly** [fɔ́:rmərli] 　　　부 이전에는;옛날에는

〈형용사형〉 former (이전의)

▶ *Formerly* people used to walk from here to the town.
옛날엔 사람들이 여기에서 그 마을까지 걸어가곤 했다.

253 **fortunate** [fɔ́ːrtʃənit]　　　⟨형⟩ 행운의

⟨동의어⟩ lucky ⟨부사형⟩ fortunately (다행히도)

▶ He is *fortunate* in having a good wife.
＝It is *fortunate* that he has a good wife.
그는 좋은 아내를 가져 행운이다.

254 **free** [friː]　　　1. ⟨형⟩ 자유로운;여유있는;무료의;
　　　　　　　　　　　　　　～을 면제받은(～from)
　　　　　　　　　　　2. ⟨부⟩ 무료로
　　　　　　　　　　　3. ⟨타⟩ ～을 해방시키다

⟨명사형⟩ freedom (자유)

---

1. ▶ You are *free* to enter this room.
당신이 이 방에 들어가는 것은 자유다.
▶ He is *free from* fault. 그에게는 결점이 없다.
2. ▶ The garden is open *free*. 이 정원은 무료로 들어간다.
3. ▶ He *freed* the slaves. 그는 노예를 해방시켰다.

255 **fresh** [freʃ]　　　⟨형⟩ 신선한;살아있는

▶ The air is *fresh*. 공기가 신선하다.
▶ We have *fresh* eggs and *fresh* vegetables here.
우리는 여기에 신선한 야채와 계란을 가지고 있다.

256 **friendship** [fréndʃip]　　　⟨명⟩ 친구인 것;우정

▶ We have had a *friendship* of ten years.
우리는 10년이나 친구로서 지냈다.

⟨용법⟩　　-**ship**은 명사에 대해서 「직업」「지위」「자격」「성질」을 나타
내고 형용사에 대해서는 추상명사를 만든다.

257 **front** [frʌnt]　　1. 명 맨앞;정면;전선 2. 형 앞의, 정면의
　　　　　　　　　　　　3. 타 ~에 면하다;~에 향하다
　　　　　　　　　　　　4. 자 향하다(~on, to, toward)

〈반의어〉 back (뒤)

1. ▶ Which is the *front* of this coin?
　이 동전의 앞은 어느쪽이냐?
2. ▶ I prefer a *front* seat. 나는 앞쪽 자리가 좋다.
3. ▶ Their villa *fronts* the sea.
　그들의 별장은 바다를 향하고 있다.

258 **fulfill** [fulfíl]　　　　타 [의무 등]을 다하다;채우다

〈명사형〉 fulfillment (수행)

▶ The doctor's instructions must be *fulfilled* exactly.
　의사의 지시는 완전히 지켜야 한다.

259 **full** [ful]　　　　　1. 형 가득한(~of);풍부한;충분한
　　　　　　　　　　　2. 부 정면으로, 정확히
　　　　　　　　　　　3. 명 한창 때, 절정, (the~) 전부

〈부사형〉 fully (완전하게)

1. ▶ The room is *full of* people. 방은 사람들로 가득하다
2. ▶ He struck me *full* in the face.
　그는 정확히 내 얼굴을 때렸다.
3. ▶ The moon is at (the) *full*. 지금은 만월이다.

260 **furniture** [fə́:rnitʃər]　　　명 가구

▶ There is too much *furniture* in this room.
　이 방은 가구가 지나치게 많다.
▶ There were several pieces of *furniture* there.
　거기에 가구가 몇 개 있다.
〈용법〉　이 단어는 불가산명사이기 때문에 복수형은 없고,「가구 1점」
　　　　이라고 할때는 **a piece**[or **an article**] **of furniture**라고 한다.

261 **future** [fjúːtʃər] 1. 몡 미래 2. 혱 미래의

1. ▶ I'm looking forward to seeing you again in the near *future.* 가까운 미래에 다시 당신을 만나기를 기대합니다.

G

262 **gain** [gein] 1. 탄 자 얻다;벌다;도달하다
  2. 몡 (종종 ~s)이익금;이익;증가

〈동의어〉 1. earn, reach 2. profit

1. ▶ I have *gaind* fifty pounds this summer.
  이번 여름 50파운드 벌었다.
  ▶ The sick child is *gaining* and will soon be well.
  아픈 아이는 회복되고 있어 곧 좋아질 것이다.

263 **generally** [dʒén(ə)rəli] 붜 일반적으로;전체적으로 보아

〈형용사형〉 general (전반적인)

▶ They *generally* close their shops on Sundays.
  일요일은 일반적으로 가게를 열지 않는다.
▶ *Generally* speaking, the inhabitants here are industrious.
  일반적으로 말해서 이곳 주민들은 부지런하다.

264 **generation** 몡 세대;《단수취급》 세대의 사람들
[dʒènəréiʃ(ə)n]

▶ This custom has been kept from *generation* to *generation.*
  이 관습은 대대로 보존되어 왔다.

265 **generous** [dʒénerəs] 혱 너그러운, 관대한;풍부한

〈명사형〉 generosity (관대함)

▶ He is *generous* in giving help.
  그는 도움을 주는 것에 관대하다.

▶ He is *generous* with his money. 그는 돈을 잘 쓴다.

266 **gesture** [dʒéstʃər]　　　명 몸짓, 손짓, 거동

▶ He showed us a friendly *gesture*.
그는 우리에게 우호적인 태도를 보였다.
▶ He spoke with emphatic *gesture*. 그는 손짓을 하며 말했다.

267 **gift** [gift]　　　1. 명 선물;증여;재능 2. 타 ~을 선물로 주다;[재능 등]을 주다(~with)

2. ▶ He is *gifted with* leadership. 그는 지도력이 있다.
▶ I *gifted* a doll to my daughter.
＝I *gifted* my daughter with a doll.
나는 딸에게 인형을 선물로 주었다.

268 **glide** [glaid]　　　1. 자 미끄러지다;미끄러지듯 움직이다;[시간이] 어느덧 지나가다
2. 타 ~을 미끄러지게 하다
3. 명 활주;미끄러지는 동작

1. ▶ She *glided* from the hall. 그녀는 회관에서 슬쩍 나왔다.
▶ The years *glided* by. 세월이 어느덧 지나가바렸다.

269 **grade** [greid]　　　1. 명 등급;학년;성적;평점
2. 타 ~에 등급을 매기다;~을 채점하다

▶ 1. What *grade* are you in? 너는 몇 학년이냐?

[주의]　「채점하다」는 미국에서는 **grade the examination** 영국에서는 **mark the examination**을 사용한다.

270 **gradual** [grǽdju(ə)l]　　　형 점차적인;점진적인

▶ He is making *gradual* progress in English.
그는 영어에서 점진적인 향상을 이루고 있다.

271 **gradually** [grǽdjuəli]　　　부 점점(점차로), 서서히

▶ His health *gradually* improved.
그의 건강은 점점 향상되었다.

272 graduate
[grǽdjuit, -djuèit/-dʒuət]
1. 명 졸업생
2. 자 졸업하다(~from)
3. 타 [학교가]~을 졸업시키다

1. ▶ a Yale *graduate*＝a *graduate* from Yale
예일대학 졸업생
2. ▶ He *graduated from* Seoul National University.
＝He was *graduated* from Seoul National University.
그는 서울대학을 졸업했다.

[주의] 미국에는 대학에 한정하지 않고 졸업하는 경우에 사용되며 영국에서는 대학 졸업에만 사용된다.

273 grand [grænd]
형 웅대한;당당한;숭고한

〈명사형〉 grandeur (웅대)

▶ The view was *grand* and breath–taking.
그 광경은 웅대하고 감동적인 것이었다.
▶ The queen received her subjects in a *grand* manner.
여왕은 당당한 태도로 신하들을 맞이했다.

274 grateful [gréitfəl]
형 감사하게 여기는

〈동의어〉 thankful 〈부사형〉 gratefully (감사하여)
〈반의어〉 ungrateful

▶ I am *grateful* for your sympathy.
당신의 동정에 감사합니다.

275 gray, grey [grei]
형 회색의;흐린;안색이 창백한

〈동의어〉 pale(창백한)

▶ She looked back on her *grey* years.
그녀는 자신의 어두운 시절을 되돌아보았다.

▶ His face was drawn and *gray.*
그의 얼굴은 야위고 창백했다.

276 great [greit]　　　혱 위대한;[형태·정도가] 큰;훌륭한;중대한

〈부사형〉 greatly (크게)

▶ He is a *great* reader. 그는 대단한 독서가이다.
▶ He has *great* many books. 그는 많은 책을 가지고 있다.
▶ We had a *great* time. 우리는 좋은 시간을 보냈다.

277 greet [griːt]　　　탄 [사람]에게 인사하다;~을 환영하다

〈동의어〉 salute

▶ You should *greet* your superiors.
당신의 윗사람에게 인사를 해야 한다.
▶ The host *greeted* his guests at the door.
주인은 손님들을 현관에서 맞아들였다.

278 growth [grouθ]　　　몡 성장;발육;발전

〈동의어〉 advance 〈동사형〉 grow (성장하다)

▶ Childhood is a period of rapid *growth.*
유소년기는 급속하게 성장하는 시기이다.
▶ The *growth* of our business has been phenomenal.
우리 회사의 발전은 눈부셨다.

279 guard [gɑːrd]　　　1. 탄 ~을 망보다
　　　　　　　　　　　　2. 자 경계하다(~againt)
　　　　　　　　　　　　3. 몡 파수꾼;보디가드:차장

〈동의어〉 3. conductor(차장)

1. ▶ The faithful dog *guarded* his master all the time.
그 충실한 개는 언제나 그의 주인을 지켰다.
2. ▶ You must *guard against* errors.
당신은 실수를 하지 않도록 주의해야 한다.

3. ▶ The *guard* won't let anyone through the gate without a
pass. 경계병은 통행증없이는 아무도 이 문을 통과시키지 않
을 것이다.

280 **guess**[ges]　　　1. 타 ~을 추측하다; ~을 알아맞추다;
　　　　　　　　　　　　~라고 생각하다
　　　　　　　　　　2. 자 추측하다(~at) 3. 명 추측

〈동의어〉 1. estimate

1. ▶ Can you *guess* my age correctly?
　　내 나이를 정확하게 추측할 수 있습니까?
　▶ I *guess* that he is fifty.＝I *guess* him to be fifty.
　　나는 그가 50세라고 생각한다.
3. ▶ My *guess* is that he will leave here.
　　그는 여기를 떠날 것이라고 나는 생각한다.
　▶ It's anybody's *guess*.
　　그것은 누구도 확실하게 알지 못한다.

281 **guest** [gest]　　　　명 손님

〈동의어〉 visitor(방문객) 〈반의어〉 host, hostess

▶ I expect three *guests* this evening.
　오늘 저녁 3사람의 손님이 올꺼라 기대한다.

H

282 **habit** [hǽbit]　　　　명 습관, 버릇

〈형용사형〉 habitual (습관적인)

▶ My father is in the *habit* of taking cold bath.
　＝My father has a *habit* of taking a cold bath.
　나의 아버지는 냉수욕을 하는 습관이 있다.
▶ You must have a good *habit*. 좋은 습관을 가져야 한다.

[주의]　**habit**는 「어떤 사람이 반복해가는 동안에 버릇이 된 것」

custom는 「사회적인 관습」을 의미.

283 **half** [hæf]　　　1. 명 형 반(의);반쪽(의) 2. 부 절반쯤

1. ▶ I'll be back in *half* an hour.
　　　나는 30분 안에 돌아오겠습니다.
　　▶ *Half* (of) these apples are rotten.
　　　그 사과의 반은 썩어 있다.
2. ▶ He is *half* dead. 그는 반쯤 죽어있다.
　　▶ I *half* wish to go. 가고 싶은 마음도 있다.

284 **handle** [hǽndl]　　1. 명 핸들;실마리 2. 타 ~에 손을 대다;
　　　　　　　　　　　　[도구 등]을 사용하다;[문제 등]을 처리하
　　　　　　　　　　　　다;[사람]을 대우하다

〈동의어〉 2. treat

1. ▶ Give me the rake with the long *handle*.
　　　긴 손잡이가 달린 갈퀴를 달라.
2. ▶ You will be able to *handle* this machine soon.
　　　당신은 곧 이 기계를 조정할 수 있을 겁니다.

285 **handy** [hǽndi]　　　　형 알맞은;손재주가 좋은;편리한

〈동의어〉 skillful

▶ He is *handy at* repairing cars. 그는 자동차 수리를 잘 한다.
▶ She is *handy with* the needle. 그녀는 바느질이 능숙하다.
▶ This dictionary is *handy* to us.
　　그 사전은 우리가 다루기 쉽다.

286 **hang** [hæŋ]　　　　1. 타 ~을 달다;[사람]을 교수형하다
　　　　　　　　　　　　2. 자 걸리다;주저하다;~나름이다

〈동의어〉 1. suspend

〈활용형〉 **hang－hung－hanged**

1. ▶ I *hung* my coat on a peg. 못에 코트를 걸었다.
　　▶ I'm going to *hang* the room *with* paintings.

나는 그 방에 그림을 걸 예정이다.
▶ He was *hanged* for murder. 그는 살인죄로 교수형 되었다.
2. ▶ She *hung* between staying and going.
그녀는 갈까 머무를까 주저했다.

《용법》 「교수형 하다」의 의미에서의 과거·과거분사형은 **hanged**이지만, 그 외의 의미에는 **hung**을 사용한다.

---

287 **happen**[hǽpn]　　　困 (우연히)일어나다;우연히 ~하다

〈동의어〉 take place

▶ Something must have *happened* to him.
무슨 일이 그에게 일어난 것이 틀림없다.
▶ I *happened to* see him at the station
= *It happened that* I saw him at the station.
우연히 역에서 그를 만났다.

---

288 **harbo(u)r** [hárbər]　　1. 몡 항구 2. 퇘 [사람]을 숨겨주다
3. 困 항구에 피난하다

1. ▶ The disabled ship was towed into *harbor*.
기능이 상실된 그 배는 항구로 예인되었다.
2. ▶ You may be punished if you *harbor* a spy.
간첩을 숨겨주면 죄가 되는 것이다.

---

289 **hardly** [há:rdli]　　　倛 거의 ~않다

〈동의어〉 scarcely

▶ He can *hardly* read or write, *can* he?
그는 읽거나 쓰는 것을 거의 할 수 없죠?
▶ There is *hardly any* time left. 남은 시간이 거의 없다.
▶ He need *hardly* say that he is a policeman.
그는 자신이 경찰인 것을 말할 필요도 없다.
▶ *Hardly* had we got on the train *when* it started.
우리가 열차에 타자마자 열차는 출발했다.

《용법》 마지막 예문에서 **hardly** 대신 **scarcely**를, **when** 대신 **before**

을 사용해도 된다.

290 **hardship** [háːrdʃip]　　　　몡 (종종 ~s) 고난

〈동의어〉 suffering

▶ Everybody has to endure *hardships*.
누구든지 고난을 견뎌야 한다.
▶ His family endured great *hardship* during the war.
그의 가족은 전쟁동안 큰 고통을 견디었다.

291 **harm** [haːrm]　　　　몡 해 ; 손해

〈형용사형〉 harmful (유해한)

▶ The storm did much *harm* to the crop.
그 폭풍은 작물에게 큰 피해를 입혔다.

〈용법〉　**do harm ↔ do good**라고 기억하면 좋다.

292 **harmony** [háːrməni]　　　　몡 일치, 조화

〈형용사형〉 harmonious

▶ They live in *harmony* with each other.
그들은 서로 사이좋게 살고 있다.

293 **harvest** [háːrvist]　　　1. 몡 수확(기) ; 수확물 ; 결과
　　　　　　　　　　　　　　　2. 탸 ~을 거두어 들이다 ; 수확하다

1. ▶ We shall have a rich *harvest* this autumn.
올 가을은 풍작일 것이다.
2. ▶ Try to *harvest* the fruit before the first frost.
첫 서리가 있기전에 과일을 수확하도록 해라.

294 **haste** [heist]　　　　몡 서두름, 허둥댐

〈동의어〉 hurry 〈반의어〉 delay 〈형용사형〉 hasty (급한)

▶ He left here in *haste*. 그는 급히 여기를 떠났다.

▶ Make *haste,* or you will be late for school.
서두르지 않으면 학교에 지각할 것이다.

295 head [hed]　　1. 몡 머리;두뇌;우두머리;상부
　　　　　　　　　　2. 탄 ~의 선두에 서다;~의 방향으로 향하다
　　　　　　　　　　3. 잔 ~으로 향해 나가다(~for)

〈동의어〉 3. head for = make for

1. ▶ He hit me on the *head.* 그는 나의 머리를 때렸다.
   ▶ Use your *head.* 머리를 써!
   ▶ John is the *head* of the family.존은 가장이다.
2. ▶ When the president died, the vice president was
   choosen to *head* the firm.
   사장이 죽자, 부사장이 회사를 이끌 사람으로 선택되었다.
   ▶ *Head* the boat toward shore. 배를 해안으로 돌려라.
3. ▶ We *headed* our boat *for* the shore.
   우리는 배를 해변으로 돌렸다.
   ▶ He seems to be *heading for* completion of the work.
   그는 점점 작품의 완성을 향해 나아가는 듯 했다.

296 health[helθ]　　　　몡 건강;건전

〈형용사형〉 healthful (건강한)

▶ Fresh air and exercise are good for the *health.*
　맑은 공기와 운동은 건강에 좋다.

297 heart [hɑːrt]　　　　몡 심장;마음;용기

〈형용사형〉 hearty (마음에서 우러남)

▶ I could hear his *heart* beat.
　그의 심장이 뛰는 소리를 들을 수 있었다.
▶ I admire him from the bottom of my *heart.*
　나는 마음속으로부터 그를 칭찬한다.
▶ He had not the *heart* to tell her so.
　그는 그녀에게 그렇게 말할 만한 용기가 없었다.

[주의]　　mind가 「지적인 작용이나 의지」를 의미하는데 반해, **heart**는
　　　　「감정적인 작용」을 의미한다.

298　**heat** [hiːt]　　　1. 몡 열;더위;정열
　　　　　　　　　　　　2. 톼 ~을 뜨겁게 하다(~up) 3. 좌 열이 나다

〈반의어〉 1. coolness 2. cool

1. ▶ I can't bear this terrible **heat** of summer.
나는 이 여름의 지독한 더위를 견딜 수 없다.
2. ▶ I **heated (up)** the food. 나는 음식을 데웠다.

299　**hesitate** [hézitèit]　　　좌 주저하다(~to do);더듬거리다

▶ He **hesitated to** enter the teachers' room.
그는 교무실에 들어가는 것을 주저했다.
▶ I **hesitate** to pay so much for a suit.
나는 옷 한 벌에 그렇게 많은 돈을 지불하기가 꺼려진다.

300　**hide** [haid]　　　1. 톼 ~을 숨기다 2. 좌 숨다

〈활용형〉 **hide−hid−hidden**
1. ▶ She **hid** the fact from her friends.
그녀는 그 사실을 친구에게 숨겼다.
▶ He **hid** himself under the table. 그는 탁자 아래에 숨었다.
2. ▶ The robbers **hid** in the cave. 강도들은 굴 속으로 숨었다.

301　**high** [hai]　　　1. 혱 높은;높이가 …인
　　　　　　　　　　　2. 붜 높게;사치스럽게

〈명사형〉 height (높이)

1. ▶ The tower is 80 meters **high**. 그 탑은 높이가 80m 이다.
▶ The price of this car is very **high**.
이 차의 가격은 매우 높다.
▶ I have a **high** opinion of him. 나는 그를 높이 평가한다.
2. ▶ They fly **high** up in the sky. 그것들은 하늘 높이 난다.

302　**highly** [háili]　　　붜 높게;고도로, 크게

▶ They are a *highly* educated nation.
그들은 많은 교육을 받은 국민이다.
▶ I think *highly* of him. 나는 그를 존경한다.

[주의]　**high**와 달리 비유적으로「높게」의 의미이다.

| 303 | **hint** [hint] | 1. 명 힌트, 암시 2. 타 ~을 알려주다
3. 자 암시하다(~at) |

〈동의어〉 2. declare

1. ▶ I gave him a *hint* that he [should] leave the room.
　 나는 슬며시 그에게 방을 떠나도록 암시를 주었다.
2. ▶ The teacher *hinted* to us that he would resign.
　 선생님은 사직할 것을 우리에게 알려 주었다.

| 304 | **hire** [háiər] | 1. 타 ~을 고용하다;~을 빌리다
2. 명 임차료, 고용 |

〈동의어〉 2. wages

1. ▶ We will have to *hire* some workers this autumn.
　 올 가을에 몇 사람의 노동자를 고용해야 할 것이다.
2. ▶ The new farmhand is worth every cent of his *hire*.
　 새로운 농장원은 돈 값을 충분히 한다.

| 305 | **hit** [hit] | 1. 타 ~을 때리다;부딪치다;
2. 자 부딪치다(~against, upon)
3. 명 충돌;성공;히트 |

〈활용형〉　**hit－hit－hit**

1. ▶ He *hit* his head *against* a post.
　 그는 기둥에 머리를 부딪쳤다.
　 ▶ The typhoon failed to *hit* Chejoo.
　 태풍은 제주에 상륙하지 못했다.
2. ▶ I *hit upon* a good idea. 좋은 생각이 떠올랐다.
3. ▶ Jim is still recovering from that *hit* on the head.
　 짐은 머리를 박은 충격에서 회복되고 있다.

306 **hole** [houl]　　　　1. 뎽 구멍;곤경;결함
　　　　　　　　　　　　2. 탄 ~에 구멍을 파다

1. ▶ I found myself in a *hole*. 나는 곤경에 빠졌다.

307 **holy** [hóuli]　　　　뎽 신성한;존경스러운

〈동의어〉 divine

▶ This is a *holy* place. 이곳은 성지이다.
▶ The Bible and the Koran are considered *holy* books.
　성경과 코란은 성스러운 서적으로 여겨진다.

308 **home** [houm]　　　　1. 뎽 가정;고향;요양소;[동물의] 서식지
　　　　　　　　　　　　2. 붠 집으로[에];고향으로;절실히

〈형용사형〉 homely (가정적인;검소한)

1. ▶ There is no place like *home*. 집같이 좋은 곳은 없다.《속담》
　▶ He left *home* at the age of fifteen.
　　그는 15세때에 고향을 떠났다.
2. ▶ He came *home* early in the morning.
　　그는 아침 일찍 집으로 돌아왔다.
　▶ His words came *home* to me.
　　그의 말은 내 마음에 사무쳤다.

309 **honey** [hʌ́ni]　　　　뎽 벌꿀, 꿀처럼 단 것;사랑스러운 사람

〈동의어〉 darling

▶ His words seemed to me to be as sweet as *honey*.
　그의 말은 나에게 꿀처럼 달콤한 듯 여겨졌다.

310 **horizon** [həráizn]　　　　뎽 지평선;수평선

〈형용사형〉 horizontal (지평의)

▶ The sun is now sinking below the *horizon*.
　태양은 지금 지평선 아래로 지고 있다.

311 **host** [houst] 　　　　　명 (손님을 초대한) 주인 ; 숙박업소 주인

〈반의어〉 hostess(여주인)

▶ He acted as *host* at the party.
그는 파티에서 주인 역할을 했다.

312 **human** [hjú:mən]
1. 형 인간의 ; 인간다운
2. 명 (the~)인류

〈동의어〉 human beings(인류)

1. ▶ It comes from *human* nature.
그것은 인간성에서 유래하는 것이다.
2. ▶ You are all less than *human*. 너는 인간 이하다.

[주의]　　**humane** [hjn:méin] (자비로운)과 혼동하지 말것.

313 **hunt** [hʌnt]
1. 타 ~을 사냥하다 ; ~을 쫓다 ; ~을 찾다
2. 자 사냥을 하다 ; 찾다(~for)
3. 명 사냥 ; 탐구

〈명사형〉 hunter (사냥꾼)

1. ▶ November is a good time to *hunt* pheasant.
11월은 꿩을 사냥하기에 좋은 계절이다.
2. ▶ She is *hunting for* her lost handbag.
그녀는 잃어버린 핸드백을 찾고 있다.
3. ▶ The *hunt* is scheduled to begin at sun up.
사냥은 일출에 시작하기로 계획되어 있다.

I

314 **ill** [il]
1. 형 《서술형용사》 병든, 《한정형용사》 나쁜, 악의있는
2. 부 나쁘게 ; 사정이 나쁘게

〈반의어〉 well, good 〈명사형〉 illness (병)

〈활용형〉 **ill－worse－worst**

1. ▶ He is *ill* in bed with fever. 그는 열병으로 누워있다.
   ▶ It is an *ill* wind that blows nobody good.
     누구에게도 좋지 않은 나쁜 바람이 불고 있다.
2. ▶ Don't speak *ill* of others. 다른 사람을 나쁘게 말하지 마.
   ▶ Things went *ill*. 일이 나쁘게 되었다.

[주의]   **speak ill of** ↔ **speak well of** (칭찬하다)라고 기억하면 좋다.

315   **imagine** [imǽdʒin]   囲 ~을 상상하다;생각하다

〈동의어〉 conceive, suppose, 〈명사형〉 imagination (상상)

▶ Can you *imagine* life without electricity?
  전기없는 생활을 상상할 수 있습니까?
▶ I *imagine* you are tired from the journey.
  나는 네가 여행으로 피곤할 거라고 생각한다.

316   **incident** [ínsid(ə)nt]   명 일;사건

〈동의어〉 affair

▶ A strange *incident* happened. 이상한 사건이 일어났다.
▶ The *incident* has long since been forgotten.
  그 사건은 오래 전에 잊혀졌다.

317   **increase**   1. 재 타 [inkríːs] 증가하다 2. 명 [ínkriːs] 증가

1. ▶ The driver *increased* speed suddenly.
     운전사는 갑자기 속도를 늘렸다.
2. ▶ Crime in our big cities is on the *increase*.
     대도시의 범죄는 증가하고 있다.

318   **indeed** [indíːd]   부 정말로;실로;((but과 관련해서)) 정말

〈동의어〉 in fact

▶ He is *indeed* a hard worker. 그는 정말로 근면한 사람이다.
▶ *Indeed* he is rich, *but* he is not kind.
  정말 그는 부자이지만 친절하지 않다.

 individual [ìndivídjuəl]   1. 몡 개인 2. 휑 개개의 ; 개인의

1. ▶ The rights of the *individual* are the most important rights in a free society.
자유사회에서는 개인의 권리가 가장 중요하다.
2. ▶ Students can apply for *individual* tutoring.
학생들은 개인교습을 신청할 수 있다.

320 **industry** [índəstri]   몡 산업 ; 근면

〈동의어〉 business 〈형용사형〉 industrial (산업의)

▶ His success is due to *industry* and thrift.
그의 성공은 근면과 절약때문이다.
▶ Heavy *industry* suffers during an energy crisis.
중공업은 에너지 위기동안 고통받고 있다.

321 **instance** [ínstəns]   몡 예

〈동의어〉 example

▶ In this *instance* you should say, "I'm sorry."
이 경우 너는 '미안하다'라고 말해야 한다.

322 **instead** [instéd]   휙 대신에 (~of)

〈동의어〉 as an alternative

▶ I attended the meeting *instead of* him.
나는 그 대신에 그 회의에 참석했다.
▶ *Instead of* working, they play all day.
그들은 일하는 대신에 하루종일 놀았다.

323 **interest** [íntərist]   1. 몡 흥미 ; 관심
                                    2. 탸 흥미를 가지게 하다

〈형용사형〉 interesting (재미있는)

1. ▶ His *interests* include reading and tennis.

그의 관심사는 독서와 테니스이다.
2. ▶ The stroy *interested* everybody who heard it.
그 이야기는 듣는 사람 누구나 흥미를 갖게 했다.

J

324 **join** [dʒɔin]　　　1. 唐 ~을 결합하다 ;~와 합류하다
　　　　　　　　　　　2. 자 합류하다, 더하다

〈명사형〉〈형용사형〉 joint (이음새 ; 공동의)

1. ▶ *Join* this point to that one. 이 점과 저 점을 연결 하세요.
　 ▶ Won't you *join* our baseball club?
　　 우리의 야구클럽에 들어오지 않겠습니까?
2. ▶ *Join* with me in drinking the health of Mr. Smith?
　　 스미스씨의 건강을 위해 나와 함께 건배합시다.

325 **joy** [dʒɔi]　　　　　명 기쁨

〈동의어〉 delight 〈반의어〉 sorrow

▶ He jumped for *joy* at the news of his success.
　 그는 성공의 소식을 들었을때 기뻐서 뛰었다.
▶ He was beside himself with *joy*. 그는 기뻐서 정신이 없었다.

326 **judge** [dʒʌdʒ]　　　1. 명 재판관 ; 심판
　　　　　　　　　　　2. 자 타 재판하다 ; 비판하다 ; 판단하다

〈명사형〉 judgment (판단)

1. ▶ They asked him to be a *judge* at the baking contest.
　　 그들은 그에게 요리대회의 심판을 보아 달라 청했다.
2. ▶ A man should be *judged* by his deeds.
　　 사람은 행동에 따라 판단되어야 한다.

327 **junior** [dʒúːnjər]　　1. 형 나이어린, 연하의 ; 후진의
　　　　　　　　　　　2. 명 연소자, 연하 ; 아랫사람

〈반의어〉 senior (연장의)

1. ▶ He is three years *junior* to me. 그는 나보다 3살 연하다.
2. ▶ He is ten years my *junior*.
   =He is my *junior* by ten years. 그는 나보다 10살 연하다.

328 **justice** [dʒʌ́stis]　　　　圐 정의;공정;사법

〈형용사형〉 just (올바른)

▶ To do him *justice,* we must admit that his intention were good. 공평하게 말해서 그의 의도는 좋았다고 인정해야 한다.
▶ In the name of *justice,* all men should be equal.
정의의 이름으로 모든 인간은 평등해야만 한다.

K

329 **key** [ki:]　　　　圐 열쇠;단서(~to);관문(~to)

〈동의어〉 clue(단서)

▶ Diligence is the *key* to success. 근면은 성공의 열쇠다.

330 **kick** [kik]　　　　1. 圑 圐 [~을]차다 2. 圐 차기

1. ▶ Don't *kick* the door shut. 문을 차서 닫지마.
   ▶ I *kicked at* the dog. 나는 그 개를 찼다.
2. ▶ I gave a *kick* at a ball. 나는 볼(공을) 한번 걷어찼다.

331 **kill** [kil]　　　　1. 圑 ~을 죽이다;~을 소용없게 하다
　　　　　　　　　　　2. 圐 살인 하다

〈동의어〉 murder

1. ▶ Do you know that he *killed* himself?
그가 자살한 것을 알고 있습니까?
▶ He was *killed* in a railway accident.
그는 철도사고로 죽었다.
▶ Her constant nagging *killed* his ambition.
그녀의 끝없는 잔소리가 그의 야망을 사라지게 만들었다.

332 **knee** [ni:] 　　　　　⑲ 무릎

> ▶ She fell on her *knees* to thank God.
> 그녀는 무릎을 꿇고 신에게 감사드렸다.

333 **knock** [nɑk] 　　1. ㉙ 두드리다(~at, on);부딪치다(~against)
　　　　　　　　　　　2. ㉤ ~을 두드리다;~을 부딪치다
　　　　　　　　　　　3. ⑲ 부딪치기

〈동의어〉 hit

1. ▶ Who is *knocking at* the door?
　　누가 문을 두드리고 있는가?
　▶ I *knocked against* him. 나는 그와 부딪쳤다.
2. ▶ The assailant *knocked* the man to the ground.
　　공격자는 그를 땅바닥에 때려 눕혔다.
3. ▶ There was a loud *knock* at the door.
　　문을 크게 두드리는 소리가 났다.

L

334 **labo(u)r** [léibər] 　1. ⑲ 노동;[힘든] 일
　　　　　　　　　　　　2. ㉙ 노동하다(~at, on);노력하다(~for)
　　　　　　　　　　　　3. ㉤ ~을 지루하게 논하다

〈명사형〉 labo(u)rer (노동자), laboratory (실험실)
〈형용사형〉 laborious (힘든)

1. ▶ Machines save much *labor*. 기계는 노동력을 절약해준다.
　▶ He lost his *labor*. 그는 헛수고를 했다.
2. ▶ They *labored for* peace. 그들은 평화를 위해 노력했다.

335 **lack** [læk] 　　1. ⑲ 결핍, 부족;~이 없음(~of)
　　　　　　　　　　2. ㉤ ~이 없다 3. ㉙ 부족하다(~in)

1. ▶ *Lack of* intelligence is her only defect.
　　지성의 결핍이 그녀의 유일한 결점이다.

▶ He failed for *lack of* funds.
그는 자본부족때문에 실패했다.

[주의] **from lack of**~라고도 한다.

2. ▶ He *lacks* the ability to be a doctor.
그는 의사가 될 능력이 없다.

3. ▶ She *lacks in* common sense. 그녀는 상식이 부족하다.

[주의] 3의 경우에는 She **is lacking in** common sense. 쪽을 많이 사용한다. 이때 **lacking**는 서술형용사이다.

---

336 **land** [lænd]
1. 명 땅;토지;나라
2. 타 ~을 상륙시키다;~을 하차시키다
3. 자 상륙하다;착륙하다

〈반의어〉 take off (이륙하다)

1. ▶ We came in sight of *land*.
우리는 육지가 보이는 곳으로 왔다.
▶ He owns a lot of *land*. 그는 토지를 많이 가지고 있다.
2. ▶ His conduct will *land* him in jail one day.
그의 행동거지 때문에 언젠가 그는 유치장에 갈 것이다.
3. ▶ Our plane *landed* on the airport safely.
우리가 탄 비행기는 무사히 공항에 착륙했다.

---

337 **landscape** [lǽn(d)skèip]   명 풍경

〈동의어〉 scenery

▶ Solak is one of the famous *landscapes* of Korea.
설악은 한국에서 유명한 경관중의 하나이다.

---

338 **law** [lɔ:]   명 법률;법학;법칙

〈형용사형〉 lawful (합법의)

▶ We must observe *law* and order.
우리는 법과 질서를 지켜야 한다.
▶ Newton's *laws* of motion form the foundation of classical mechanics. 뉴톤의 운동법칙은 고전역학의 기초를 이룬다.

339 **lay** [lei]   타 ~을 눕히다;~을 놓다;~을 설비하다;~을 지우다;[알]을 낳다

〈활용형〉 **lay—laid—laid**
▶ It is wrong to *lay* the blame for the accident on him.
그 사고의 책임을 그에게 넘기는 것은 옳지 못하다.
▶ The hen *laid* an egg every other day.
그 닭은 이틀에 알 1개를 낳는다.

《용법》 My hens are laying well. (계란을 잘 낳고 있다)에서는 자동사 용법이지만,「눕다」,「~에 있다」의 의미의 자동사는 **lie**이다.

340 **leaf** [liːf] (복 **leaves**)   명 잎;(종이) 1장

▶ The garden is scattered with dead *leaves*.
정원에 시들은 나뭇잎들이 떨어져 있다.
▶ Two *leaves* of this book are missing.
이 책의 2페이지가 떨어져 있다.

341 **lecture** [léktʃər]   1. 명 강의(~on);설교(~on)
2. 타 ~에게 강의[연]하다;설교하다

〈동의어〉 address

1. ▶ He delivered a *lecture on* Shakespeare.
그는 세익스피어에 대해 강의했다.
▶ The teacher gave him a *lecture on* his folly.
선생님은 어리석은 일을 했다고 그에게 설교했다.
2. ▶ I always *lecture* a large class.
나는 언제나 대단위 강의를 한다.
▶ Father *lectured* his son severely.
아버지는 아들에게 심하게 설교했다.

342 **lesson** [lésn]   명 학과, (종종 ~s) 수업;교훈

▶ You must study your *lessons* every day.
매일 공부해야 한다.

▶ This incident will be *lessons* to her.
이 사건은 그녀에게 교훈이 될 것이다.

343　let [let]　　　　태 …에게 ~시키다;《영》[토지·집 등]을 빌리다

〈동의어〉《미》 rent

▶ I'll *let* you know when he will start.
그가 언제 출발하는지 너에게 알려 줄께.
▶ *Let's* start at once, shall we? 곧 출발할꺼지?
▶ *Let's* not go.＝Don't *let's* go. 가지 않도록 하자(가지말자)

〈용법〉　let은 사역동사로 현재에는 수동형이 잘 쓰이지 않는다. 수동형이 쓰일 경우엔 같은 의미인 **be allowed to**가 쓰인다.
▶ There are no houses to *let* here. 여기에는 임대 집이 없다.

344　level [lév(ə)l]　　　1. 형 평평한, 수평의;같은 높이의
　　　　　　　　　　　　　2. 명 수평;높이;수준
　　　　　　　　　　　　　3. 태 ~을 평평하게 하다;
　　　　　　　　　　　　　　　…을 ~와 같은 높이로 하다

1. ▶ The picture is *level* with the window.
　　이 그림은 창문과 같은 높이에 있다.
2. ▶ Mt. Halla is 1950 meters above sea *level*.
　　한라산은 해발 1950m이다.
　▶ They reached a high *level* of civilization.
　　그들은 고도의 문명에 이르렀다.
3. ▶ An atomic bomb *leveled* the whole city.
　　원자폭탄 1개로 시 전체가 쑥밭이 되었다.

345　lie¹ [lai]　　　　　1. 명 거짓말 2. 자 거짓말을 하다

1. ▶ Never tell a *lie*. 절대 거짓말 하지마라.

[주의]　이 의미에서의 동사활용은 **lie－lied－lied**, 현재분사는 **lying**

346　lie² [lai]　　　　　자 눕다;자다;있다;위치하다

<활용형〉 lie—lay—lain
▶ My brother is *lying* on his back.
형은 똑바로 누워 자고 있다.
▶ His talent *lies* idle. 그의 재능은 발휘되지 않은 채 있다.
▶ Seoul *lies* north of Pusan.
서울은 부산의 북쪽에 위치한다.

347 **lift** [lift]
1. 団 ~을 들어올리다 ; ~을 올리다 ; 향상시키다
2. 囝 오르다 ; [구름, 안개 등이]걷히다
3. 몡 (자동차 등에) 태우기 ; 올리기 ; 리프트

1. ▶ She *lifted* her eyes up from a book when I entered.
내가 들어왔을 때 그녀는 책에서 눈을 들어 올렸다.
2. ▶ Luckily the mist *lifted*. 운좋게 안개가 개였다.
3. ▶ Will you give me a *lift* to the station?
역까지 저를 태워주시겠습니까?

348 **limit** [límit]
1. 몡 한계 ; (~s) 경계선
2. 団 ~을 제한하다

〈동의어〉 restrict(제한하다)

1. ▶ There is a *limit* to everything. 어떤 일에도 한도가 있다.
▶ It happened outside the city *limits*.
그것은 교외에서 일어났다.
2. ▶ He *limited* himself to two cups of coffee a day.
그는 커피를 하루에 두 잔만 먹기로 제한했다.

349 **lip** [lip]
몡 (~s) 입술 ; [식기의] 가장자리

▶ He put his finger to his *lips*.
그는 입술에 손가락을 갖다대었다.

350 **list** [list]
1. 몡 표 ; 명부
2. 団 ~을 표로 만들다 ; ~을 명부에 기입하다

1. ▶ His name is not on [or in] the *list*.
그의 이름은 명부에 있지 않다.

2. ▶ *List* all the things you need from the grocery.
식품점에서 구입할 것을 모두 써두시오.

351　**listen** [lisn]　　　　　⑧ 듣다(~to);~의 말에 따르다

〈동의어〉 obey

▶ I *listened to* him talk. 나는 그가 말하는 것에 귀를 기울였다.
▶ I *listen to* the radio news every morning.
　나는 매일 아침 라디오 뉴스를 듣는다.

[주의]　listen이 「주의해서 듣다」라는 동작을 나타냄에 반해, **hear**는 「[자연히] 들려온다」라는 상태를 나타낸다.

352　**living** [lívìŋ]　　　　　⑧ 살아있는;빼닮은

〈동의어〉 alive

▶ Have you ever seen a *living* eagle?
　=Have you ever seen an eagle alive?
　살아있는 독수리를 본적이 있니?
▶ He is still *living*. 그는 아직 살아있다.

353　**local** [lóuk(ə)l]　　　1. ⑧ 장소의;지방의;국부적인
　　　　　　　　　　　　　2. ⑲ 보통 기차[버스];지방 기사

〈동의어〉 1. regional

▶ 1. This is one of the *local* newspapers.
　　이것은 지방신문의 하나입니다.

354　**lock** [lɑk]　　1. ⑲ 자물쇠
　　　　　　　　　2. ⑭ ~에 자물쇠를 채우다;~을 가두다(~in)
　　　　　　　　　3. ⑧ 자물쇠가 채워지다

1. ▶ Don't forget to *lock* all windows.
　　모든 창문을 잠그는 것을 잊지마라.
2. ▶ Be sure to *lock* the office door when you leave.
　　나가실때 사무실 문을 꼭 잠그시오.

3. ▶ This door *locks* automatically.
이 문은 자동적으로 자물쇠가 채워진다.

355　**loud** [laud]　　1. 혱 소리가 큰;시끄러운;[색·복장이] 화려한
　　　　　　　　　　　2. 閏 큰소리로;화려하게

〈동의어〉 1. noisy, showy(화려한)

1. ▶ He has a *loud* voice. 그는 목소리가 크다
　 ▶ He wears a *loud* tie. 그는 화려한 넥타이를 하고 있다.
2. ▶ Speak *louder.* 더 큰소리로 말하세요.

[주의]　**loudly** 보다도 구어체로 강한 감정을 표현하는 단어.

356　**loudly** [láudli]　　　　　閏 큰소리로;시끄럽게;현란하게

▶ I shouted as *loudly* as I could.
나는 가능한한 큰소리로 외쳤다.
▶ He knocked *loudly* at the door.
그는 시끄럽게 문을 두드렸다.

[주의]　**aloud**에는 「큰소리로」란 의미외에 「소리를 내어」란 의미가 있다.
read aloud (소리내어 읽다.)
read loudly (큰소리로 읽다.)

357　**lovely** [lʌ́vli]　　　　　혱 아름다운;멋진

〈동의어〉 good 〈반의어〉 abominable

▶ She is indeed a *lovely* girl. 그녀는 정말 아름다운 소녀이다.
▶ What a *lovely* day! 정말 좋은 날씨다!

358　**lower** [lóuər]　　1. 团 ~을 낮추다;내리다;~을 경멸하다
　　　　　　　　　　　2. 函 낮아지다;내려가다
　　　　　　　　　　　3. 혱 아래의, 하급의

〈형용사형〉 low (낮은)

1. ▶ When I entered, they *lowered* their voice.

내가 들어왔을 때 그들은 목소리를 낮췄다.
3. ▶ *Lower* House (하원) ↔ Upper House (상원)
the *lower* Mississippi 미시시피 하류
the *lower* world 지옥 ; 현세

M

359	**mail** [meil]	1. 명 우편, (the ~s) 우편물 2. 타 ~을 우송하다

〈동의어〉 2. post

1. ▶ Send this letter by air *mail*.
항공편으로 이 편지를 보내세요.
2. ▶ *Mail* the check today. 오늘 이 수표를 보내라.

360	**main** [mein]	1. 형 주요한, 주된 2. 명 본관, (the~) 주요부, 힘

〈부사형〉 mainly

▶ 1. Where is the *main* office? 본점은 어디입니까?

참고　　**main** … 크기·중요도가 최고 the main office(본점)
chief … 지위·중요도가 최고 one's chief aim in life (인생의 주
목적)

361	**maintain** [meintéin, mən-] 타 ~을 계속하다, 유지하다; ~를 주장하다; ~을 지지하다

〈명사형〉 maintenance (유지 ; 주장)

▶ We must *maintain* social order.
우리는 사회 질서를 유지해야 한다.
▶ He has a large family to *maintain*. 그는 부양가족이 많다.
▶ They *maintain* that there is no life on the moon.
그들은 달에는 생물이 없다고 주장한다.

362 **manage** [mǽnidʒ]　타 자 처리하다;경영하다;
　　　　　　　　　　　　　어떻게든 …하다(~to do)

▶ We can't *manage* with these poor tools.
이런 빈약한 도구로 어찌해 볼 수 없다.
▶ Can't you *manage to* come to me early?
어떻게든 일찍 올 수 없겠니?
▶ It's hard to *manage* a sailboat in a narrow inlet.
좁은 내해에서 요트를 운전하기란 어렵다.

363 **manner** [mǽnər]　명 방법, 양식;(~s) 풍습;(~s)예절;태도

〈동의어〉 method, custom

▶ Those children have good *manners*.
저 아이들은 예절이 바르다.
▶ I am familiar with the *manners* and customs of the coun-
try. 나는 그 나라의 풍속과 관습을 잘 알고 있습니다.
▶ Her *manner* seemed rather uneasy.
그녀의 태도는 약간 불안해 보였다.

364 **mark** [maːrk]　1. 명 표시;표적;성적
　　　　　　　　　2. 타 ~에 기호를 붙이다;~에 주의하다

1. ▶ He gained full *marks* in English.
그는 영어에서 만점을 얻었다.
▶ Your guess was beside the *mark*.
너의 추측은 들어맞지 않았다.
2. ▶ She *marked* the unknown words with a pencil
그녀는 모르는 단어에 연필로 기호를 붙였다.

365 **master** [mǽstər]　1. 명 주인;선생님;대가
　　　　　　　　　　2. 타 ~을 지배하다;~에 정통하다

1. ▶ He *is (a) master of* three languages.
그는 3개 국어에 능통한 사람이다.
▶ The dog obeyed his *master*. 그 개는 주인의 말에 복종했다.

2. ▶ He *mastered* two languages in two years.
그는 2년 동안 2개 국어를 터득했다.

366 **material** [mətí(:)riəl]　1. 몡 재료, 원료;자료(~for)
　　　　　　　　　　　　　2. 혱 물질의;물질적인;육체적인

1. ▶ The *material* in the earth's crust is very old
지각을 이루는 물질은 매우 오랜 것이다.
2. ▶ Seek mental pleasure, not *marterial* pleasure.
물질적인 기쁨이 아니라 정신적인 기쁨을 구하세요.

367 **meal** [mi:l]　　몡 (하루 정시의) 식사

▶ Don't eat between *meals*. 간식을 하지마.
▶ It's time for the midday *meal*. 점심 먹을 시간이다.

368 **meaning** [mí:niŋ]　　몡 의미;의의

〈동사형〉 mean (의미하다)

▶ What is the *meaining* of this word?
이 단어의 뜻은 무엇입니까?
▶ Think over the *meaning* of life.
인생의 의미를 생각해 보아라.

369 **medicine** [méd(i)sn]　　몡 의학;내과;내복약

〈형용사형〉 medical (의학의)

▶ This is a good *medicine* for colds. 이것은 감기에 좋은 약이다.
▶ What kind of *medicine* are you taking?
어떤 종류의 약을 복용하고 있느냐?

370 **memorize** [méməraiz]　　탄 ~을 기억하다, 암기하다

〈동의어〉 learn by heart 〈명사형〉 memory (기억)

▶ Be sure to *memorize* this poem by tomorrow.
반드시 이 시를 내일까지 암기해라.

371 **message** [mésidʒ]　　　명 전언;메세지;심부름

〈동의어〉 notice

▶ Didn't he leave a *message*? 그가 메세지를 남기지 않았는가?
▶ The play has a serious *message.*
그 연극은 심각한 주제를 다룬다.

372 **middle** [midl]　　　1. 형 중간의;중앙의
　　　　　　　　　　　　2. 명 (the~) 중앙;한가운데

〈동의어〉 1. central

1. ▶ The *middle* section of the country is the least populated. 그 나라의 중부지방에 가장 사람이 적게 산다.
2. ▶ The castle is in *the middle* of the park.
그 성은 공원 한가운데에 있다.
▶ We were in *the midde* of dinner when he called on us.
그가 우리를 방문했을 때 우리는 저녁식사 중이었다.

373 **mild** [maild]　　　형 [사람·태도가] 온순한;[기후 등] 포근한

〈동의어〉 gentle

▶ The weather is warm and *mild* here.
이 근처는 기후가 포근하다.
▶ His *mild* disposition is a marvel in this chaotic office.
그의 온화한 성격은 이 아수라장같은 사무실에서 하나의 경이이다.

374 **motion** [móuʃ(ə)n]　　　명 운동;동작;동의

▶ The sudden *motion* of the plane made me sick.
비행기의 갑작스런 움직임으로 나는 멀미를 했다.
▶ He proposed an urgent *motion.* 그는 긴급동의를 제안했다.

375 **mouth** [mauθ]　　　명 입
（복） **mouths** [mauðz]

▶ He was standing with a pipe in his *mouth.*
그는 입에 파이프를 물고 서 있었다.
▶ I informed him of it by word of *mouth.*
나는 구두로 그에게 그것을 전했다.

376 **move** [mu:v]　　타 자 움직이다;이동하다;감동시키다;
이사하다;마음을 움직이다

〈명사형〉 movement (이동)

▶ *Move* your chair near to the fire.
의자를 불 가까이로 옮기세요.
▶ Nothing I could say *moved* him to come outside.
무엇을 말해도 나는 그를 밖으로 나가게할 수 없었다.

N

377 **name** [neim]　　1. 명 이름;평판
2. 타 ~에 이름을 짓다;~을 지명하다

1. ▶ He is a man of *name.* 그는 유명한 사람이다.
▶ He is Yoonho by *name.* 그의 이름은 윤호입니다.
2. ▶ He *named* his son Washington.
그는 아들을 워싱톤이라 이름지었다.
▶ Can you *name* the capital of Argentine?
아르헨티나 수도 이름을 말할 수 있습니까?

378 **narrow** [nǽrou]　　1. 형 폭좁은;간신히 얻은
2. 명 (~s) 해협

〈반의어〉 1. broad 〈부사형〉 narrowly (좁게)

1. ▶ What does the word mean in the *narrowest* sense?
가장 좁은 의미로 이 단어의 뜻은 무엇입니까?
▶ a *narrow* victory 가까스로 얻은 승리

national [nǽʃən(ə)l]　　🔲형 국민의;국가의;국유의

〈명사형〉 nation (국가;국민)

▶ The *national* debt grows bigger every year.
국채가 해마다 증가하고 있다.

380

native [néitiv]　　1. 형 출생지의;본래의;토착의
　　　　　　　　　　　2. 명 원주민

〈반의어〉 1. acquired

1. ▶ One of the *native* animals of India is the tiger.
호랑이는 인도 고유의 동물중 하나이다.
2. ▶ The *natives* were friendly to explorers.
원주민들은 탐험가들에게 친절했다.
▶ He is a *native* of Seoul. 그는 서울 토박이다.

381

natural [nǽtʃ(ə)rəl]　　형 자연의;선천적인;당연한

〈부사형〉 naturally (자연히)

▶ It is only *natural* for a baby to cry if it is hungry.
아기가 배가 고파서 우는 것은 당연한 것이다.

382

nice [nais]　　형 좋은;즐거운;친절한;적당한;맛있는

▶ He is always *nice* to me. 그는 언제나 나에게 친절하다.
▶ She is a *nice* girl. 그녀는 멋있는 소녀이다.
▶ It is *nice and* warm today. 오늘은 무척 따뜻하다.

《용법》　〈**nice and**＋**형용사**〉는 [naisn]이라고 붙여 발음하며, 「무척」
이란 의미를 갖는다.(＝very well)

383

noble [nóubl]　　1. 형 귀족의;고결한;당당한
　　　　　　　　　　　2. 명 귀족

〈명사형〉 nobility (귀족, 고결)

1. ▶ He lived a *noble* life. 그는 고결한 삶을 살았다.
2. ▶ Many of the *nobles* joined the uprision.
많은 귀족들이 반란에 참가했다.

384 **noise** [nɔiz] 　명 소음, 시끄러운 소리

〈동의어〉 clamor 〈반의어〉 silence

▶ Those planes make an awful *noise*.
비행기는 엄청난 소음을 낸다.
▶ Don't make a *noise*. 떠들지마라.

385 **note** [nout] 　1. 명 메모;주석;단신;명성;음표
　2. 타 ~을 기록하다;~에 주목하다
　(~that절);~을 알아채다

1. ▶ They took *notes* in the classroom.
그들은 교실에서 메모를 했다.
2. ▶ You must *note that* this is very important.
그것이 대단히 중요하다라는 것을 주목해 주세요.
▶ We *noted* his reluctance to testify.
우리는 그가 증언하기를 꺼린다는 것을 눈치챘다.

386 **notice** [nóutis] 　1. 명 통지;주의;게시
　2. 타 ~을 알아채다(~that절);
　~에게 언급하다, ~을 지적하다

1. ▶ He gave *notice* of his arrival in Korea.
그는 한국에 도착한 것을 통지했다.
▶ The article attracted the *notice* of everyone.
그 기사는 모든 사람의 주의를 끌었다.
▶ I was asked to make a speech at a moment's *notice*.
나는 즉석에서 연설하도록 요청받았다.
2. ▶ I *noticed* her come in.
나는 그녀가 들어온 것을 알아차렸다.

〈용법〉　**notice**는 지각동사로서 목적격보어에 원형을 동반한다.

387 **now** [nau]　　1. 부 지금;현재로서는;그 당시
　　　　　　　　　　2. 접 (Now that~) …이니까 3. 명 현재, 지금

1. ▶ I can't see you *now*. 지금 당신을 만날 수 없다.
　 ▶ *Now* let's go. 자 갈까?
　 ▶ He was *now* in hospital. 그때 그는 입원해 있었다.
2. ▶ *Now (that)* he is gone, I miss him very badly.
　　그가 떠나버렸기에, 나는 그를 무척 그리워한다.
3. ▶ I've been ill in bed up to *now*.
　　지금까지 계속 병때문에 누워 있었습니다.

388 **nowadays** [náuədeiz]　　부 오늘날

〈반의어〉 formerly (이전에는)

▶ *Nowadays* they are civilized.
　오늘날 그들은 문명화되어 있다.

O

389 **occupy** [ákjupài]　　타 점유하다;[시간]을 차지하다;종사하다

〈명사형〉 occupation (종사, 직업)

▶ He *occupied* himself with solving some algebra problems.
　그는 대수문제를 푸는 것에 전념했다.
▶ Enemy troops *occupied* the country.
　적의 군대가 그 마을 점령했다.

390 **occur** [əkə́:r]　　자 일어나다;생겨나다;마음에 떠오르다

〈명사형〉 occurrence (발생)

〈활용형〉　**occur－occurred－occurring**
▶ Don't let this *occur* agian.
　이런 일이 두번 다시 일어나게 하지마라.
▶ It didn't *occur* to me that you would object.

네가 반대하리라고는 생각지 않았다.

---

391 **office** [ɔ́:fis, ɑ́f-]　　　몡 사무실;관직;역할;(~s) 알선

official 〈형용사〉 공적인 〈명사형〉 공무원

- ▶ He has his *office* in the center of the city.
  그는 도시의 중심지에 사무실을 가지고 있다.
- ▶ He has held many *offices*. 그는 많은 관직을 차지해 왔다.

392 **omit** [o(u)mít]　　　탄 ~을 생략하다;
　　　　　~빠뜨리다(~to do;~ing)

〈동의어〉 forget 〈명사형〉 omission (생략)

- ▶ We *omitted* his name in the list.
  우린 목록에서 그의 이름을 뺐다.
- ▶ You *omitted* telling me to buy bread.
  너는 빵을 사오라고 말하는 것을 잊었다.

393 **once** [wʌns]　　　1. 뮈 일찌기;옛날에;한 번은;언젠가
　　　　　2. 젭 한 번이라도 ~하면
　　　　　3. 몡 한 번;한 차례

1. ▶ *Once* there were an old man and his wife.
   옛날 할아버지와 할머니가 있었습니다.
   ▶ I saw him only *once*. 나는 딱 한번 그를 보았다.
2. ▶ *Once* you start reading this novel, you can't stop it.
   한번이라도 이 소설을 읽기 시작하면 읽는 것을 멈출 수 없다.

394 **only** [óunli]　　　1. 혱 유일한;단지 ~만의
　　　　　2. 뮈 단지, 오직

1. ▶ My *only* pleasure is reading.
   내 유일한 기쁨은 독서이다.
2. ▶ He is *only* a child. 그는 오직 하나뿐인 내 아이다.
   ▶ You *only* can do it. 너만이 그것을 할 수 있다.
   ▶ I tell this to you *only*. 나는 너에게만 이것을 말합니다.

100

▶ You *have only to* do your best.
= All you have to do is (to) do your best.
당신은 최선을 다해야만 한다.

---

395 opinion [əpínjən] 뗑 의견 ; 여론

〈동의어〉 conception, idea

▶ This is my personal *opinion.* 이것은 내 개인 의견이다.
▶ I am of *opinion* that honesty is the best policy.
나는 정직이 최선의 정책이라는 의견을 가지고 있다.
▶ I have a poor *opinion* of him.
그가 불쌍한 사람이라고 나는 생각하고 있다.

---

396 opportunity [ápərtjú:niti] 뗑 기회 ; 호기

〈동의어〉 chance

▶ I am glad to have this *opportunity* of speaking to you.
나는 당신과 이야기할 기회를 가져서 기쁘다

---

397 opposite [ápəzit]
1. 톙 반대편의(~to) ; 정반대의
2. 뷔 반대편에
3. 젼 ~의 반대편에

〈반의어〉 1. same, alike 〈동사형〉 oppóse (반대하다)

---

1. ▶ The house *opposite to* ours is Mr. Smith's
우리 집 반대편의 집은 스미스씨의 집이다.
▶ I went in the *opposite* direction. 나는 반대 방향으로 갔다.
3. ▶ He lives *opposite* the school. 그는 학교 반대편에 산다.

---

398 ordinary [ɔ́ːrd(i)nèri] 톙 보통의, 평범한

〈동의어〉 common

▶ I am an *ordinary* man. 나는 평범한 사람이다.
▶ The novelisht's latest book is quite *ordinary.*
그 소설가의 최신작은 그저 평범하다.

 overcome [óuvərkʌ́m]　　타 ~에 이기다, 극복하다

〈활용형〉　**overcome－overcame－overcome**
▶ Try to *overcome* hardships. 고난을 이겨내세요.
▶ She wasn't *overcome* with grief.
　그녀는 슬픔을 이기지 못했다.

[주의]　수동구문에서 **by**와 **with**가 거의 같이 쓰인다.

P

400　**pace** [peis]　　명 보조;보폭,발걸음

〈동의어〉 walk

▶ We walked a *pace* of five kilometers an hour.
　우리는 시속 5㎞의 속도로 걸었다.
▶ Take three *paces* forward. 앞으로 세 걸음 오너라.

401　**pain** [pein]　　명 아픔;고통;(~s) 통증

〈형용사형〉 painful

▶ He is in great *pain.* 그는 무척 아파하고 있다.
▶ I took great *pains* to finish this book.
　이 책을 완성하는데 상당히 힘들었다.
▶ No *pains,* no goods. 고통이 없으면 즐거움도 없다. 《속담》

402　**pale** [peil]　　형 창백한;빛이 약한;[색이]엷은

▶ You look *pale.* 너는 안색이 나쁘다.
▶ The walls were painted a *pale* green.
　벽은 옅은 녹색으로 칠해졌다.

403　**paper** [péipər]　　명 (~s)서류;답안지;신문

▶ Now, hand in your *papers.* 자, 답안지를 내세요.
▶ Let me see today's *paper.* 오늘 신문을 볼까요.

pardon [pάːrdn]　　　　1. 명 용서 2. 타 ~을 용서하다

〈동의어〉 1. forgiveness 2. forgive

1. ▶ I beg your *pardon*. [↘] 미안합니다.
   ▶ I beg your *pardon*. [↗] 다시 한번 말해주세요.
2. ▶ I hope you will *pardon* me for being late.
   늦은 것을 용서해 주시길 바랍니다.
   ▶ *Pardon* me, but that is my bag.
   실례합니다만, 그것은 내 가방입니다.

particular [pərtíkjulər]　　　형 특수한;까다로운(~about)

〈동의어〉 demanding (요구가 많은)

▶ It snowed on that *particular* day. 바로 그날에 눈이 내렸다.
▶ He is very *particular about* his food.
  그는 음식에 대해 매우 까다롭다.
▶ She is so *particular* that no one can please her.
  그녀는 너무 까다로와 누구도 그녀의 마음에 들 수 없다.

particularly [pərtíkjulərli]　　　부 특히, 상세히

〈동의어〉 in particular

▶ He *particularly* explained the reason.
  그는 상세히 그 이유를 설명했다.
▶ The coffee is *particularly* good today.
  커피가 오늘은 특별히 맛있다.

past [pæst]　　1. 형 과거의;최근의
　　　　　　　2. 명 (the~)과거;(one's~)경력
　　　　　　　3. 부 [곁을]지나서
　　　　　　　4. 전 [시간·장소를]지나서;[범위·정도를]넘은

1. ▶ I could do such a work easily in my *past* days.
   옛날에는 그런 일은 쉽게 할 수 있었을 텐데.
   ▶ The danger is *past*. 위험은 이미 지나갔다.

2. ▶ Do you know anything of his *past* ?
그의 과거에 대해 뭔가 알고 있습니까?
3. ▶ They ran *past*. 그들은 곁을 지나쳐 달려갔다.
4. ▶ I went *past* the school. 나는 학교를 지나쳐갔다.
▶ It is *past* explaining. 그것은 설명하기 어렵다.

408 **people** [píːpl]　　　　圐 《집합명사》 (a~) 민족, 국민;
　　　　　　　　　　　　　　　《군집명사》 사람들

▶ The English are *a* practical *people*.
영국인은 실용적인 민족이다.
▶ *People* say that there will be a big earthquake in the near future.
가까운 미래에 대지진이 올 것이라는 소문이다.

[주의]　**People say~는 It is said that~라고도 말할 수 있다.**

409 **perfect** [pə́ːrfikt]　　　1. 圐 완전한;이상적인;정확한
　　　　　　　　　　　　　　　2. 圐 [pərfékt] ~을 완성하다

〈동의어〉 1. complete, 〈명사형〉 perfection (완전)

1. ▶ He is *perfect* in his duties.
그는 자신의 임무를 완벽히 수행한다.
2. ▶ The scientist *perfected* a method of desalting seawater.
그 과학자는 바닷물에서 소금을 제거하는 방법을 완성시켰다.

410 **period** [pí(ː)riəd]　　　圐 기간;시대;수업시간;종지부

▶ There was social unrest for a short *period*.
잠깐 동안에 사회 불안이 있었다.
▶ We have six *periods* on Friday. 금요일은 수업이 6시간 있다.

411 **piece** [piːs]　　　　　　圐 …개(~of);조각(~of);작품

▶ *a piece* of paper 종이 1장/*a piece* of advice 조언 한마디/*a piece* of furniture 가구 1점//an interesting *piece* of news 재미있는 뉴스

▶ The glass fell to *pieces*. 유리잔은 산산조각 났다.
▶ This is my favorite piano *piece*.
이것은 내가 좋아하는 피아노 곡이다.

412 pity [píti]　　　　　圏 동정, 유감스러운 일

〈동의어〉 sympathy

▶ I felt *pity* for him. 나는 그를 불쌍히 여겼다.
▶ It is a great *pity* that he is not equal to the task.
그가 그 일을 할 수 없는 것은 정말 유감스런 일이다.

413 plant [plænt]　　　1. 圏 식물;공장
　　　　　　　　　　　　 2. 囲 ～을 심다;～을 설치하다

1. ▶ The workers at the *plant* belong to the union.
그 공장의 근로자들은 노동조합에 속해있다.
2. ▶ I will *plant* some fruit trees in the garden.
나는 정원에 과일나무를 몇 그루 심을 것이다.
▶ They *planted* a flag on the summit.
그들은 정상에 기를 세웠다.

414 play [plei]　1. 圏 놀이;오락;극 2. 囲 놀다;경기하다;연주하다
　　　　　　　　　3. 囲 [경기 등]을 하다;～을 연주하다;
　　　　　　　　　　 ～을 연기하다

1. ▶ All work and no *play* makes Jack a dull boy.
공부만 하고 놀지 않으면 바보가 된다
→ 잘 놀고 열심히 공부하라 《속담》
2. ▶ What's *playing* at the movie theater now?
저 극장에서 지금 무엇을 상영하고 있니?
3. ▶ He can *play* the piano very well.
그는 피아노 연주를 매우 능숙하게 할 수 있다.
▶ He *played* an important part in the plot.
그는 그 음모에서 중요한 역할을 했다.
▶ He *played* basketball in college.
그는 대학에서 농구를 했다.

415 please [pli:z]　　타 자 기쁘게 하다;만족시키다;마음에 들다

〈형용사형〉 pleasant, pleased 〈명사형〉 pleasure

▶ It is difficult to *please* everybody.
모두의 마음에 들게 하는 것은 어렵다.
▶ I shall do as I *please.* 내가 하고 싶은대로 할 것이다.

416 polish [páliʃ]　　1. 타 ~을 닦다;~을 다듬다
　　　　　　　　　　　2. 자 윤이 나다;품위있게 되다

1. ▶ *Polish* your shoes now and then. 때때로 구두를 닦으세요.
　 ▶ He went to Paris to *polish up* his French.
　　 그는 프랑스어를 연마하기 위해 파리로 갔다.
2. ▶ This table won't *polish.* 이 탁자는 윤이나지 않는다.

417 population [pàpjuléiʃ(ə)n]　　명 인구

▶ The city has a large *population.* 그 시의 인구는 많다.

《용법》　「인구가 많다, 작다」라는 경우에는 **large** [or **small**] **popula-tion**이 맞으며 **many**[or **few**] **population** 라고는 쓰지 않는다.

418 post [poust]　　1. 명 기둥;지위, 부서;(the~)우편
　　　　　　　　　　2. 타 [광고지 등]을 붙이다;
　　　　　　　　　　　[편지 등]을 보내다.

〈형용사형〉 postal (우편의)

1. ▶ She holds the *post* of English teacher at a high school.
　　 그녀는 고교의 영어선생님 지위를 가지고 있다.
2. ▶ Don't forget to *post* this letter.
　　 이 편지 보내는 것 잊지 마세요.

419 poverty [pávərti]　　명 가난;결핍

〈형용사형〉 poor

▶ He lives in *poverty*. 그는 가난한 생활을 한다.
▶ *Poverty* is no disgrace to a man.
가난은 인간에게 치욕이 아니다.

420 power [páuər] 몡 힘, 능력;(the~)재능;권력

〈형용사형〉 powerful (힘이있는)

▶ It is beyond my *power*.
그것은 내 능력 밖에 있다. → 그것은 내 힘으로 할 수 없다.
▶ The United States is one of the two big *powers* of the world. 미국은 세계 2대 강국 중 하나이다.
▶ The lights flickered as the *power* was reduced.
전력이 줄어들자 등불이 깜빡였다.

421 praise [preiz] 1. 탄 ~을 찬양하다, 칭찬하다
2. 몡 칭찬

〈동의어〉 2. compliments

1. ▶ He was highly *praised* for his bravery.
그는 용감하기에 대단히 칭찬받았다.
2. ▶ His heroism is worthy of great *praise*.
그의 영웅적 행동은 크게 찬양할 가치가 있다.

422 price [prais] 1. 몡 가격;희생, 댓가
2. 탄 ~에 값을 매기다

1. ▶ What is the *price* of this vase?
이 꽃병의 가격은 얼마입니까?
▶ This is the *price* for your idleness.
이것은 당신의 게으름에 대한 댓가이다.
2. ▶ The car was *priced* too high.
이 차는 가격이 너무 비싸다.

423 pride [praid] 1. 몡 자만;자존심;자랑거리 2. 탄 자랑하다

〈형용사형〉 proud (자만의)

1. ▶ He was the *pride* of his parents.
그는 부모님의 자랑거리였다.

《용법》 「자랑하다」는 **take (a) pride in, pride oneself on, be proud of**이다.

2. ▶ He *prides* himself on being a man of self−control.
그는 스스로를 자제할 줄 아는 사람이라고 자랑한다.

---

424 principle [prínsipl]　　　圏 원리;방침;(~s)주의

〈동의어〉 rule, dictum

▶ It is against my *principle*. 그것은 나의 방침에 위반된다.
▶ His *principles* wouldn't allow him to work an Saturday.
그는 소신에 따라 토요일에는 일하지 않을 것이다.

---

425 print [print]　　　1. 囲 ~을 인쇄하다;인상을 주다
　　　　　　　　　　　2. 困 출판되다
　　　　　　　　　　　3. 圏 인쇄;복사

1. ▶ It is clearly *printed*. 그것은 선명하게 인쇄되어 있다.
3. ▶ My novel is not yet in *print*.
내 소설은 아직 출판되고 있지 않다.
▶ The dictionary is now out of *print*.
그 사전은 현재 절판되어 있다.

---

426 prize [praiz]　　　1. 圏 상품;경품;《수식어로》입상의
　　　　　　　　　　　2. 囲 ~을 높게 평가하다

1. ▶ Who won the first *prize* in the speech contest?
누가 웅변대회에서 1등을 했습니까?
▶ This is a *prize* horse. 이 말이 입상마이다.
2. ▶ She *prized* him for his good sense and understanding.
그녀는 그의 감각과 이해력을 높이 평가했다.

---

427 probable [prábəbl]　　　圈 있음직한;(It is~that절) ~일 듯하다

〈부사형〉 probably (아마)

▶ *It is probable that* she will pass the examination.
그녀는 아마도 시험에 합격할 것이다.
▶ The weather forecast is for *probable* showers.
기상예보에 따르면 소나기가 있을 예정이다.

428 **problem** [prábləm]　　명 문제 ; 곤란한 일

▶ The *problem* is whether he will join us or not.
문제는 그가 우리와 합류할 것인지 아닌지이다.
▶ What's your *problem*? 문제가 뭐냐?

429 **profit** [práfit]　　1. 명 이익 ; 소득 2. 자 이익을 얻다

〈형용사형〉 profitable (유익한)

1. ▶ There is no *profit* in complaining.
불평을 말해도 아무 득이 없다.
2. ▶ We have *profited* by your advice.
네 충고로 이익을 보았다.

430 **prove** [pruːv]　　1. 타 ~을 증명하다 ; ~을 시험하다
2. 자 ~으로 판명되다(~to do)

〈명사형〉 proof (증거 ; 증명)

1. ▶ He *proved* it to be true.
그는 그것이 사실임을 증명했다.
2. ▶ He *proved* to be a liar. 그는 거짓말장이로 판명되었다.

431 **publish** [pʌ́bliʃ]　　타 ~을 발표하다 ; 출판하다

〈명사형〉 publication (출판)

▶ The fact must be *published* to the world.
그 사실은 세상에 발표할 필요가 있다.
▶ His first work was *published* this summer.
그의 첫번째 작품이 올 여름에 출판되었다.

Q

432 **quarrel** [kwɔ́ːr(ə)l]　1. 몡 싸움, 반목 2. 凤 싸움하다

〈동의어〉 2. argue

1. ▶ He has had a *quarrel* with his father.
그는 아버지와 싸웠다.
2. ▶ The couple *quarreled* constantly and finally got a divorce. 그 부부는 계속 싸우다 결국 이혼했다.

433 **quarter** [kwɔ́ːrtər]　　몡 4분의 1;25센트;15분;방면;지역

▶ It is *quarter* to five. 5시 15분 이다.
▶ People came there from every *quarter*.
사람들이 사방팔방에서 여기로 왔다.

434 **queer** [kwiər]　　　몡 기묘한;괴이한;기분나쁜

▶ There is something *queer* about him.
그에겐 뭔가 이상한 점이 있다.
▶ He gave some *queer* answers to the policeman's questions.
그는 경찰의 심문에 몇가지 수상한 대답을 했다.

435 **question** [kwéstʃ(ə)n]　1. 몡 질문;의문;문제
　　　　　　　　　　　　　2. 目 ~을 의심하다;~에게 질문하다

〈동의어〉 doubt

1. ▶ It is not a *question* of money.
그것은 돈 문제가 아니다.
▶ There is no *question* about his abilities.
그의 능력에 대해 의심할 여지가 없다.
2. ▶ They *questioned* their teacher about the results of the test. 그들은 테스트의 결과를 선생님에게 질문했다.
▶ I *questioned* his leadership abilities.
나는 그의 지도력에 의심을 품었다.

436 **quick** [kwik]   1. 휑 빠른;민감한;성미가 급한
   2. 튀 빨리, 급하게

〈부사형〉 quickly (급히) 〈동사형〉 quicken (빠르게 하다)

1. ▶ Isn't there a *quick* way to master a foreign language?
   외국어를 빨리 습득할 길은 없을까?
   ▶ The dog is *quick* of scent. 개는 후각이 민감하다.
   ▶ He is man of *quick* temper. 그는 성미가 급한 사람이다.

《용법》 quick을 부사로서 사용할 때에는 항상 동사 뒤에 온다. 구어
에는 quickly보다도 자주 사용된다.
fast : 일정시간 연속해 사람이나 동물이 빨리 움직이는 것
quick : 행동이 빠르고 반응이 빠른
swift : 움직임이 원활하고 대단히 빠른

437 **quiet** [kwáiət]   1. 휑 (소리, 활동이 없다는 의미에서)
   조용한;평온한, 온화한
   2. 명 조용함;마음의 평정

〈부사형〉 quietly (조용하게)

1. ▶ All was *quiet* in the house.
   집 안에서는 모두가 조용히 했다.
   ▶ He lived a *quiet* life. 그는 평온한 생활을 보냈다.
2. ▶ He lived in *quiet*. 그는 평온하게 살았다.

R

438 **race** [reis]   1. 명 경주;경기;인종;종족 2. 자 경주하다
   3. 타 ～와 경주하다, 경주시키다(against)

〈형용사형〉 racial (인종의)

1. ▶ It rained the day of the stock car *races*.
   자동차 경주날 비가 내렸다.
2. ▶ Let's *race* from here to the corner.

여기에서 저 모퉁이까지 경주하자.
3. ▶ He *raced* his bicycle against an automobile.
그는 자전거로 자동차와 경주했다.

---

439 **raise** [reiz]　　　　타 ~을 올리다;~을 일으키다;[돈]을 모금하다;~을 기르다;~을 승진시키다

〈자동사〉 rise (오르다)

▶ Don't *raise* a dust. 소동 피우지마라(먼지를 피우지마라)
▶ They *raised* twelve children. 그들은 12명의 아이들을 길렀다.
▶ I'll *raise* you to manager.
자네를 지배인으로 승진시킬 예정이다.

---

440 **rank** [ræŋk]　　　　명 열;계급

〈동의어〉 grade

▶ This university is in the first *rank* in Korea.
이 대학은 한국에서 일류이다.

---

441 **rapid** [rǽpid]　　　　형 빠른;신속한;급한

〈동의어〉 quick, swift 〈명사형〉 rapidity (빠름)

▶ We walked to the station at a *rapid* pace.
역까지 빠른 걸음으로 걸었다.
▶ It was an age of *rapid* strides in science.
과학 분야에서 급속한 발전을 구가하는 시대였다.

---

442 **rare** [rɛər]　　　　형 드문;진기한;[고기 등이]설익은

〈반의어〉 plentiful, abundant

▶ This is a *rare* book. 이것은 진기한 책이다.
▶ His visits are rather *rare*. 그가 방문해 오는 것은 드문 일이다.

---

443 **rarely** [rɛərli]　　　　부 좀처럼 ~않다

〈동의어〉 seldom 〈반의어〉 often

▶ He *rarely* comes late to school.
　　그는 좀처럼 수업에 지각하지 않는다
▶ He *rarely* studied, yet he passed every exam.
　　그는 거의 공부하지 않았지만 모든 시험을 통과했다.

444　**rate** [reit]　　　　명 비율, 율;속도;요금;등급

▶ We walked at the *rate* of six kilometers an hour.
　　우리는 시속 6km의 속도로 걸었다.
▶ This is a novel of the first *rate*.
　　이것은 1등급의 소설이다.
▶ The room *rates* at the hotel ranged from ＄ 10 to ＄ 35 perday.
　　그 호텔의 객실요금은 하루에 10달라에서 35달라까지 있다.

445　**rather** [rǽðər]　　　　부 상당히;오히려

〈동의어〉 to a certain extent

▶ He is *rather* an old man. ＝ He is a *rather* old man.
　　그는 상당히 늙은 사람이다.
〈용법〉　**a rather**…보다는 **rather a** …가 더 보편적인 표현방법이다.
▶ I was *rather* surprised at her behavior.
　　나는 그녀의 행동에 꽤 놀랐다.
▶ I would *rather* stay home than go out.
　　나는 밖에 나가는 것보다 오히려 집에 있고 싶다.
〈용법〉　**would rather** … **than**〜으로 「〜하는 것보다 오히려 …하고 싶다」

446　**reach** [riːtʃ]

1. 타 ~에 도착하다;~에 이르다;뻗다
2. 자 도달하다;손을 뻗다;얻으려 노력하다
3. 명 손을 내뻗음;미치는 범위

1. ▶ A strange sound *reached* my ears.
　　이상한 소리가 내 귀에 들렸다.
2. ▶ He *reached* (out) for his bag.
　　그는 가방을 잡으려고 손을 뻗었다.

3. ▶ The climber slipped, made a *reach* for the rope.
등산객은 미끄러지자 손을 뻗어 로프를 잡았다.

447 **real** [ríːəl]   부 진짜의;현실의;실제의

〈동의어〉 actual 〈명사형〉 reality (현실)

▶ Was it a *real* man you saw or only a ghost?
당신이 본 것은 정말 사람인가, 아니면 유령인가?
▶ This jacket's made of *real* leather.
이 자켓은 진짜 가죽으로 만들어진 것이다.

448 **receive** [risíːv] 〈발음주의〉 타 자 받다;맞이하다

〈동의어〉 get 〈명사형〉 reception (수령, 접대)

▶ When did you *receive* the letter?
그 편지를 언제 받았는가?
▶ The hotel *receives* guests from all over the world.
그 호텔은 전 세계에서 오는 손님을 받는다.

449 **record** [rikɔ́ːrd]   1. 타 ~을 기록하다, ~을 녹음하다;
~을 표시하다
[rékərd]   2. 명 〈엑센트 주의〉 기록;경력;레코드

1. ▶ You should *record* precious comments like that.
너는 그런 소중한 조언을 기록해두어야 한다.
2. ▶ He has a good school *record*.
그는 학교 성적이 좋다.

450 **recover** [rikʌ́vər]   타 자 회복하다;되찾다;원상태로 되다

〈동의어〉 get back 〈명사형〉 recovery (회복)

▶ He *recovered* slowly after his long illness.
그는 오랜 병에서 천천히 회복되었다.
▶ The army was unable to *recover* any of the territory it
lost. 그 군대는 빼앗긴 영토를 조금도 되찾을 수 없었다.

451 **relieve** [rilíːv]　　　탄　~을 구해내다;안심시키다;경감하다

〈동의어〉ease (완화하다) 〈명사형〉relief (구조)

▶ Death *relieved* him from the pain.
죽음은 그를 고통에서 구해주었다.
▶ The ointment *relived* her itching.
그 연고는 그녀의 가려움을 가라앉혀 주었다.

452 **remain** [riméin]　　　1. 자 남다;머무르다;여전히 ~이다
　　　　　　　　　　　　　2. 명 (~s) 유물;유해;유적

〈동의어〉1. stay, subsist

1. ▶ He *remains* silent. 그는 여전히 침묵하고 있다.
　 ▶ That *remains* to be seen.
　　그것을 보는 일은 뒷날로 미루어졌다.

〈용법〉　**remain to do** : ~하지 않고 남아있다.
This problem remains to be solved.
이 문제의 해결은 뒤로 미루어진 채 있다.

453 **report** [ripɔ́ːrt]　　　1. 명 보고서(~on, of);성적통지표;보도
　　　　　　　　　　　　　2. 타 ~을 보고하다;~을 보도하다
　　　　　　　　　　　　　3. 자 보고하다(~of, on);
　　　　　　　　　　　　　　[~에]출두하다(~at, to)

1. ▶ His *report* of the battle won a Pulizer prize.
　　그의 전쟁보도는 풀리처상을 받았다.
2. ▶ He *reported* having seen the woman in Rome.
　　그는 로마에서 그 여자를 본 것을 보고했다.
3. ▶ He *reported on* the event.
　　그는 그 사건에 대해 보고했다.

454 **request** [rikwést]　　　1. 명 요청;요망;수요
　　　　　　　　　　　　　2. 타 ~을 요청하다

〈동의어〉2. ask for

1. ▶ I came at your *request*. 나는 당신의 요청으로 왔습니다.
   ▶ This book is in great *request*. 이 책은 많은 수요가 있다.
2. ▶ I *requested* her to be present.
   ＝I *requested* her presence.
   나는 그녀의 출석을 요청했다.

455 **return** [ritə́ːrn]　1. 困 되돌아가다
　　　　　　　　　　2. 団 ~을 돌려주다 ; 대답하다
　　　　　　　　　　3. 阁 귀가 ; 반환 ; 답례

1. ▶ He *returned* safe and sound. 그는 무사히 돌아왔다.
2. ▶ Please *return* me my book. 내 책을 돌려주세요.
3. ▶ News of the astronauts' safe *return* to earth was delayed. 우주인들의 무사한 지구 귀환소식은 지연되었다.

456 **ride** [raid]　1. 困 타다 2. 団 ~을 타다 3. 阁 탈 것

〈활용형〉 **ride－rode－ridden**
1. ▶ We *rode* in a bus. 우리는 버스를 타고 갔다.
2. ▶ Do you know how to *ride* a horse?
   너는 말을 탈 줄 아느냐?
3. ▶ I gave her a *ride* to her house.
   나는 그녀를 집까지 차에 태워보냈다.

457 **ring** [riŋ]　1. 困 울다 ; 울리다 2. 団 ~을 울리게 하다, (벨을 울려)부르다 ; 전화를 걸다(~up)
　　　　　　　　3. 阁 울림 ; 전화(를 거는 일)

〈활용형〉　ring－rang－rung
1. ▶ The telephone was *ringing* noisily.
   전화가 소란스럽게 울리고 있었다.
2. ▶ *Ring* me *up* in the afternoon. 오후에 전화주세요.
3. ▶ I'll give you a *ring* tomorrow. 내일 전화하겠습니다.

458 **ripe** [raip]　　　　阳 익은 ; 숙성한

〈동사형〉 ripen (익다)

▶ The melon is *ripe*. 그 메론은 잘 익었다.
▶ The time is *ripe* for our departure.
출발하기에 적당한 시간이다.

459 rival [ráiv(ə)l]　　　圈 경쟁 상대;호적수

〈동의어〉 competitor 〈반의어〉 ally (제휴자)

▶ He has no *rivals* in intelligence.
지성면에서 그에게 대항할 수 있는 적수는 없다.

460 road [roud]　　　圈 도로, [~에 이르는]길;방법(~to)

▶ There is no royal *road to* learning.
학문에 왕도는 없다 《속담》
▶ They live down the *road*. 그들은 그 길 아래편에 산다.

461 roll [roul]　 1. 困 구르다;[차가]나아가다;[시간이]지나다;
　　　　　　　　　 [천둥·북 등]이 치다
　　　　　　　 2. 围 ~을 굴리다;회전시키다;~을 둥글게 만들다
　　　　　　　 3. 圈 두루마리, 명부, 회전

〈명사형〉 rolling (굴림)

1. ▶ He *rolls* in bed many times.
그는 몇 번이나 자다가 뒤척였다.
2. ▶ *Roll* the ball to me 나에게 공을 굴려라.
3. ▶ I'll call the *roll*. 출석을 부르겠어요.

462 room [ru(:)m]　　　圈 방;[~을 위한]장소(~for);
　　　　　　　　　　　　　 [~의]여지(~for)

▶ There is no *room for* doubt about it.
그것에 대해 전혀 의심할 여지는 없다.
▶ There's plenty of *room*. 여유는 충분히 있다.

463 root [ru:t]　　　圈 뿌리;원인;(the~) 근본;선조

▶ Do you know the *root* of this trouble?

이 문제의 원인을 알고 있습니까?
▶ The love of money is the *root* of all evil.
돈에 대한 욕심은 모든 악의 근원이다.

464 **row**¹ [rou]　　　　　　　　명 열 ; 줄

〈동의어〉 line

▶ People were standing in *rows*.
사람들은 여러 줄로 서 있었다.
▶ *Rows* of tulips lined the street.
몇 줄의 튤립이 길게 늘어서 있었다.

465 **row**² [rou]　　　　1. 타 [배]를 젓다 ; 저어 운반하다
　　　　　　　　　　　　2. 자 배를 젓다

1. ▶ Can you *row* a boat? 당신은 배를 저을 수 있습니까?

466 **rule** [ru:l]　　　　명 규칙 ; [일반적인] 관습 ;
　　　　　　　　　　　　[개인의] 습관, 지배 ; 자

〈동의어〉 regulation, principle, reign(통치)

▶ There is a *rule* here that everybody must work.
여기에서는 누구든지 일해야 하는 규칙이 있다.
▶ He gets up at six as a *rule*.
그는 습관적으로 6시에 일어난다.
▶ Queen Victoria's *rule* lasted 64 years.
빅토리아 여왕의 통치는 64년간 계속되었다.

참고　　**rule**　　　행동의 기준
　　　　standard　이상적인 기준
　　　　criterion　판단의 기준

467 **rush** [rʌʃ]　　　1. 자 돌진하다 ; 갑자기 떠오르다
　　　　　　　　　　　2. 타 [사람·물건]을 급히 보내다 ;
　　　　　　　　　　　[사람]을 다그치다 3. 명 돌진 ; 쇄도

〈부사형〉 rushingly (돌진해서)

1. ▶ The children *rushed* in for seats.
   아이들은 자리를 잡기 위해 돌진했다.
   ▶ A good idea *rushed* into my mind.
   좋은 생각이 갑자기 머리에 떠올랐다.
2. ▶ Don't *rush* me. 나를 다그치지 마라.
3. ▶ The first shoppers made a *rush* for the bargain count-
   er. 첫 손님들이 할인 판매대로 밀려들어 왔다.

S

| 468 | **safe** [seif] | 1. 형 안전한;무사한;확실한(to do) |
| | | 2. 명 금고 |

〈명사형〉 safety (안전) 〈부사형〉 safely (안전하게)

1. ▶ You are *safe* from your enemies here.
   여기라면 적으로부터 안전하다.
   ▶ The bridge is no longer *safe* for traffic.
   이 다리는 더이상 차가 다니기에 안전하지 않다.
   ▶ He is *safe* to succeed. 그는 꼭 성공한다.
2. ▶ Put your valuables in the *safe*.
   귀중품은 금고에 넣어두어라.

469	**same** [seim]	1. 형 (the~)같은;같은 종류의(~as);
		동일의(~that-절)
		2. 대 같은 것[일]

〈반의어〉 1. different

1. ▶ We are *the same* age. 우리는 같은 나이이다.
   ▶ This is *the same* bag *that* I lost the other day.
   이것은 전날 내가 잃어버린 그 가방이다.
   ▶ This is *the same* watch *as* I have [or *as* mine].
   이것은 내 것과 같은 종류의 시계이다.
2. ▶ I bought *the same* as yours.
   나는 당신과 같은 것을 샀다.

470 **satisfy** [sǽtisfài]　　　　타 ~을 만족시키다;[요구]에 응하다;
　　　　　　　　　　　　　　　　　[의무]를 이행하다

〈반의어〉 dissatisfy
〈명사형〉 satisfaction (만족) 〈형용사형〉 satisfactory (만족한)

▶ I am *satisfied* with your progress.
　나는 너의 발전에 만족하고 있다.

《용법》 타동사이므로, 「만족하다」는 **be satisfied**이며, 뒤에 with, to
do를 동반하는 경우가 많다.

471 **scene** [si:n]　　　　　명 (한정된 장면의) 광경

▶ The sunrise from here is a beautiful *scene*.
　여기에서 보는 일출은 아름다운 광경이다.

472 **scenery** [sí:nəri]　　　　명 (한 지방의) 전풍경

▶ This woodland *scenery* is picturesque.
　이 숲의 풍경은 매우 아름답다.
▶ Criminals are said to return to the *scene* of the crime.
　범인들은 범죄현장으로 다시 간다는 말이 있다.

473 **scissors** [sízərz] 〈발음주의〉　명 가위

▶ I have two pairs of *scissors*. 나는 가위 2개가 있다.

474 **secret** [sí:krit]　　　1. 형 비밀의;남의 눈에 띄지 않는
　　　　　　　　　　　　　2. 명 비밀;비결;(~s) 신비

〈명사형〉 secrecy (비밀, 입이 무거움)

1. ▶ Please keep this *secret* from others.
　다른 사람에게는 이 비밀을 지켜 주세요.
2. ▶ I have no *secrets* from you.
　나는 너에게 아무런 비밀이 없다.
▶ Can you keep a *secret*? 너는 비밀을 지킬 수 있니?

475 **seed** [siːd]　　　　　1. 圐 싹;(～s) 원인
　　　　　　　　　　　　　　2. 圎 [땅]에 씨를 뿌리다

　1. ▶ Don't sow the *seeds* of discord.
　　　불화의 원인을 만들지마라.
　2. ▶ I'm *seeding* some of my land to grass.
　　　나는 내 땅의 일부에 잔디 씨를 뿌리고 있다.

476 **seldom** [séldəm]　　　　圊 좀처럼 ～하지 않다

　▶ He *seldom* goes to church. 그는 좀처럼 교회에 가지 않는다.

477 **send** [send]　　　　　1. 圎 ～을 보내다;가게 하다;
　　　　　　　　　　　　　　　…의 상태로 만들다
　　　　　　　　　　　　　2. 圚 (사람·편지)를 보내다

〈활용형〉 send－sent－sent
　1. ▶ He *sent* me a letter.＝He *sent* a letter to me.
　　　그는 나에게 편지를 보냈다.
　　▶ The noise *sends* me mad.
　　　그 시끄러운 소리가 나를 미치게 한다.
　2. ▶ *Send* for the doctor at once. 곧 의사를 부르러 보내세요.

478 **serious** [sí(ː)riəs]　　　圀 진지한;[질문 등이]중대한;
　　　　　　　　　　　　　　[병, 상처 등이]중한

〈부사형〉 seriously (진지하게, 중대하게)

　▶ This is a *serious* problem. 이것은 심각한 문제다.
　▶ He is now in a *serious* condition. 그는 지금 중태이다.
　▶ The doctor emerged from the patient's room with a *serious* look on his face.
　　의사는 심각한 표정으로 환자의 방에서 나왔다.

479 **several** [sév(ə)rəl] 〈발음주의〉　　圀 몇개의;각각의

〈동의어〉 more than two, a few

▶ The boys went their *several* ways.
소년들은 각각의 길로 갔다.
▶ I have been there *several* times.
나는 여러번 거기에 갔었다.

480 severe [sivíər]　　　형 심한;엄밀한;엄한

〈동의어〉 strict 〈형용사형〉 severely (심하게)

▶ I am rather *severe* with my children.
나는 내 아이들에게 엄한 편이다.
▶ The blizzard of 1888 was a *severe* storm.
1888년의 폭풍은 엄청난 폭풍이었다.

481 shade [ʃeid]　　　명 음지;그늘;색조;(a~ of) 약간

〈형용사형〉 shady (그늘진)

▶ Let's rest in the *shade*. 그늘에서 쉬자.
▶ He drank a cup of coffee with *a shade of* cream.
나는 크림을 조금 넣은 커피를 한 잔 마셨다.

482 shadow [ʃǽdou]　　　명 그림자;(~s) 어둠

〈동의어〉 silhoutte 〈형용사형〉 shadowy (그림자 같은)

▶ He is afraid of his own *shadow*.
그는 자신의 그림자를 무서워한다.
▶ Someone was lurking in the *shadows*.
누군가 어둠 속에 숨어 있었다.

483 sheet [ʃi:t]　　　명 시트;[종이 등의] 1장;온통…

▶ There were *sheets* of flame. 온통 불의 바다였다.
▶ She covered the *sheets* with a blanket.
그녀는 시트위에 담요를 덮었다.

484 **shine** [ʃain]

1. 짜 빛나다;두드러지다
2. 타 빛나게 하다;~을 닦다
3. 명 빛남;윤기;닦는 일

〈활용형〉 짜 shine-shone-shone(~을 닦다)
　　　　　타 shine-shined-shined

1. ▶ The sun is *shining* brightly. 태양은 밝게 빛나고 있다.
2. ▶ *Shine* the silver before the guests arrive.
　　손님들이 도착하기 전에 은식기를 닦아라.
3. ▶ I'll start, rain or *shine*.
　　비가 오든, 해가 나던간에 나는 출발할 것이다.

485 **shock** [ʃak]

1. 명 충격;쇼크
2. 타 ~에게 충격을 주다

〈동의어〉 2. surprise

1. ▶ Her death was a great *shock* to me.
　　그녀의 죽음은 나에게 큰 충격이었다.
2. ▶ I was greatly *shocked* at the news of his death.
　　나는 그의 사망소식을 듣고 크게 충격을 받았다.

486 **shortly** [ʃɔ:rtli]

부 곧, 간단히

〈동의어〉 before long (곧)

▶ He will be back *shortly*. 그는 곧 돌아올 것이다.
▶ He died *shortly* after the accident. 그는 그 사고 직후 죽었다.

487 **shoulder** [ʃouldər]

명 어깨;(~s) 어깨부분

▶ I looked over my *shoulder*. 나는 어깨 너머로 돌아보았다.
▶ Someone tapped me on the *shoulder*. 누군가 내 어깨를 쳤다.

488 **sick** [sik]

형 아픈;메스꺼운;싫증이 난(~of);
　그리워 하여(~for)

〈반의어〉 well 〈명사형〉 sickness

▶ She is *sick* in bed. 그녀는 아파서 누워있다.
▶ I am *Sick of* his jokes. 나는 그의 농담에 싫증이 나 있다.
▶ He is *sick for* home. 그는 집을 그리워하고 있다.

---

489 side [said] 1. 명 쪽;측면;옆구리;[문제 등의]면;자기편
2. 자 편들다(~with)

1. ▶ The city is surrounded by mountains on all *sides*.
그 도시는 사방이 산으로 둘러싸여 있다.
▶ There was much to be said on both *sides*.
양쪽 모두 할 말이 많았다.

---

490 sigh [sai] 1. 자 한숨 쉬다;그리워하다 2. 명 한숨

〈동의어〉 whine

1. ▶ She *sighed* for the happy old days.
그녀는 옛날 즐거웠던 때를 그리워했다.
2. ▶ The student gave a *sigh* of relief.
그 학생은 안도의 한숨을 쉬었다.

---

491 simply [símpli] 부 간단히;검소하게;《부정문》 전혀

▶ It is *simply* a question of money.
그것은 그저 돈의 문제일 뿐이다.
▶ I can*not simply* accept the offer.
나는 전혀 그 제안을 받아들일 수 없다.

---

492 sincere [sinsíər] 형 성실한;정직한;거짓없는

〈동의어〉 honest, true 〈부사형〉 sincerely (진정으로)

▶ He is *sincere* in his words. 그는 약속을 지킨다.
▶ Her sadness seemed *sincere*. 그녀는 정말 슬퍼하는 것 같았다.

---

493 single [síŋgl] 1. 형 단 하나의;독신의;1인용의
2. 타 ~을 선발하다

〈동의어〉 1. individual

1. ▶ She spoke not a *single* word.
   그녀는 단 한마디도 말하지 않았다.
   ▶ He remained *single* all his life.
   그는 평생 독신으로 보냈다.
2. ▶ He was *singled* out as a representative.
   그는 대표자 한 사람으로 선발되었다.

494 **size** [saiz]　　　　명 크기 ; 치수

〈동의어〉 dimensions

▶ The boys are much of a *size*. 소년들은 키가 똑같다.
▶ It is the *size* of an egg. = It is *as big as* an egg.
   그것은 계란 크기이다.

495 **skill** [skil]　　　　명 숙련 ; 기술

〈형용사형〉 skillful (능숙한)

▶ She showed a splendid *skill* in playing the violin.
   그녀는 바이올린 연주에서 현란한 기술을 선보였다.

496 **skirt** [skə:rt]　　1. 명 스커트 ; (~s)교외
　　　　　　　　　　　　2. 타 ~에 접하다. 3. 자 주변에 있다.

〈동의어〉 2. border

1. ▶ There is a hotel on the *skirts* of town.
   그 도시 교외에 호텔이 있다.
2. ▶ The river *skirts* the village.
   그 강은 마을 주변을 흐르고 있다.

497 **slow** [slou]　　1. 형 느린 ; 둔한 ; 활기가 없는 ;
　　　　　　　　　　　　　　좀처럼 ~않은(~to do)
　　　　　　　　　　　　2. 부 늦게, 천천히 3. 자 활력이 떨어지다
　　　　　　　　　　　　4. 타 ~의 속력을 떨어뜨리다

〈부사형〉 slowly (천천히)

1. ▶ She is *slow* in understanding. 그녀는 이해력이 둔하다.
   ▶ My watch is ten minutes *slow*. 나의 시계는 10분 늦다.
   ▶ He is *slow* to take action.
     그는 좀처럼 행동을 시작하지 않는다.
2. ▶ How *slow* he walks! 그의 걸음은 정말 느리구나!
3. ▶ The train *slowed* as it approached the station.
     기차는 역에 다가서면서 속도를 늦추었다.
4. ▶ He *slowed* down his car. 그는 차의 속도를 떨어뜨렸다.

---

498 smell [smel]　　　1. 타 냄새 맡다;[위험 등을] 알아채다
　　　　　　　　　　　　2. 자 냄새를 풍기다;[~의]냄새가 나다
　　　　　　　　　　　　3. 명 냄새;후각

1. ▶ I *smelled* something burning.
     나는 뭔가 타는 냄새를 맡았다.
2. ▶ This rose *smells* sweet. 이 장미는 좋은 향기가 난다.

[주의]　smell 뒤에 형용사는 주격보어가 된다.

3. ▶ I love the *smell* of wisteria. 나는 등나무 향내를 좋아한다.

---

499 smile [smail]　　　1. 자 미소짓다 2. 명 미소

〈동의어〉 grin

1. ▶ She *smiled* at her baby. 그녀는 아기에게 미소지었다.
2. ▶ She smiled a happy *smile*. 그녀는 행복한 미소를 지었다.

---

500 soft [sɔːft]　　　형 부드러운;[기후 등이]온화한;상냥한

〈부사형〉 soften (부드럽게 하다)

▶ The ground was *soft* after the rain.
  비가 온 후의 운동장은 미끄럽다.
▶ He and his wife are *soft* with their children.
  그와 그의 부인은 아이들에게 상냥하다.

---

501 solve [sálv]　　　타 ~을 해결하다;풀다

〈동의어〉 resolve 〈명사형〉 solution (해결;용해)

▶ I have *solved* all the problems in the textbook.
나는 교과서의 문제를 전부 풀었다.

502 **sort** [sɔːrt]　　　　　명 종류

〈동의어〉 kind

▶ I don't like this *sort* of music.
나는 이런 종류의 음악은 좋아하지 않는다.
▶ Trust him. He is a good *sort*.
그를 믿어라. 그는 좋은 사람이다.

503 **space** [speis]　　　　　명 우주;공간;여지

〈형용사형〉 spacious (광대한)

▶ We are living in the *space* age.
우리는 우주시대에 살고 있다.
▶ We need more *space* to set up the equipment.
설비를 장치하기 위해선 더 넓은 공간이 필요하다.

504 **special** [spéʃ(ə)l]　　　1. 형 특별한;전문의
　　　　　　　　　　　　　2. 명 특별한 사람 [물건];특파원

〈동사형〉 specialize (전공하다) 〈명사형〉 speciality (특질;전문)

1. ▶ This is a tool made for a *special* purpose.
이것은 특별한 목적을 위해 만든 도구이다.
▶ What is your *special* subject?
너의 전공 과목은 무엇이냐?
2. ▶ The juggling act is the *special* of the show.
마술은 그 쇼의 하이라이트이다.

505 **speech** [spiːtʃ]　　　　명 말;연설;강연;담화

▶ He will make a *speech* tonight.
오늘밤 그는 연설을 할 것이다.
▶ Freedom of *speech* is taken for granted.
언론의 자유는 당연한 것이라 여겨진다.

506 **speed** [spi:d] 　　　　　명 속력

> ▶ The dog came running at full *speed*.
> 개가 전속력으로 달려왔다.
> ▶ The plane went faster than the *speed* of sound.
> 그 비행기는 소리 속도보다 빨리 날아갔다.

507 **splendid** [spléndid] 　　　형 훌륭한;멋진;화려한

〈동의어〉 gorgeous 〈부사형〉 spelendidly

> ▶ He lives in a *splendid* house. 그는 멋진 집에서 살고 있다.
> ▶ We had a *splendid* time. 우리는 즐거운 시간을 보냈다.
> ▶ His reputation as a stateman is *splendid*.
> 정치가로서 그의 평판은 높다.

508 **standard** [sténdərd] 　1. 명 표준, 기준 2. 형 표준의;일류의

〈동의어〉 1. guideline

> 1. ▶ New cars *without* seat belts do not meet National Safety *standards*.
> 안전벨트가 없는 신차는 국립안전 규격을 만족시키지 못한다.
> 2. ▶ He speaks *standard* English. 그는 표준 영어를 구사한다.

509 **stare** [stɛər] 　1. 자 타 ~을 유심히 응시하다 2. 명 응시

〈형용사형〉 staring (응시하는)

> 1. ▶ The stranger stopped and *stared* me in the face for a moment.
> 그 낯선 사람은 멈추어 서서 잠시동안 내 얼굴을 응시했다.
> 2. ▶ Her icy *stare* gave me a chill.
> 그녀의 차가운 눈초리는 나를 소름끼치게 만들었다.

510 **station** [stéiʃ(ə)n] 　　명 역;(사회적) 지위

〈동의어〉 post (지위)

▶ He seems to be a man of high *station.*
그는 신분이 높은 사람인듯 보였다.

| 511 | **stay** [stei] | 1. 짜 머무르다;[~인]채로 이다[있다]
2. 타 ~을 멈추게 하다
3. 몡 체류 |

〈동의어〉 1. remain

1. ▶ I'm *staying* with my uncle. 나는 삼촌집에 머물고 있다.
   ▶ She *stayed* awake. 그녀는 잠에서 깬채로 있었다.
2. ▶ She *stayed* her tears until her lover was out of sight.
   그녀는 연인이 시야에서 멀어질 때까지 눈물을 참았다.
3. ▶ How long was your *stay* at the beach?
   해변에서 얼마나 있었습니까?

| 512 | **steal** [sti:l] | 1. 타 ~을 훔치다;모르는 사이에 하다
2. 짜 훔치다;몰래가다 |

〈명사형〉 stealth (비밀) 〈형용사형〉 stealthy (은밀한)

〈활용형〉 **steal－stole－stolen**
1. ▶ I had my purse *stolen* in the train.
   나는 기차 속에서 지갑을 도둑맞았다.
2. ▶ I *stole* into his room. 나는 그의 방에 슬쩍 들어갔다.

《용법》 「~을 도둑맞다」는 〈have＋(물건)＋stolen〉, 또는 〈(물건)＋be stolen〉을 사용하는 것이 옳다. 〈(사람)＋be stolen〉은 틀린다.

| 513 | **stick** [stik] | 1. 타 ~을 찌르다;~을 붙이다
2. 짜 찔리다;달라붙다 |

〈활용형〉 **stick－stuck－stuck**
1. ▶ I *stuck* my finger with a needle.
   나는 바늘로 손을 찔렀다.
2. ▶ The car got *stuck* in the mud. 차가 진흙탕속에 빠졌다.
   ▶ *Stick* to your present job. 당신의 일에 충실히 하라

514 **stop** [stɑp]　　1. 㭺 ~을 멈추다;~을 그만두다(~ing)
　　　　　　　　　　2. 㮰 멈추다;그만두다;
　　　　　　　　　　　　멈추어서서 ~하다(~to do)
　　　　　　　　　　3. 㮸 정지, 중지;정류장;멈춤

1. ▶ *Stop* talk*ing* and listen to me. 말을 멈추고 내 말을 들어봐.
2. ▶ We *stopped to* talk. 우리는 멈추어 서서 말했다.
3. ▶ A car came to a *stop* before me.
　　자동차는 내 앞에 멈추어 섰다.

515 **store** [stoːr]　　1. 㮸 가게;저장;(~s) 저장품
　　　　　　　　　　2. 㭺 ~을 저장하다;~에 공급하다

〈명사형〉 storage (저장, 보관)
———————————————————————————————

1. ▶ Mother went to the *store* to buy some household thing.
　　어머니는 가정용품을 사기 위해서 상점에 갔다.
　 ▶ He provided us with *stores of* facts.
　　그는 우리에게 많은 사실을 가르쳐 주었다.
　 ▶ I've got a surprise *in store for* you.
　　너를 깜짝 놀라게 할 말이 있다.
2. ▶ They *stored* vegetable for the winter.
　　그들은 겨울에 대비해 야채를 저장했다.
　 ▶ His mind is *stored* with information.
　　그의 머리에는 정보가 저장되어 있다.

516 **straight** [streit]　　1. 㮹 곧은;수직의;솔직한
　　　　　　　　　　　　2. 㮶 똑바로;솔직하게

〈동의어〉 1. direct 〈부사형〉 straightly
———————————————————————————————

1. ▶ It's hard to get a *straight* report on the accident.
　　그 사건에 대한 솔직한 보고서를 구하기는 어렵다.
2. ▶ I told her to speak *straight*.
　　나는 그녀에게 솔직하게 말하라고 했다.
　 ▶ Go *straight* on along this street.
　　이 길을 따라 똑바로 가세요.

517 **stream** [striːm]　　1. 몡 흐름;개울
　　　　　　　　　　　2. 재 흘러가다;계속 나오다;펄럭이다
　　　　　　　　　　　3. 타 ～을 흘러나오게 하다

〈동의어〉 1. brook

　1. ▶ He jumped across the *stream*. 그는 개울을 건너 뛰었다.
　　 ▶ Blood flowed in *streams*. 피가 계속해서 흘렀다.
　2. ▶ Tears *streamed* down from his eyes.
　　　 눈물이 그의 눈에서 계속 흘러나왔다.

518 **street** [striːt]　　몡 거리;길

　▶ He ran down the *street*. 그는 길을 달려갔다.
　▶ I came across my teacher on [or in] the *street*.
　　 길에서 선생님을 만났다.

519 **strength** [strén(k)θ]　몡 힘;강함;체력;강점

〈동의어〉 force 〈동사형〉 strengthen (강하게 하다)

　▶ The enemy were in great *strength*.
　　 적은 강한 힘을 가지고 있었다.
　▶ Her faith in God is her real *strength*.
　　 그녀의 신앙심이 그녀의 진정한 힘이다.

520 **stress** [stres]　　1. 몡 압력;긴장;강조;액센트
　　　　　　　　　　　2. 타 ～을 강조하다

〈동의어〉 1. emphasis (강조) 2. emphasize

　1. ▶ He began to steal under the *stress* of poverty.
　　　 그는 가난에 몰려서 도둑질을 시작했다.
　　 ▶ They place too much *stress* on money and position.
　　　 그들은 돈과 지위를 지나치게 중요시한다.
　2. ▶ He *stressed* special investigation on the matter.
　　　 그는 그 문제에 대해 특별조사를 강조했다.

521 **strict** [strikt]　　　　　형 엄한 ; 꼼꼼한

〈동의어〉 severe 〈부사형〉 strictly (엄밀히)

▶ They were *strict* in observing the Sabbath.
그들은 안식일을 엄하게 지킨다.
▶ The church demands *strict* loyalty.
교회는 완전한 충성심을 요구한다.

522 **style** [stail]　　　　　명 양식 ; 품위 ; 문체

〈동의어〉 elegance (품위)

▶ Father didn't like the modern *style* of living.
아버지는 현대적인 생활양식을 싫어했다.
▶ The wealthy couple really live in *style*.
그 부자부부는 정말 품위있는 생활을 한다.

523 **suburb** [sʌ́bəːrb]　　　　　명 (the ~s) 교외 ; 주변

▶ He lives in *the suberbs* of Seoul.
그는 서울 교외에 살고 있다.

524 **succeed** [səksíːd]　　　　　자 타 성공하다 ; 상속하다

〈명사형〉 success (성공) succession (상속)

▶ He *succeeded* in reaching the top of the mountains.
그는 산 꼭대기에 성공적으로 도달했다.
▶ No woman could *succeed* to the throne.
여성은 왕위를 상속할 수 없었다.

525 **sudden** [sʌdn]　　　　　형 갑작스런

〈동의어〉 abrupt 〈부사형〉 suddenly

▶ I was greatly surprised at his *sudden* death.
나는 그의 갑작스런 죽음에 크게 놀랐다.
▶ Don't make *sudden* decisions. 성급한 결정을 내리지마라.

526 **suffer** [sʌ́fər]　　　1. 匣 [고통 등]을 경험하다;용서하다
　　　　　　　　　　　　　2. 匣 고통받다;괴로와하다

〈명사형〉 suffering (고통)

1. ▶ She *suffered* greatly as a child.
　그 여자는 아이로는 커다란 고통을 받았다.
2. ▶ They were *suffering* from extreme poverty.
　그들은 극심한 가난으로 고통받고 있었다.

527 **sunny** [sʌ́ni]　　　　　形 양지바른;햇볕이 잘드는

〈동의어〉 sunlit 〈반의어〉 shade 〈명사형〉 sun (태양)

▶ This is a *sunny* room. 여기는 햇볕이 잘드는 방이다.

528 **support** [səpɔ́ːrt]　　　1. 匣 ~을 지지하다;부양하다
　　　　　　　　　　　　　　2. 名 지지;원조;부양

〈동의어〉 help, sustain

1. ▶ I was *supported* into the car.
　나는 부축을 받으며 자동차에 올랐다.
▶ He has a large family to *support*.
　그는 부양해야 할 많은 가족이 있다.
2. ▶ We give our hearty *support* to him.
　우리는 그에게 진심어린 지지를 보낸다.

529 **suppose** [s(ə)póuz]　　匣 ~라고 가정(생각)하다(~that절);
　　　　　　　　　　　　　　《접속사적으로》 만약 ~하면;
　　　　　　　　　　　　　　《명령문에서》 ~하려는 것은 아닐까;
　　　　　　　　　　　　　　(be~d to do) ~하기로 되어있다.

〈명사형〉 supposition (추측;가정)
〈접속사〉 supposing (만약 ~하면)

▶ I *suppose* (that) you are a doctor.
　=I *suppose* you to be a doctor.
　나는 당신이 의사라고 생각한다.

▶ Let's *suppose* (that) he is dead.
그가 죽었다고 가정해 보자.
▶ *Suppose* he doesn't come, what shall we do?
만약 그가 오지 않는다면 어떻게 해야하지?
▶ You *are supposed to* sing tonight.
너는 오늘밤 노래부르기로 되어 있다.

530 surely [ʃúərli] 　부 확실히;확실하게;반드시

〈동의어〉 for certain 〈형용사형〉 sure (확실한)

▶ He'll *surely* come. 그는 확실히 올 것이다.
▶ You *surely* acquitted yourself well.
너는 확실히 멋지게 행동했다.

531 sweet [swiːt] 　1. 형 단;향기가 좋은;친절한;귀여운
　2. 명 (~s) 단 것

〈동의어〉 2. confection

1. ▶ The rose smells *sweet*. 장미는 좋은 향기가 난다.
　▶ That lady is *sweet* to me. 저 부인은 나에게 친절하다
　▶ She has a *sweet* voice.
　그녀는 달콤한 목소리를 가지고 있다.
2. ▶ He has a weakness for *sweets*.
　그는 단 것에 대한 약점을 갖고 있다.
　⇨ 그는 단 것을 매우 좋아한다.

532 system [sístim] 　명 조직, 체계

〈형용사형〉 systemátic (체계적인)

▶ There is no *system* in his work.
그의 일은 체계적이지 못하다.
▶ Don't wreck your *system* by over work and lock of sleep!
과로와 수면부족으로 네 몸을 망치지마라.

T

533 **taste** [teist]

1. 퇴 ~의 맛을 보다;~을 맛보아 알다, ~을 먹다;~을 경험하다
2. 자 맛이 나다
3. 명 맛;(the~)미각;기호(~for);취미

〈형용사형〉 tasteful (고상한, 멋있는)

1. ▶ I haven't *tasted* anything from morning.
   나는 아침부터 아무것도 먹지 않았다.
   ▶ Can you *taste* anything strange in this soup?
   이 스프 맛이 이상하지 않니?
2. ▶ This orange *tastes* sour. 이 오렌지 맛은 시다.
3. ▶ It left a bitter *taste* in my mouth.
   그것은 내 입 속에 쓴맛을 남겼다.
   ▶ He has no *taste for* reading.
   그는 독서를 좋아하지 않는다.

534 **teach** [ti:tʃ] 1. 퇴 ~을 가르치다;[경험이] ~을 깨닫게 하다
2. 자 가르치다

〈활용형〉 **teach—taught**[tɔ:t]**—taught**

1. ▶ Miss Evans *teaches* us English.
   =Miss Evans *teaches* English *to* us.
   에반스 선생님이 우리에게 영어를 가르친다.
   ▶ He *taught* us that we should do our best.
   그는 우리에게 최선을 다하라고 가르쳤다.
   ▶ This will *teach* you to speak the truth.
   이것이 네게 정직하게 말해야 함을 깨닫게 할 것이다.
2. ▶ He has been *teaching* for ten years in this school.
   그는 이 학교에서 10년간 가르치고 있다.

535 **team** [ti:m]   명 팀;조, 동아리

〈동의어〉 group

▶ The *team* are to meet here in the afternoon.
그 팀은 오후에 여기에 모일 예정이다.

▶ A *team* of oxen pulled the wagon.
한 무리의 황소들이 짐차를 당겼다.

536 term [tə:rm]　　　명 기간;학기;용어;(~s)조건;(~s) 관계

▶ The mayor's *term* of office is four years.
시장의 재임 기간은 4년이다.
▶ I am on good *terms* with him. 나는 그와 사이가 좋다.

537 test [test]　　　1. 명 시험;[사람·물건을]시험하는 일
　　　　　　　　　　　2. 타 ~을 시험하다;~을 분석하다

〈동의어〉 1. exam 2. examine

1. ▶ We had a *test* in biology yesterday.
어제 생물 시험이 있었다.
2. ▶ You'd better have your eyesight *tested*.
너는 시력을 검사해보는 편이 좋다.

538 thank [θæŋk]　　　1. 타 ~을 감사하다 2. 명 (~s) 감사

〈동의어〉 2. gratitude 〈형용사형〉 thankful (감사하고 있는)

1. ▶ I *thanked* him for his kind letter.
나는 그의 친절한 편지에 감사했다.
▶ I'll *thank* you for the book.
그 책을 집어주시면 감사하겠습니다.
2. ▶ Many *thanks* for your kind letter.
당신의 친절한 편지에 매우 감사합니다.

539 theory [θí:əri]　　　명 이론;학설

〈동의어〉 doctrine

▶ Your plan is excellent in *theory*.
너의 계획은 이론적으로 훌륭하다.
▶ It's my *theory* that the dog will find its way home in a
day or two. 그 개가 하루이틀 안에 집에 오는 길을 찾을 것이
라는 게 내 생각이다.

540 **thick** [θik]　　　　　형 두꺼운;무성한;짙은;~로 가득한

〈동의어〉 dense (짙은) 〈동사형〉 thicken (두껍게 하다)

- ▶ The air was *thick* with dust.
  먼지가 사방에 자욱하게 끼여있었다.
- ▶ That little restaurant makes good *thick* sandwithes.
  저 작은 식당에서 꽤 두툼한 샌드위치를 만든다.

541 **thin** [θin]　　　　　형 얇은;마른;드문드문한;엷은

〈반의어〉 thick 〈부사형〉 thinly

- ▶ She is rather *thin* in the face. 그녀는 얼굴이 말라 보인다.
- ▶ He is *thin* on top. 그는 머리칼이 얼마 없다.

542 **thirst** [θəːrst]　　　　　명 갈증, 갈망(~for)

〈동의어〉 desire (갈망) 〈형용사형〉 thirsty (목이 마른)

- ▶ The horse satisfied its *thirst* at the river.
  말은 강 주변에서 목을 축였다.
- ▶ A good student has a *thirst* for knowledge.
  훌륭한 학생은 지식욕을 가지고 있다.

543 **throat** [θrout]　　　　　명 목;식도

〈형용사형〉 throaty (쉰 목소리의)

- ▶ I have a sore *throat*. 나는 목이 아프다.

544 **throw** [θrou]　　　　　1. 타 ~을 던지다;~의 상태에 빠
　　　　　뜨리다(~into) 2. 자 던지다
　　　　　3. 명 던짐;던져서 닿는 거리

〈활용형〉 **throw－threw－thrown**
1. ▶ Don't *throw* a stone at our dog.
　　우리집 개에게 돌을 던지지마라.
　▶ The earthquake *threw* the people *into* confusion.

지진은 사람들을 혼란한 상태에 빠뜨렸다.
3. ▶ He lives within a stone's *throw* of the school.
그는 학교에서 아주 가까운 거리에서 살고 있다.

---

545 **topic** [tápic]　　　　　명 화제;논제

〈동의어〉subject

▶ We have been free from want of *topics*.
우리에겐 화제가 끊이지 않았다.

---

546 **total** [tóutl]　　　1. 형 전체의;완전한 2. 명 전체, 총계

〈동사형〉totalize (합계하다)

1. ▶ It was a *total* failure. 그것은 완전한 실패였다.
2. ▶ What is the *total* ? 합계는 얼마입니까?

---

547 **touch** [tʌtʃ]　　　1. 타 만지다;~을 가볍게 두드리다;~을 감
동시키다;《부정문에서》~에 필적하다
2. 자 접촉하다, 손을 대다
3. 명 촉감;접촉;필치;기미

〈형용사형〉touchy (화 잘내는;신경과민인)

1. ▶ I *touched* him on the shoulder.
나는 그의 어깨에 손을 대었다.
▶ The sad story *touched* me.
그 슬픈 이야기가 나를 감동시켰다.
3. ▶ We must keep in *touch* with the times.
우리는 시대에 뒤떨어지지 않아야 한다.

---

548 **traffic** [tráefik]　　　　명 교통(량);왕래

▶ The *traffic* around here is heavy. 이 주변은 교통량이 많다.
▶ He was injured in a *traffic* accident.
그는 교통사고로 부상당했다.

549 **train** [trein]
1. 몡 기차 ;열 ;연속
2. 타 ~을 훈련시키다 3. 자 단련하다

1. ▶ The *train* pulled into the station. 기차는 역으로 들어왔다.
▶ I missed my usual *train*. 나는 언제나 타는 기차를 놓쳤다.
▶ What *train* of events led to the discovery?
일련의 사건으로 무엇을 발견하게 되었느냐?
2. ▶ I'll *train* him to be a boxer.
나는 그를 권투 선수가 되도록 훈련시킬 것이다.

550 **translate** [trænsléit]
1. 타 ~을 번역하다(~into)
2. 자 번역하다

〈명사형〉 translation (번역)

1. ▶ Please *translate* this English *into* Korean.
이 영어를 한국어로 번역해 주세요.

551 **treasure** [tréʒər]
1. 몡 보물
2. 타 ~을 모아두다 ;~을 소중히 하다

〈반의어〉 2. scorn

1. ▶ The divers discovered the pirate's *treasure* in the sunken ship. 잠수부들은 가라앉은 배에서 해적의 보물을 발견했다.
2. ▶ You must *treasure* your friends.
친구를 소중히 해야 한다.

552 **trick** [trik]
1. 몡 계략 ;음모 ;못된 장난 ;요령 ;곡예
2. 타 ~을 속이다 ;속여서 ~을 취하다

〈동의어〉 1. ruse

1. ▶ He likes to play *tricks* on his friends.
그는 친구에게 장난치는 것을 좋아한다.
2. ▶ Dad *tricked* Mother into believing he had forgotten her birthday. 아빠는 엄마를 속여 엄마 생일을 잊고 있었다는 것을 믿게 만들었다.

| 553 | **truly** [trúːli] | 倒 거짓없이;충실하게;정확하게 |

〈형용사형〉 true

▶ I am ***truly*** sorry about your misfortune.
　나는 당신의 불행을 진심으로 유감스럽게 생각합니다.
▶ Mozart was ***truly*** a brillant composer.
　모짜르트는 정말 뛰어난 작곡가였다.

554	**trust** [trʌst]	1. 명 신용, 신뢰(~in);위탁
		2. 타 ~을 믿다;믿고 ~하게하다
		(~to do);~에게 맡기다 3. 자 믿다(~in)

1. ▶ Do they have ***trust in*** you?
　그들은 당신을 신용하고 있습니까?
2. ▶ I'll ***trust*** you ***to*** do this work for yousrself.
　네가 혼자 힘으로 이 일을 할 것이라고 믿겠다.
▶ I ***trust*** he will keep his promise.
　나는 그가 약속을 지킬 것이라 믿는다.

| 555 | **type** [taip] | 1. 명 형태, 전형,타이프;활자 |
| | | 2. 타 자 타이프 치다 |

〈동의어〉 model (전형)

1. ▶ Do you like this ***type*** of car?
　이 형태의 자동차를 좋아합니까?
▶ He is a perfect ***type*** of a progressive scholar.
　그는 진보적인 학자의 완전한 전형이다.

U

| 556 | **uniform** [júːnifɔ́ːrm] | 1. 형 동형의, 일률적인;불변의 |
| | | 2. 명 제복 |

〈동의어〉 1. alike

1. ▶ It's impossible to drive at *uniform* speed in big cities.
   대도시에서 같은 속도로 차를 운전하는 것은 불가능하다.
2. ▶ My daughter has a new cheer─leader's *uniform*.
   내 딸은 새 치어리더의 유니폼을 입고 있다.

557 **universal** [jùːnivə́ː𝑟s(ə)l] 혱 보편적인;전 세계의

〈반의어〉 private 〈명사형〉 universe (세계)

▶ War causes *universal* misery.
전쟁은 세계 전체에 불행을 야기시킨다.
▶ Over population is a *universal* problem.
인구과잉은 전세계적인 문제이다.

558 **upstairs** [ʌ́pstέə𝑟z]   1. 뷔 2층으로 2. 혱 2층의

〈반의어〉 downstairs

1. ▶ Don't run *upstars*. 2층으로 뛰어올라가지마.

559 **use** [juːz]   1. 탸 ~을 사용하다;[능력·신체]을 움직이다
            2. 몡 [juːs] 사용;용도;효과

〈형용사형〉 useful (쓸모있는), useless (쓸모없는)

1. ▶ May I *use* your telephone? 전화를 사용해도 되겠어요?
   ▶ *Use* your head. 머리를 써라.
2. ▶ It is no *use* your trying to read this book in a day.
   하루에 이 책을 읽으려고 해도 소용없다.
   ▶ You should make *use* of this tool.
   이 도구를 사용해야 한다.

V

560 **vacation** [vəkéiʃ(ə)n/veik]   몡 휴가

▶ He is away on a *vacation*. 그는 휴가를 얻어 여행중이다.
▶ All employees are entitled to three weeks of *vacation*

each year. 모든 직원은 일년에 3주간의 휴가를 받을 권리가 있다.

561 various [vέ(:)riəs]　　　형 각각의;여러 가지의;다수의

〈동의어〉 diverse 〈동사형〉 vary (다양하게 하다)

- ▶ Students enter college from **various** motives.
  학생들은 여러가지 동기로 대학에 들어간다.
- ▶ **Various** people have expressed disagreement with his proposal. 많은 사람들이 그의 제안에 반대의사를 표명했다.

562 vegetable [vέdʒ(i)təbl]　　형 (~s) 야채

- ▶ I grow **vegetables** in my garden.
  나는 정원에서 야채를 재배한다.

〈용법〉　**fruit**은 물질명사이지만 **vegetable**은 보통명사이다.

563 visible [vízəbl]　　　　형 눈에 보이는;명백한

〈명사형〉 visibility

- ▶ Is Mt. Halla **visible** from here? 한라산이 여기에서 보입니까?
- ▶ The man has no **visible** means of support.
  그 사람은 지원할 뚜렷한 수단이 없다.

564 voice [vɔis]　　　　　　명 소리;발언권;의견

〈동의어〉 vocal sound (목소리) 〈형용사형〉 voiceful

- ▶ He speaks in a deep **voice**. 그는 굵은 소리로 말한다.
- ▶ My **voice** is for the plan. 내 의견은 그 계획에 찬성이다.

W

565 wait [weit]　　　1. 자 기다리다(~for);시중들다(~on, upon)
　　　　　　　　　　　　　2. 명 기다림;기다리는 시간

1. ▶ I'll **wait for** you to come at three.

3시쯤 네가 오는 것을 기다리고 있을게.
▶ Are you *waited on*? 당신이 시중듭니까?

<table><tr><td>566</td><td>warning [wɔ́ːrniŋ] 1. 형 경고의;경계의 2. 명 경고;전조;예고</td></tr></table>

〈동의어〉 2. alarm

2. ▶ He paid no attention to my *warning.*
그는 내 경고를 무시했다.

<table><tr><td>567</td><td>wash [waʃ, wɔːʃ]　1. 타 ~을 씻다;씻어내리다(~away)
2. 자 손[얼굴·몸]을 씻다;세탁되다</td></tr></table>

1. ▶ The flood *washed away* a lot of houses.
홍수는 많은 집들을 휩쓸어 갔다.
2. ▶ Does this cloth *wash* well? 이 천은 잘 세탁됩니까?

<table><tr><td>568</td><td>waste [weist]　1. 타 ~을 낭비하다;~을 놓치다
2. 자 허비하다;쇠약해지다
3. 명 낭비;황폐;쓰레기(종종 ~s)
4. 형 황량한, 쓰레기의</td></tr></table>

1. ▶ I *wasted* full two hours.
나는 완전히 2시간을 낭비했다.
2. ▶ He is *wasting* day by day. 그는 날마다 쇠약해져 간다.
3. ▶ It's *waste* of time to go to such a place.
그런 곳에 가는 것은 시간낭비다.
4. ▶ The land lay *waste.* 그 땅은 황폐한 채 그대로였다.

<table><tr><td>569</td><td>watch [watʃ]　1. 타 자 지켜보다;망을 보다;간병하다
2. 명 [휴대용]시계;경계;불침번</td></tr></table>

〈형용사형〉 watchful (주의깊은)

1. ▶ He was *watching* television in his room.
그는 자신의 방에서 TV를 보고 있었다.
▶ I *watched* him come into the room.
나는 그가 방에 들어오는 것을 지켜보았다.

2. ▶ Keep *watch* for strangers.
이상한 사람이 오는지 망 봐주세요.

570 **weak** [wi:k]　　　　⑱ 약한;우둔한;[음료가] 싱거운

〈반의어〉 strong 〈동사형〉 weaken (약하게 하다)

▶ He is *weak* in science. 그는 과학에 약하다.
▶ I don't like my coffee *weak*.
나는 커피가 엷은 것을 좋아하지 않는다.
▶ The flu victim was too *weak* to walk.
그 독감환자는 너무 약해서 걸을 수도 없었다.

571 **weep** [wi:p]　　　　1. ⑱ 울다;한탄하다
　　　　　　　　　　　　　　2. ⑲ ～을 울며 슬퍼하다

〈반의어〉 laugh, rejoice

〈활용형〉 **weep－wept－wept**
1. ▶ All of us *wept* for joy at the news.
우리는 모두 그 소식을 듣고 기뻐서 울었다.

572 **weigh** [wei]　　　　⑲ ⑱ 저울에 달다;무게가 ～이다;평가하다

〈명사형〉 weight (무게;부담)

▶ I *weighed* myself in the seales. 나는 저울로 체중을 달았다.
▶ The lies began to *weigh* on his conscience.
거짓말이 그의 양심에 부담이 되기 시작했다.

573 **welcome**[wélkʌm]　　　1. ⑱ 환영받는;반가운, (서술적으로)
　　　　　　　　　　　　　　　　자유로이 쓸 수 있는
　　　　　　　　　　　　　　2. ⑲ 환영;대접 3. ⑲ ～을 환영하다

〈동의어〉 1. admitted

1. ▶ You are *welcome* to any book in my library.
당신은 내 서재에 있는 책은 무엇이든 마음대로 보아도 좋습니다.
▶ You are *welcome*. 천만에요.
3. ▶ I'll *welcome* you to my home.

나는 기꺼이 집으로 당신을 맞이할 것이다.
▶ The mayor *welcomed* the visiting dignitaries at the air-
port. 사장은 고위 방문인사를 공항에서 맞이했다.

---

574 **well** [wel]
1. 閉 잘;훌륭하게;능숙하게
2. 閉 건강한;만족한;적절한

〈활용형〉 **well－better－best**
1. ▶ She speaks English *well*.
그녀는 능숙하게 영어를 구사한다.
2. ▶ Are your family all *well*? 당신가족 모두 건강합니까?

---

575 **wet** [wet]
閉 젖은;축축한;비가 많은

〈동의어〉 rainy

▶ I got *wet* to the skin. 나는 흠뻑 젖었다.
▶ We have had a *wet* climate this year.
올해는 비가 많은 기후였다.

---

576 **whole** [houl]
1. 閉 전체의;완전한
2. 閉 (the~) 전체;통일체

〈부사형〉 wholly (완전하게)

1. ▶ He stayed up the *whole* night.
그는 꼬박 하룻밤을 새웠다.
2. ▶ The *whole* is greater than a part. 전체는 부분보다 크다

---

577 **willing** [wíliŋ]
閉 기꺼이 ~하다(~to do);자발적인

〈동의어〉 content 〈부사형〉 willingly (자진해서)

▶ I am *willing* to do anything for you.
나는 당신을 위해서라면 뭐든지 기쁘게 하겠습니다.

---

578 **win** [win]
1. 閉 ~을 얻다;~을 이기다
2. 閉 이기다

<활용형>　win－won[wʌn]－won
　　1. ▶ It was not easy for him to *win* his daily bread.
　　　 그가 일용할 양식을 얻기란 쉽지 않았다.
　　 ▶ The book *won* him fame. 그 책으로 그는 명성을 얻었다.
　　2. ▶ Unless the defenders are reinforced the invading troops
　　　 will *win*.
　　　 방어군이 재무장하지 않는다면 침략군이 승리할 것이다.

579　**wind** [waind]　　1. 툔 구부러지다;감기다
　　　　　　　　　　　2. 톤 ～을 감다;감은 것을 풀다(～off)

<활용형>　wind－wound－wound
　　1. ▶ The road *winds* up the hill.
　　　 도로는 언덕을 따라 꼬불꼬불 구부러져 있다.
　　2. ▶ Did you *wind up* your watch last night?
　　　 어젯밤 시계를 감았습니까?

580　**wink** [wiŋk]　　1. 툔 눈을 깜빡이다;윙크하다(～at);빛나다
　　　　　　　　　　　2. 묘 눈짓;윙크;한순간

　　1. ▶ He *winked at* a pretty girl.
　　　 그는 예쁜 여자에게 윙크했다.

581　**wisdom** [wízdəm]　　묘 현명;분별;지혜

<반의어> stupidity <형용사형> wise (현명한)

　　▶ He is a man of *wisdom* and learning.
　　　 그는 학식과 지혜를 겸비한 사람이다.
　　▶ The class will discuss the *wisdom* of plato.
　　　 수업시간에 플라톤 철학에 대해 토론할 것이다.

582　**wonder** [wʌ́ndər]　　1. 묘 경탄;이상한[사람·사건]
　　　　　　　　　　　　　2. 툔 놀라다(～at);의심하다
　　　　　　　　　　　　　3. 톤 ～에 놀라다(～that절);～이 아닐
　　　　　　　　　　　　　까 생각하다(～that절;if절)

<형용사형> wonderful (멋진)

1. ▶ It is no *wonder* that he has succeeded.
   그가 성공한 것은 조금도 이상하지 않다.
2. ▶ I *wonder at* his carelessness.
   나는 그의 부주의함에 놀란다.
3. ▶ I *wonder (that)* he failed. 그가 실패한 것에 놀란다.
   ▶ I *wonder* who will win. 누가 이겼을까(궁금하다)

583 **wooden** [wúdn]　　　　휑 목조의;무표정의

〈동의어〉 expressionless (표정없는) 〈명사형〉 wood (목재)

▶ She has a *wooden* face. 그녀는 무표정한 얼굴을 하고 있다.
▶ I was amazed at how *wooden* she was on the dance floor.
나는 그녀가 무도장에서 무척이나 꼿꼿하게 있어 놀랐다.

584 **work** [wəːrk]
1. 명 일;공부;작품
2. 자 일하다, 공부하다(~at);근무하다;
   [기계 등이]움직이다;나아가다
3. 타 ~을 움직이다;경영하다

1. ▶ What time do you go to *work*? 몇 시에 일하러 갑니까?
2. ▶ He *worked* through college.
   그는 고생해서 대학을 졸업했다.
   ▶ I *worked* at Korean history. 나는 한국사를 공부했다.
3. ▶ Even a great doctor can't *work* miracles.
   아무리 뛰어난 의사도 기적을 행할 수는 없다.

585 **worry** [wə́ːri]
1. 자 걱정하다(~about, over)
2. 타 [사람]을 괴롭히다;
   [사람]을 걱정시키다
3. 명 걱정;고뇌

〈동의어〉 3. anxiety

1. ▶ He is *worrying about* the results of the examination.
   그는 시험결과를 걱정하고 있다.
   ▶ Don't *worry about* that. 그것에 대해 걱정하지마.

2. ▶ The child ***worries*** its parents with many questions.
아이는 많은 질문을 하며 부모님을 난처하게 한다.

3. ▶ The wayward boy caused his parents a lot of ***worry***.
그 고집스런 아이는 부모에게 많은 걱정을 끼쳐드렸다.

586 **worth** [wəːrθ] 1. 형 ~의 가치가 있는;~할 가치가 있는
2. 명 가치;진가

〈형용사형〉 worthy (가치있는, 훌륭한)

1. ▶ This used car is ***worth*** $ 1000.
이 중고차는 1000달러의 가치가 있다.
▶ It is hardly ***worth*** troubling about.
그것은 거의 애쓸 가치가 없다.
▶ It is ***worth*** while to read this book.
이 책은 읽을 만한 가치가 있다.

《용법》 「~의 가치가 있다」의 의미에서는, 서술적으로 사용되며 목적어를 취한다. 「~할 가치가 있다」의 의미에서는 종종 뒤에 동명사가 온다. 다만 worth while은 It is worth while to do의 형태로 사용되는 것이 보통이다.

2. ▶ A college education will be of great ***worth*** to you later.
대학교육은 너에게 훗날 크게 유용할 것이다.

587 **wrong** [rɔːŋ] 1. 형 나쁜;틀린;고장난
2. 부 부당하게 3. 명 악;부당한 행위;과실

1. ▶ Something must be ***wrong*** with this radio.
이 라디오는 어딘가 고장난 것이 틀림없다.
▶ I took a ***wrong*** train. 나는 기차를 잘못 탔다.
▶ Something is ***wrong*** with the motor.
엔진에서 무언가 잘못되었다.

2. ▶ I spelt the word ***wrong***. 나는 그 단어의 철자를 잘못 썼다.

실·력·향·상·단·어

꼼꼼히 단어관련 지식을 높여가는
중간 수준 단어 382

Advice when most needed is least heeded
(충고는 가장 절실할 때 가장 무시된다)

A

588 **abandon** [əbǽndən] 태 ~을 단념하다 ; ~을 버리다

〈동의어〉 give up

▶ We had to *abandon* our plan.
우리는 계획을 단념해야 했다.
▶ She *abandoned* her child on the doorstep.
그녀는 아이를 현관앞 층계에 버리고 떠나버렸다.

589 **abolish** [əbɔ́liʃ] 태 ~을 폐지하다

〈동의어〉 do away with 〈명사형〉 abolition

▶ They decided to *abolish* the law.
그들은 그 법을 폐지하기로 결정했다.

590 **abound** [əbáund] 자 많이 있다 ; ~이 풍부하다(~in)

〈형용사형〉 abundant

▶ Fish *abound* in this river. = This river *abounds in* fish.
이 강에는 물고기가 많이 있다.
▶ Our garden *abounds* with roses. 우리 정원에는 장미가 많다.

591 **absolutely** [ǽbs(ə)lùːtli] 부 절대적으로, 완전히

〈동의어〉 entirely 〈형용사형〉 absolute (절대적인)

▶ It is *absolutely* necessary that you (should) study harder.
너는 더 열심히 공부하는 것이 절대적으로 필요하다.
▶ Good nutrition is *absolutely* essential for your health.
네 건강을 위해 잘 먹는 것이 절대적으로 필요하다.

592 **absorb** [əbsɔ́:rb, -zɔ́:rb]　타 ~을 흡수하다;
《be~ed in》 ~에 열중하다

〈형용사형〉 absorbed (몰두한, 흡수된)

▶ He *is absorbed in* music. 그는 음악에 열중한다.
▶ The empire *absorbed* all the small states.
그 제국은 작은 나라들을 모두 합병했다.

593 **absurd** [əbsə́:rd]　형 불합리한, 어리석은

〈동의어〉 illogical, foolish 〈명사형〉 absurdity (불합리)

▶ It is *absurd* to call him a fool.
그를 바보라고 부르는 것은 어리석은 일이다.
▶ The clown wore an *absurd* costume.
어릿광대는 이상한 옷을 입고 있었다.

594 **abundant** [əbʌ́ndənt]　형 풍부한, 많은(~in)

〈동의어〉 sufficient 〈동사형〉 abound 〈명사형〉 abundance

▶ Africa is *abundant in* natural resources.
아프리카는 천연자원이 풍부하다.
▶ There is *abundant* water despite the dry spell.
건기에도 불구하고 풍부한 물이 있다.

595 **accommodate**　타 ~에 공급하다; ~을 수용하다;
[əkámədèit]　~을 순응시키다

〈명사형〉 accommodation (순응; 타협)

▶ He *accommodated* me with money.
그는 나에게 돈을 융통해 주었다.
▶ This hall *accommodates* 100 persons.

그 건물은 100명을 수용할 수 있다.

▶ He *accommodated* himself *to* the new surroundings soon.
그는 곧 새로운 환경에 적응했다.

596 **accompany** [əkʌ́mp(ə)ni] 団 ~과 함께하다, ~과 동반하다

▶ He was *accompanied by* his son. 그는 아들과 동행했다.
▶ The storm was *accompanied with* thunder.
그 폭풍에는 천둥이 동반했다.

《용법》 **be accompanied by**+「사람·동물」; **be accompanied with**+「물건」의 형태로 사용

597 **accurate** [ǽkjurit] 囲 정확한 ; 주의깊은

〈동의어〉 exact 〈명사형〉 accuracy

▶ This watch is very *accurate*. 이 시계는 매우 정확하다.
▶ He is an *accurate* mathematician.
그는 신중한 수학자이다.

598 **achievement** [ətʃíːvmənt] 명 업적 ; 성취 ; 학력

〈동사형〉 achieve (성취하다)

▶ He reached a great *achievement* in the field of science.
그는 과학 분야에서 큰 업적을 이루었다.
▶ Playing the piano are of her *achievements*.
피아노를 연주하는 것은 그녀가 성취한 것 중의 하나이다.

599 **acquaint** [əkwéint] 団 ~에게 알리다, 잘 알게 하다 ;
~과 아는 사이가 되다

〈명사형〉 acquaintance

▶ I am fully *acquainted* with the fact of the case.
나는 그 일의 진실을 충분히 알고 있다.
▶ *Acquaint* your friend with what you have done.
네가 한 것을 친구에게 알려주어라.

600 **actually** [ǽktjuəli]　　　🤫 현실적으로 ; 실제로

〈동의어〉 really 〈형용사형〉 actual (현실의)

- ▶ He was *actually* in hospital. 그는 실제로 입원중이었다.
- ▶ The events depicted in the movie did not *actually* take place. 영화에서 묘사된 사건은 실제로 일어나지 않았다.

601 **adapt** [ədǽpt]　　　🤫 ~을 적응시키다 ; ~을 개조하다

〈동의어〉 reform(개조하다) 〈명사형〉 adaptation (적합)

- ▶ This book is *adapted* to beginners.
  이 책은 초심자에게 적합하다.
- ▶ The play is *adapted* from a short story.
  이 연극은 단편소설을 각색한 것이다.

602 **add** [æd]　　　🤫 🤫 더하다 ; 부가하다

〈동의어〉 sum up 〈형용사형〉 additional (추가의)

- ▶ Please *add* some more sugar to my coffee.
  커피에 설탕을 더 넣어주세요.
- ▶ Let's *add* up the cost of all our purchases.
  우리가 구입한 모든 것의 가격을 더해보자.

603 **admiration** [ædməréiʃ(ə)n]　　　🤫 감탄, 칭찬

〈반의어〉 disdain 〈동사형〉 admire (칭찬하다)

- ▶ He has a great *admiration* for the poet.
  그는 그 시인을 매우 칭찬하고 있다.
- ▶ My *admiration* for his courage knows no bounds.
  그의 용기에 대한 내 찬사는 끝을 모른다.

604 **adopt** [ədάpt]　　　🤫 ~을 채용하다 ; ~을 양자삼다

- ▶ I'll *adopt* his proposal. 나는 그의 제안을 받아들일 것이다.
- ▶ I *adopted* a child as my heir.

나는 내 상속자로 어린아이를 양자로 삼았다.

605 advance [ədvǽns]
1. 🅣 🅩 진보시키다;조장하다
2. 🅜 전진, 상승

〈명사형〉 advancement (촉진)

1. ▶ We *advanced* bravely against the enemy.
   우리는 적에 대항해 용감히 전진했다.
2. ▶ Prices are on the *advance*. 가격이 상승하고 있다.

606 advertise [ǽdvərtàiz]　　🅣 🅩 광고하다, 선전하다

〈명사형〉 advertisement (광고)

▶ He *advertised* for a house. 그는 집을 팔려고 광고했다.
▶ If you want to sell your product you must *advertise* it.
   네 상품을 팔고 싶다면, 광고를 해야만 한다.

607 affect [əfékt]　　🅣 ~에 영향을 끼치다;
　　　　　　　　　　　　　[병이]~을 침범하다;~을 감동시키다

〈동의어〉 move (감동시키다) 〈명사형〉 affection (애정)

▶ He was *affected* by the heat. 그는 더위를 먹었다.
▶ The audience was deeply *affected*. 청중은 깊게 감동했다.

608 affectionate [əfékʃ(ə)nit]　🅗 애정있는, 상냥한

〈동의어〉 tender 〈반의어〉 cold, cool

▶ He is *affectionate* to his cousin.
   그는 사촌에게 애정을 가지고 있다.
▶ The *affectionate* child loved to be cuddled.
   그 상냥한 아이는 안기기를 좋아했다.

609 agreeable [əgríːəbl]　　🅗 기분좋은, 적합한

〈동사형〉 agree (동의하다)

▶ He is indeed an *agreeable* person.

그는 정말로 마음에 드는 사람이다.

▶ I am quite *agreeable* to comply with your request.
네 부탁을 기꺼이 들어주겠다.

---

610 **allow** [əláu]
1. 団 ~을 허락하다;~시키다
2. 因 고려하다(~for)

〈명사형〉 allowance (허락)

1. ▶ Smoking is not *allowed* here. 여기는 금연입니다.
   ▶ I *allowed* him to go out. 나는 그에게 외출을 허락했다.
2. ▶ You must *allow for* her family affairs.
   너는 그녀의 가정 사정도 고려해야만 한다.

---

611 **appeal** [əpíːl]
1. 圈 애원;호소(~to)
2. 困 애원하다;마음에 들다(~to)

〈동의어〉 1. plea, supplication

1. ▶ The *appeal* for funds for the flooded city was highly
   successful.
   수재를 당한 도시를 위한 모금 호소는 큰 성공을 거두었다.
2. ▶ Let's *appeal to* her for help. 그녀에게 도움을 호소하자.
   ▶ That movie *appealed to* me very much.
   저 영화는 대단히 마음에 든다.

---

612 **approach** [əpróutʃ]
1. 団 ~에 접근하다
2. 困 가까워지다;거의 대등하다(~to)
3. 圈 접근;비슷함

1. ▶ We were *approaching* the village.
   우리는 그 마을에 접근하고 있었다.
2. ▶ A storm was *approaching*. 폭풍이 다가오고 있다.
3. ▶ The dog's barking announced our *approach*.
   개가 짖어 우리의 접근을 알렸다.

613 **approve** [əprúːv]　　1. 団 ~을 시인하다;~에 찬성하다
　　　　　　　　　　　　　2. 재 승인하다(~of);찬성하다

〈명사형〉 approval (찬성)

1. ▶ I *approve* your opinion. 너의 의견에 찬성한다.
2. ▶ He did not *approve of* our marriage.
　　그는 우리의 결혼을 반대했다.

614 **arouse** [əráuz]　　1. 団 ~을 일으키다;~을 환기시키다
　　　　　　　　　　　　2. 재 일어나다;각성하다

〈반의어〉 put to sleep

1. ▶ The noise *aroused* me from sleep.
　　그 시끄러운 소리는 나를 잠에서 깨웠다.
　 ▶ A walk before dinner will *arouse* your appetite.
　　식사전에 걷는 것이 식욕을 돋구어줄 것이다.

615 **ashamed** [əʃéimd]　　형 부끄러운(~of);부끄러워서
　　　　　　　　　　　　　　~할 수 없는(~to do)

〈동의어〉 humiliated

▶ I am *ashamed of* having failed in the examination.
　나는 시험에 떨어져서 부끄럽다.
▶ I am *ashamed* to see you. 부끄러워 당신을 만나고 싶지 않다.

616 **aspect** [æspekt]　　명 외관;형세;경관

〈동의어〉 appearance, facet

▶ The *aspect* of affairs is serious. 상황이 심각하다.
▶ This house has an eastern *aspect*. 이 집은 동향이다.

617 **assist** [əsíst]　　1. 団 ~을 도와주다;원조하다
　　　　　　　　　　　2. 재 돕다

〈동의어〉 aid, serve 〈명사형〉 assistance (원조)

1. ▶ I *assisted* my brother in his work.
나는 동생의 공부를 도와주었다.

618 atmosphere [ǽtməsfiər] 명 대기;분위기

〈동의어〉 mood (분위기)

▶ She was brought up in a religious *atmosphere*.
그녀는 종교적인 분위기 속에서 자랐다.
▶ Man must stop polluting the earth's *atmosphere*.
인간은 지구의 대기를 오염시키는 것을 중단해야만 한다.

619 attitude [ǽtit(j)u:d] 명 태도, 자세

〈동의어〉 posture

▶ She changed her *attitude* toward him.
그녀는 그에 대한 태도를 바꾸었다.
▶ Why do you have such a belligerent *attitude*?
왜 너는 그렇게 호전적인 자세를 취하고 있느냐?

620 attract [ətrǽkt] 타 ~을 끌어당기다;유혹하다

〈동의어〉 draw 〈명사형〉 attraction (유인)

▶ He shouted to *attract* attention.
그는 사람의 주의를 끌려고 소리쳤다.
▶ Sugar *attracts* flies. 설탕은 파리를 모이게 한다.

621 awkward [ɔ́:kwərd] 형 어색한;서투른;성가신

〈동의어〉 clumsy

▶ He made an *awkward* excuse. 그는 서투른 변명을 했다.
▶ The scandal was an *awkward* situation for the entire
family. 그 추문은 가족 전체에게 당혹스런 사태였다.

B

622   **barely** [bέərli]   🚇 간신히, 겨우

〈동의어〉 only just 〈반의어〉 fully

▶ He is *barely* twenty. 그는 겨우 20살이다.
▶ I *barely* had time to catch the last bus.
그우 마지막 버스를 탔다.

〈용법〉   **hardly, scarcely**는 부정적 의미에 사용하지만 **barely**는 긍정
적 의미로도 사용한다.
cf. The question was barely intelligible.
그 문제는 거의 이해할 수 없다.

623   **bargain** [bάːrgin]   🚇 [싸게] 파는 것;계약

〈동의어〉 agreement (계약)

▶ She always makes a good *bargain.*
그녀는 언제나 물건을 싸게 산다.
▶ That's a *bargain.* 이것으로 결정이 났다.

624   **base** [beis]   1. 🚇 토대;기초
         2. 🚇 ~에 기초를 두다(~on, upon)
         3. 🚇 기본적인

〈명사형〉 basement 〈형용사형〉 basic

1. ▶ The *base* of his argument is that our price is too high.
그의 주장의 근거는 우리 가격이 지나치게 높다는 것이다.
2. ▶ His idea is *based on* his experience.
그의 생각은 경험에 기초를 두고 있다.

625   **behalf** [bihǽf]   🚇 이익

▶ He spoke *in my behalf.* 그는 나를 위해 말해주었다.
▶ I attended the ceremony *on behalf of* my father.
나는 아버지 대신 그 의식에 참가했다.

〈용법〉   **on** [or **in**] **one's behalf**(~을 위해), **on**[or **in**] **behalf of**(~을

위해;~을 대신해서)의 결합에만 사용한다.

626 behave [bihéiv] 　　　자 타 행동하다(~oneself)

〈명사형〉 behavio(u)r

▶ The children *behaved* badly. 아이들은 나쁘게 행동했다.

627 bleed [bli:d] 　　　자 출혈하다

〈명사형〉 blood (피)

〈활용형〉 **bleed－bled－bled**

▶ He was *bleeding* at the nose. 그는 코피를 흘리고 있었다.

628 bore [bo:r] 　　1. 타 ~을 지루하게 하다
　　　　　　　　　　　2. 명 지루하게 하는 사람

〈동의어〉 1. be tedious to 〈형용사형〉 boring (지루한)

1. ▶ I was *bored* by his long talk.
　그의 장광설은 나를 지루하게 했다.
2. ▶ The guest speaker turned out to be a deadly *bore*.
　초청연사는 지독히 지루하게 만드는 사람으로 드러났다.

629 bosom [búzəm] 　　　명 가슴;마음 속

〈동의어〉 breast

▶ He never speaks his *bosom*.
　그는 결코 속 마음을 말하지 않는다.
▶ She clutched the child to her *bosom*.
　그녀는 그 아이를 가슴에 꼭 껴안았다.

630 bow [bau] 　　1. 자 인사하다;~에 굴복하다
　　　　　　　　　　　2. 타 [머리]를 숙이다;(허리를) 구부리다

1. ▶ The duke *bowed* and kissed her hand.
　공작은 무릎을 꿇으며 그녀의 손에 키스했다.
2. ▶ He *bowed* his thanks. 그는 감사하다며 인사했다.

▶ He is *bowed* with age.
그는 나이탓으로 허리가 구부러져 있다.

631 broad－minded 　　　🗟 마음이 넓은
[brɔ́:dmáindid]

〈동의어〉 tolerant

▶ Our teacher is a *broad－minded* person.
우리의 선생님은 마음이 넓은 사람이다.

632 burden [bə́:rdn]　　　1. 🗟 짐;무거운 짐;부담
　　　　　　　　　　　2. 🗟 ~에게 부담을 주다,
　　　　　　　　　　　　　　~에 무거운 짐을 싣다

〈동의어〉 1. load

1. ▶ You must not be a *burden* to your teacher.
선생님에게 부담이 되어서는 안된다.
2. ▶ He *burdened* his father with debt.
그는 채무때문에 아버지에게 부담을 주었다.

C

633 capable [kéipəbl]　　　🗟 유능한;~을 할 수 있는

〈동의어〉 competent 〈명사형〉 capability (능력, 재능)

▶ The situation is *capable* of improvement.
사태는 개선의 여지가 있다.
▶ Napoleon was one of the most *capable* generals in history. 나폴레옹은 역사상 가장 위대한 원수중의 하나였다.

634 capacity [kəpǽsiti]　　　🗟 용량;능력;수용력

▶ The theater has a *capacity* of 1,000.
그 극장은 1,000명을 수용한다.
▶ He is a man of great *capacity.* 그는 대단한 수완가이다.

635 **casual** [kǽʒu(ə)l]　　　형 우연의;무관심한;부주의한

〈반의어〉 formal 〈부사형〉 casually (우연히)

> ▶ I had three *casual* visitors yesterday.
> 어제 우연히 3사람의 손님이 있었다.
> ▶ He often gives a *casual* answer.
> 그는 종종 건성으로 대답한다.

636 **cause** [kɔːz]　　　1. 명 원인;이유;목적
　　　　　　　　　　　2. 타 ~의 원인이 되다;…에게 ~시키다

〈동의어〉 1. reason

> 1. ▶ He is often absent without just *cause*.
> 그는 종종 정당한 이유없이 결석한다.
> 2. ▶ He *caused* me to make a new plan.
> 그는 나에게 새로운 계획을 세우게 했다.

637 **cease** [siːs]　　1. 타 자 그만두다(~to do, ~ing) 2. 명 중지

〈동의어〉 stop 〈반의어〉 begin

> 1. ▶ The baby *ceased* to cry[or crying]. 아기는 울음을 그쳤다.
> ▶ The general ordered his troops to *cease* fire.
> 장군은 그의 부대에게 사격을 중지하라고 명령했다.

638 **chance** [tʃæns]　　　1. 명 우연(by~);기회;가능성
　　　　　　　　　　　　2. 자 때마침 ~하다(~to do)

〈동의어〉 1. probability

> 1. ▶ He has no *chance* of success. 그는 성공할 가망이 없다.
> 2. ▶ It *chanced* that I saw her.＝I *chanced to* see her.
> 나는 우연히 그녀를 만났다.

639 **characteristic**　　　1. 형 특성있는;특유의
[kæriktərístik]　　　　2. 명 특성;특징

〈동의어〉 1. typical

1. ▶ It's *characteristic* of him. 그것은 그다운 일이다.
2. ▶ Tactfulness is are of his nicest *characteristics*.
   재치가 그의 가장 멋진 특징중의 하나이다.

640 check [tʃek]　　1. 団 ~을 방해하다;~을 억제하다;
　　　　　　　　　　　　~을 비교하다 2. 困 일치하다(~with)
　　　　　　　　　　　　3. 명 방해;억제;검사;수표

1. ▶ I cannot *check* laughter. 나는 웃음을 억제할 수 없다.
2. ▶ His alibi *checks* with the information we have.
   그의 알리바이는 우리가 가지고 있는 정보와 일치한다.
3. ▶ The enemy met with a *check*. 적은 반격에 부딪혔다.

641 cheer [tʃiər]　　1. 명 환호;격려
　　　　　　　　　　　　2. 団 ~을 응원하다;기운을 북돋다
　　　　　　　　　　　　3. 困 응원하다;격려하다(~up)

〈형용사형〉 cheerful (쾌활한)

1. ▶ Let's give him some words of *cheer*.
   그에게 격려의 말을 뭔가 해주자.
2. ▶ They *cheered* the baseball team.
   그들은 그 야구팀을 응원했다.

642 cherish [tʃériʃ]　　団 ~을 소중히 하다;~을 귀여워하다

〈동의어〉 care for

▶ He *cherishes* his old dog. 그는 그의 늙은 개를 소중히 한다.
▶ She *cherishes* the memory.
   그녀는 그 추억을 소중히하고 있다.

643 choice [tʃɔis]　　1. 명 선택 2. 형 정선한

〈동의어〉 2. well—chosen 〈동사형〉 choose (선택하다)

1. ▶ You should make a careful *choice* of books.
   너는 주의깊게 책을 선택해야 한다.
2. ▶ These are all *choice* articles. 이것은 모두 우수상품들이다.

644 **circumstance**
[sə́:rkəmstǽns]　　　명 (~s)상황;환경

〈동의어〉 phenomenon

▶ I could not keep my promise under the *circumstances*.
그런 상황에서 약속을 지킬 수 없었다.
▶ Bad weather is a *circumstance* we cannot control.
악천후는 우리가 어찌해 볼 수 없는 환경이다.

645 **comfort** [kʌ́mfərt]　1. 타 ~을 위안하다;[몸]을 편히 하다
2. 명 위로;안심;편안함

〈동의어〉 solace

1. ▶ Why don't you *comfort* her?
왜 그녀를 위로하지 않는가?
2. ▶ She finds *comfort* in Christianity.
그녀는 기독교에서 위안을 찾는다.

646 **comfortable**
[kʌ́mf(ər)təbl]　　　형 기분좋은, 안락한

〈동의어〉 serene　〈동사형〉 comfort

▶ He is living in a *comfortable* house.
그는 안락한 집에서 살고 있다.
▶ Shy people don't feel *comfortable* with strangers.
수줍음이 많은 사람은 낯선사람 앞에서 편안함을 느끼지 못한다.

647 **command** [kəmǽnd]　1. 타 ~에게 명령하다(~to do, ~that
절);~을 바라보다 2. 자 명령하다
3. 명 명령;지배력;전망

〈동의어〉 order (명령하다)

1. ▶ He *commanded* us to be silent.
=He *commanded* that we (should) be silent.
그는 조용히 하라고 우리에게 명령했다.

2. ▶ Her house *commands* a fine view of the lake.
그녀의 집에서 보이는 그 호수의 전망은 훌륭하다.
3. ▶ He has a good *command* of English.
그는 영어를 자유로이 구사한다.

---

648 **commerce** [kámə(:)rs]   명 상업

〈형용사형〉 commercial (상업의)

▶ He is engaged in *commerce*. 그는 상업에 종사하고 있다.
▶ Overseas *commerce* increased 20 percent in the last quarter. 지난 25년 동안 해외무역이 20% 증가했다.

---

649 **commit** [kəmít]   타 위탁하다 ; [과실]을 범하다 ; 수용하다

〈명사형〉 commission (위임)

▶ The man was *committed* to prison.
그 남자는 감옥에 보내졌다.
▶ I *committed* the estate to the custody of my agent.
나는 재산관리를 대리인에게 맡겼다.

---

650 **communicate**   1. 타 ~을 전달하다
[kəmjú:nikèit]   2. 자 통신하다 (~with)

〈명사형〉 communication (전달 ; 통화)

1. ▶ A stove *communicates* heat to a room.
난로는 방을 따뜻하게 해준다.
2. ▶ We can *communicate* with people in the world by telephone. 우리는 온세계 사람들과 전화로 얘기를 나눌 수 있다.

---

651 **company** [kámp(ə)ni]   명 일행 ; 친구 ; 교제 ; 회사

▶ Try to avoid bad *company*. 나쁜 친구를 피하도록 하라.
▶ He formed a *company* with his friends.
그는 친구와 회사를 세웠다.

652 **compel** [kəmpél] 　타 억지로 ~시키다

〈동의어〉 force, oblige 〈명사형〉 compulsion (강제)

▶ The storm *compelled* us *to* stay home.
폭풍으로 우리는 집에 있어야 했다.

653 **compete** [kəmpíːt] 　자 경쟁하다;필적하다

〈동의어〉 strive against 〈명사형〉 competition (경쟁)

▶ They *competed* with each other for the prize.
그들은 상을 받으려고 서로 경쟁했다.
▶ Other goods cannot *compete* with this in the quality.
다른 상품은 품질면에서 이것과 비교가 안된다.

654 **comprehend** [kàmprihénd] 　타 ~을 이해하다;포함하다

〈동의어〉 understand 〈명사형〉 comprehension (이해)

▶ Few people can *comprehend* his theory.
그의 이론을 이해할 수 있는 사람은 거의 없다.

655 **concentrate**
[káns(ə)ntreit]　　1. 타 ~을 집중하다(~on)
　　　　　　　　　2. 자 집중하다(~in);전념하다

1. ▶ *Concentrate* your attention *on* your study.
공부에 주의를 집중시켜라.
2. ▶ Population tends to *concentrate* in large cities.
인구는 대도시에 집중되는 경향이 있다.

656 **conclude** [kənklúːd] 　자 타 결말을 짓다;결론을 내리다

〈동의어〉 finish 〈명사형〉 conclusion (결말, 결론)

▶ I *concluded* that he had been delayed.
나는 그가 지각했다고 결론을 내렸다.
▶ The pianist *concluded* the recital with a chopin etude.
그 피아니스트는 쇼팽의 연습곡으로 연주회를 마무리지었다.

657 **condemn** [kəndém]　　　타 ~을 책망하다;
　　　　　　　　　　　　　　~을 유죄로 판정하다

〈명사형〉 condemnátion (비난)

> ▶ We *condemned* him for his dishonesty.
> 우리는 그의 정직하지 못함을 책망했다.

658 **conduct** [kándəkt]　　　1. 명 행위
　　　　　　[kəndÁkt]　　　2. 타 처신하다;안내하다

1. ▶ The student's *conduct* in class was disruptive.
그 학생의 교실에서의 행동은 분란을 일이키는 짓이었다.
2. ▶ I was *conducted* into his study.
나는 그의 서재로 안내되었다.
> ▶ He *conducted* himself well at the party.
> 그는 파티에서 훌륭하게 행동했다.

659 **confess** [kənfés]　　　타 자 자백하다;자인하다

〈동의어〉 disclose 〈명사형〉 confession (자백)

> ▶ He *confessed* to me that he had done wrong.
> 그는 나쁜 일을 했다고 나한테 자백했다.
> ▶ He *confessed* his love to the girl.
> 그는 그 소녀에게 사랑을 고백했다.

660 **confidence** [kánfid(ə)ns]　　명 신뢰(~in);자신

〈반의어〉 distrust, doubt 〈동사형〉 confide (신뢰하다)

> ▶ Do you have *confidence in* him? 너는 그를 신뢰하느냐?
> ▶ He would be a good pianist if he had more *confidence*.
> 자신감이 더 있었더라면 그는 훌륭한 피아리스트가 되었을텐데.

661 **confine** [kənfáin]　　　타 ~을 제한하다;~을 가두다

〈동의어〉 limit

▶ He is *confined* to his bed with cold.
그는 감기가 들어 자리에 누워있다.
▶ Please *confine* your remarks to the topic under discussion. 논평은 현재 논의중인 문제에 제한해 주십시요.

662　**confuse** [kənfjúːz]　　태 혼동하다;
《수동태로》 곤혹스럽게 하다

〈명사형〉 confusion (혼란)

▶ I am always *confusing* salt with sugar.
나는 항상 소금과 설탕을 혼동한다.
▶ She was *confused* at (or by) her blunder.
그녀는 실수를 저질러 쩔쩔맸다.

663　**conquer** [káŋkər]　　태 ~을 정복하다;극복하다

〈반의어〉 be defeated to 〈명사형〉 conquest (정복)

▶ The Normans *conquered* England in 1066.
노르만인들은 1066년에 영국을 정복했다.
▶ You must *conquer* your fear of heights.
너는 고소공포증을 이겨내야만 한다.

664　**conscious** [kánʃəs]　　형 의식이 있는;알고있는;신중한

〈동의어〉 aware 〈명사형〉 consciousness (의식)

▶ He was not *conscious* enough to answer questions.
그는 질문에 대답할만한 의식은 없었다.

[주의]　**conscientious** (양심적인)과 혼동하지 말 것.
Were you conscious of his hostility?
그의 적대감을 알고 있느냐?

665　**consider** [kənsídər]　　태 ~을 깊이 생각하다;~로 여기다

〈명사형〉 considerátion (고려) 〈형용사형〉 considerable (중요한)

▶ I am *considering* changing my job.

나는 직업을 바꿀까 생각중이다.
▶ I *consider* it a great honor to be here with you.
당신과 함께 여기에 있어 커다란 영광으로 생각합니다.

---

666   consist [kənsíst]   쟈 ~로 구성되다(~of);~에 있다(~in)

〈형용사형〉 consistent

▶ The team *consists of* five members.
그 팀은 5명의 멤버로 구성되어 있다.
▶ Happiness *consists in* contentment. 행복은 만족에 있다.

---

667   constant [kánst(ə)nt]   형 불변의;일정한;끊임없는

〈부사형〉 constantly (끊임없이)

▶ The work needs your *constant* efforts.
이 일에는 너의 끊임없는 노력이 필요하다.
▶ Keep the chemicals at a *constant* temperature of 40 degrees. 이 화학약품을 40도 일정한 온도에서 유지하시오.

---

668   consult [kənsʌ́lt]   타 ~의 의견을 묻다;~에 진료받다;
~[사전 등]을 찾다;고려하다

〈명사형〉 consultátion (상담)

▶ We must *consult* convenience.
우리는 형편을 고려해보아야 한다.
▶ Did anyone *consult* the boss about this job?
이 일에 대해 누군가 사장과 의논한 사람이 있었느냐?

---

669   consume [kənsú:m]   1. 타 ~을 소비하다;낭비하다
2. 쟈 여위다, 소비되다

〈동의어〉 waste 〈명사형〉 consumption (소비)

▶ The flames *consumed* the whole building.
불길은 건물 전체를 삼켜버렸다.
▶ The small car *consumed* very little gas.
소형차는 아주 적은 연료를 소비했다.

670 **contain** [kəntéin] 터 ~을 포함하다;~을 수용할 수 있다

〈동의어〉 include

> Your composition *contains* no errors.
> 네 작문에는 틀린 곳이 없다.
> Try to *contain* your anger.
> 분노를 억제하도록 노력해라.

671 **contempt** [kəntém(p)t] 명 경멸, 모욕

〈동의어〉 disregard 〈형용사형〉 contemptuous (모욕적인)

> Why do you feel *contempt* for her? 왜 그녀를 경멸하는가?

672 **content** [kəntént] 1. 형 만족한(~with) 2. 명 만족
3. 터 만족시키다;만족하다(~oneself)

〈명사형〉 contentment

1. > I am quite *content with* my present job.
   나는 현재 일에 아주 만족하고 있다.
2. > I'll enjoy the holiday *to my heart's content*.
   마음껏 이 휴일을 즐길 것이다.
3. > She *contents herself* with her husband.
   그녀는 남편에 만족하고 있다.

[주의] 명사로는 2와 같은 경우에서만 쓰이고, 그 이외에서는 **con-tentment**를 사용한다.

673 **content** [kántənt] 명 (~s) 목차;내용;취지

> I know the *contents* of your right pocket.
> 네 오른쪽 주머니 내용물을 알고 있다.

674 **contrary** [kántreri] 1. 형 반대의;~에 어긋나는(~to)
2. 명 반대

1. > I have a *contrary* opinion. 나는 반대의견을 갖고 있다.

▶ It is *contrary to* reason. 그것은 이치에 맞지 않는다.

2. ▶ On the *contrary*, it is I who am in the wrong.
반대로 (그렇기는 커녕) 나쁜 건 접니다.

675 **contrast** [kəntrǽst]
1. 타 ~을 대조하다(~with)
2. 자 ~와 대조를 이루다(~with)
3. 명 [kántræst] 대조;차이

1. ▶ *Contrast* these glasses *with* those ones.
이 안경과 저 안경을 비교해 봐라.
2. ▶ This color *contrasts* well with green.
이 색은 초록과 좋은 대조를 이룬다.

676 **contribute** [kəntríbjuːt]
1. 타 [금품]을 기부하다;기고하다
2. 자 공헌하다

〈명사형〉 contribútion (기부)

2. ▶ Plenty of fresh air *contributes* to good health.
신선한 공기를 많이 마시면 건강에 좋다.

677 **convey** [kənvéi]
타 ~을 운송하다;전달하다;양도하다

〈동의어〉 transport 〈명사형〉 conveyance (운반)

▶ I cannot *convey* my feelings in words.
내 기분을 말로 전할 수 없다.
▶ The pipeline *conveys* natural gas to the Midwest.
이 파이프라인이 천연가스를 중서부까지 운반한다.

678 **convince** [kənvíns]
타 ~에 확신시킨다,
납득시키다(~목적어＋of)

〈동의어〉 persuade

▶ I am *convinced* that she will come.
그녀는 올 것이라 확신한다.
▶ I *convinced* her *of* her error.
나는 그녀에게 잘못을 납득시켰다.

▶ The politician's speech *convinced* the voters he was the man for the job.
정치가의 연설은 유권자에게 그가 그 일의 적임자임을 납득시켰다.

679 correspond [kɔ́:rispánd] 困 일치하다;부합되다(~with;to); 해당하다(~to);편지 교환을 하다

〈명사형〉 correspondence (상응;해당)

▶ The goods do not *correspond to* the samples.
이 상품은 견본과 일치하지 않는다.
▶ The house exactly *corresponds* with my needs.
이 집은 나의 욕구에 정확히 일치한다.

680 counsel [káuns(ə)l] 1. 명 충고, 상담
2. 타 ~에게 조언하다, ~을 권유하다
3. 자 조언하다

〈동의어〉 1. advice 2. advise

1. ▶ He gave me a friendly *counsel*.
그는 친절하게 충고해 주었다.
2. ▶ She *counseled* me to give up smoking.
그녀는 나에게 담배를 그만 피우라고 했다.

681 create [kri(:)éit] 타 ~을 창조하다;야기하다

〈명사형〉 creation (창조)

▶ God *created* the world. 하느님이 천지를 창조하셨다.
▶ The government has *created* a new agency for agriculture. 정부는 농업을 위한 새로운 부서를 만들었다.

682 credit [krédit] 1. 명 신용;신뢰;명성
2. 타 ~을 믿다;~에게 명예를 안겨주다;
~을 대변해 쓰다(~to)

1. ▶ He gave no *credit* to the rumor.
그는 그 소문을 전혀 믿지 않았다.

▶ My son is a *credit* to our family.
아들은 우리 가족의 명예이다.

2. ▶ They *credited* the honor *to* him.
그들은 그 영예를 그의 덕분이라 생각했다.

▶ Edison is *credited* with the invention of the photo
graph. 에디슨은 축음기의 발명이 있게 한 사람이다.

683 **creep** [krí:p]　　1. 团 기다;살금살금 걷다;
　　　　　　　　　　　　　살며시 다가오다(~upon)
　　　　　　　　　　　2. 명 포복;(the~s) 전율감

〈활용형〉 creep－crept－crept
1. ▶ The baby *crept* toward the candle.
아기는 촛불 쪽으로 기어갔다.
▶ Age *creeps upon* us. 늙음은 모르는 새 다가온다.

684 **crew** [kru:]　　명 《항상 복수취급》 선원, 승무원

〈동의어〉 sailors, air crews

▶ All the *crew* were saved. 승무원은 전원 구조되었다.
▶ The rebels were a motley *crew*.
폭도는 잡다한 패거리들이었다.

685 **crush** [krʌʃ]　　1. 타 ~을 짓누르다;~을 진압하다
　　　　　　　　　　　2. 자 구겨지다;[사람]이 쇄도하다(~up)
　　　　　　　　　　　3. 명 분쇄;(a~, the~) 혼잡

1. ▶ Who *crushed* my hat flat? 누가 내 모자를 납작하게 했어?
2. ▶ They *crushed* into the train. 그들은 열차로 쇄도했다.
3. ▶ There was a great *crush* in the subway.
지하철은 몹시 붐볐다.

686 **cure** [kjuər]　　1. 명 치료;치유;구제법
　　　　　　　　　　　2. 타 [병]을 고치다;《be~ed of》[병이]낫다

〈동의어〉 1. remedy

1. ▶ Do you know a good *cure* for headache?
   두통에 좋은 치료법을 아십니까?
2. ▶ Her care *cured* him of his illness.
   그녀의 간호로 그는 병이 나아졌다.
   ▶ He was *cured* of fever. 그의 열병은 다 낫다.

687 **curiosity** [kjù(:)riásəti]　명 호기심;신기함

〈형용사형〉 curious (호기심 많은)

▶ He burned with (a) *curiosity* to know what is in the box.
그는 상자 속의 물건을 알고 싶은 호기심이 들끓었다.
▶ This red and yellow striped seashell is quite a *curiosity*.
이 붉고 노란 줄의 조개류는 상당히 호기심가는 것이다.

688 **current** [kə́:rənt]　1. 형 현재 통용하고 있는;현재의
　　　　　　　　　　　　2. 명 흐름;풍조

〈명사형〉 currency (유통, 통화)

1. ▶ He is studying *current* English.
   그는 현대 영어를 연구하고 있다.
2. ▶ The glider soared upward on a *current* of air.
   글라이더는 공기의 흐름을 타고 위로 치솟았다.

D

689 **dash** [dæʃ]　1. 타 ~을 부수다; ~을 내던지다
　　　　　　　　　2. 자 돌진하다;
　　　　　　　　　　충돌하다(~against,upon,on)

〈동의어〉 1. throw

1. ▶ He *dashed* the glass to the floor.
   그는 유리를 바닥에 내던졌다.
2. ▶ The waves *dashed against* the rock.
   파도는 바위에 부딪혔다.

690 **date** [deit]　1. 몡 날짜;연대;만날 약속
　　　　　　　　　2. 짜 날짜가 적혀있다;
　　　　　　　　　　 [어느 연대에서]시작하다;낡다
　　　　　　　　　3. 탸 ～에 날짜를 기록하다;～와 데이트를 하다

1. ▶ I have a *date* with him. 나는 그와 만날 약속이 있다.
2. ▶ Our friendship *dates* back to our high shcool days.
　　우리의 우정은 고교시절로 거슬러 올라간다.
　 ▶ The book has already begun to *date*.
　　그 책은 이미 시대에 뒤떨어진 것이 되고 있다.
3. ▶ Please *date* all your business letters.
　　당신 사업일지에 날짜를 기록해두십시요.

691 **dawn** [dɔːn]　　　몡 새벽;여명

▶ I will start at *dawn*. 나는 새벽에 출발합니다.
▶ The book is about the *dawn* of civilization.
　이 책은 문명의 여명에 대한 것이다.

692 **debate** [dibéit]　1. 탸 짜 토론하다;숙고하다
　　　　　　　　　　2. 몡 토론;숙고

〈동의어〉 discuss

1. ▶ I *debated* him on this affair.
　　나는 이 사건에 대해 그와 의논했다.
2. ▶ We held a *debate* on this subject.
　　우리는 이 문제에 대해 토론했다.

693 **decent** [díːsnt]　　　혱 훌륭한;품위있는;《구어》 상당한

〈동의어〉 proper 〈명사형〉 decency (품위)

▶ You need *decent* clothes when you go to church.
　교회에 갈 때는 정장을 해야한다.
▶ He was *decent* enough to say thank you.
　그는 당신에 감사할 정도로 예절바른 사람이었다.

694 **decline** [dikláin]

1. 〔타〕 ～을 거부하다(～to do, ～ing)
2. 〔자〕 거절하다；기울다；쇠약해지다
3. 〔명〕 쇠약；하락

〈동의어〉 3. slump

1. ▶ She *declined to* go [or go*ing*] with me.
   그녀는 나와 함께 가기를 거절했다.
2. ▶ His health slowly *declined*.
   그의 건강은 점차로 쇠약해진다.
3. ▶ Our business has gone into a *decline* this year.
   우리 사업은 올해 침체상태에 빠져들었다.

695 **decrease** [dikrí:s]

1. 〔자〕 감소하다 2. 〔명〕 [dí:kri:s]감소

〈반의어〉 increase (증가[한다])

1. ▶ A big *decrease* in sales caused the store to close.
   매상의 감소때문에 그 가게는 문을 닫았다.
2. ▶ There has been a *decrease* in population.
   인구가 감소하고 있다.

696 **defense, 《영》－fence**
[diféns]

〔명〕 방어；수비；변호

〈동사형〉 defend (막다)

▶ National *defence* is a big problem. 국방은 중대한 문제이다.
▶ Many men enlisted for the *defense* of thier country.
  많은 남자가 조국의 수호를 위해 입대했다.

697 **define** [difáin]

〔타〕 ～을 정의하다；한정하다

〈명사형〉 definition (정의；한정)

▶ A dictionary *defines* words. 사전은 단어를 정의한다.
▶ The black tree was clearly *defined* against a yellow sky.
  검은 나무가 노란하늘에 대비되어 뚜렷히 윤곽이 드러났다.

698 **definite** [définit] 　형 명확한;일정한

〈동의어〉 precise 〈부사형〉 definitely (명확히)

▶ He always gives a *definite* answer.
그는 항상 명확한 대답을 한다.
▶ She was *definite* about the caller's message.
그녀는 방문객의 메세지에 관해 분명했다.

699 **delay** [diléi] 　1. 타 ~을 늦추다;~을 연기하다
2. 자 꾸물거리다 3. 명 지체

〈반의어〉 expedite

1. ▶ The bus was *delayed* by the accident.
버스는 사고로 늦어졌다.
2. ▶ If you *delay*, you'll just have to do more later.
꾸물거리면 훨씬 뒤에야 하게 될 것이다.
3. ▶ Please finish your work without *delay*.
지체하지말고 당신 일을 끝내십시오.

700 **deliberate** [dilíbərit] 　1. 형 신중한 2. 타 [dilíbəreit] ~을
숙고하다 3. 자 숙고하다

〈부사형〉 deliberately (고의로)

1. ▶ She is *deliberate* in everything. 그녀는 모든 일에 신중하다.
2. ▶ Let's *deliberate* what to do.
무엇을 해야할지 잘 생각해 보자.

[주의] **deliberately**는 「고의로」의 의미로 사용된다.

3. ▶ The board *deliberated* for two days before they
reached a decision.
이사회는 이틀간의 숙고끝에 결론을 내렸다.

701 **delight** [diláit] 　1. 명 기쁨 2. 타 ~을 기쁘게 하다
3. 자 기뻐하다(~in)

〈동의어〉 joy, pleasure 〈형용사형〉 delightful (기쁘다)

1. ▶ It is a great *delight* that he has succeeded in it.
   그가 그 일에 성공한 건 아주 기쁜 일이다.
2. ▶ I was *delighted* at the news.
   나는 그 소식을 듣고 기뻐했다.
3. ▶ I *delight* in browsing through antique stores.
   나는 고서점을 찾아다니데서 기쁨을 찾는다.

702 demonstrate [démənstrèit]
1. 㘬 ~을 증명하다;실물로 선전하다; [감정 등]을 나타내다
2. 㘬 데모하다(~against)

〈동의어〉 show 〈명사형〉 demonstration (실증)

1. ▶ He *demonstrated* that the earth is round.
   ＝He *demonstrated* the roundness of the earth.
   그는 지구가 둥글다는 것을 증명했다.
2. ▶ They *demonstrated against* the raising of fare.
   그들은 운임 인상 반대 데모를 했다.

703 deplore [diplóːr]
㘬 ~을 한탄하며 슬퍼하다

〈동의어〉 mourn

▶ One must *deplore* such bad behavior.
  그런 나쁜 행동을 한탄하지 않을 수 없다.
▶ The state of things should be *deplored*. 개탄할만한 사태이다.

704 depress [diprés]
㘬 ~을 낙담시키다

〈동의어〉 dispirit 〈명사형〉 depression (억압)

▶ He is much *depressed* at the news.
  그는 그 연락(소식)을 듣고 아주 낙담하고 있다.
▶ The new highway *depressed* business along the old road.
  새 고속도로 때문에 옛길의 상점은 매상이 떨어졌다.

705 deprive [dipráiv]
㘬 ~을 빼앗다(~목적어＋of)

〈동의어〉 strip

▶ She *deprived* me *of* my freedom.
그녀는 내 자유를 빼앗았다.
▶ She was *deprived* of her membership for nonpayment of dues. 그녀는 수수료 면제 권리를 빼앗겼다.

706 **derive** [diráiv]
1. 타 ~을 얻다(~from)
2. 자 [~에서]유래하다(~from)

〈형용사형〉 derivative

1. ▶ He *derives* his energy *from* everyday exercise.
   그는 매일하는 운동에서 에너지를 얻는다.
2. ▶ This word *derives from* French.
   이 단어는 프랑스어에서 유래한다.

707 **desert**[1] [dézərt]
명 사막, 황무지

▶ A camel is commonly called the ship of the *desert*.
낙타는 흔히 사막의 배라 불리운다.

708 **desert**[2] [dizə́:rt]
1. 타 ~을 버리다;탈주하다
2. 자 (의무 등을) 버리다

〈동의어〉 abandon 〈명사형〉 desertion

1. ▶ They *deserted* their post.
   그들은 그들의 부서를 이탈했다.
   ▶ The police are looking for a woman who *deserted* her children. 경찰은 아이들을 버린 여인을 찾고 있다.

709 **deserve** [dizə́:rv]
1. 타 ~할 가치가 있다,
   ~할 만하다(~to do, ~ing),
2. 자 상당하다

〈동의어〉 be worthy of

▶ She *deserves (of)* admiration.
=She *deserves* to be admired.
=She *deserves* admiring. 그녀는 칭찬받을 만하다.

710 **desperate** [désp(ə)rit]　　형 자포자기의;절망적인

〈부사형〉 desperately (절망적으로)

- ▶ Let's make *desperate* efforts. 필사의 노력을 하자
- ▶ She became so *desperate* we feared for her sanity.
  그녀는 우리가 정신상태를 걱정할 정도의 절망감에 빠졌다.

711 **despise** [dispáiz]　　타 ~을 경멸하다

〈동의어〉 look down upon 〈반의어〉 admire

- ▶ Don't *despise* others. 남을 경멸하지 말라.
- ▶ I *despise* anyone who is cruel to animals.
  나는 동물에게 잔인한 사람은 누구나 경멸한다.

712 **destroy** [distrɔ́i]　　타 ~을 파괴하다

〈반의어〉 construct, save

- ▶ The enemy *destroyed* the town. 적은 마을을 파괴했다.
- ▶ Fire *destroyed* several stores in the business district.
  화재는 상가구역내의 상점을 몇 채 파손시켰다.

713 **detail** [díːteil, ditéil]　　1. 명 세부;상설;(~s) 상세
　　　　　　　　　　　　　　　　2. 타 ~을 상술하다

1. ▶ He gave (a) full *detail* of the accident.
   그는 그 사고의 전말을 상세하게 말했다.
2. ▶ He *detailed* the reasons. 그는 그 이유를 자세히 말했다.

714 **develop** [divéləp]　　타 자 발달시키다;전개하다;
〈철자주의〉　　　　　　　　　　　드러나게 하다

〈명사형〉 development (성장)

- ▶ What can we do to *develop* our business?
  사업을 번창시키려면 무엇을 해야 하나?
- ▶ His cold *developed* into pneumonia.

그의 감기는 폐렴으로 발전했다.
▶ Plants *develop* from seeds. 식물은 씨앗에서부터 자란다.

---

715 **devise** [diváiz]　　　　타 생각해내다 ; 발명하다

〈명사형〉 device (궁리 ; 장치)

▶ He *devised* an instrument to measure light waves.
그는 광파를 측정하는 기계를 고안했다.

---

716 **devote** [divóut]　타 ~을 바치다(~to) ; 전념하다(~oneself to)

〈동의어〉 dedicate 〈명사형〉 devotion (헌신)

▶ He *devoted* his life *to* education. 그는 생애를 교육에 바쳤다.
▶ He *devoted himself to* music. 그는 음악에 전념하고 있었다.

---

717 **dig** [dig]　　　　1. 자 땅을 파다 ; 조사하다(~for, into)
　　　　　　　　　　　2. 타 ~을 파다 ; 찌르다
　　　　　　　　　　　3. 명 한번 파기 ; 찌름

〈활용형〉 **dig－dug－dug**
1. ▶ He tried to *dig into* the cause of the affair.
그는 그 사건의 원인을 캐내려고 했다.
2. ▶ The kids *dug* a tunnel in the sand.
꼬마들은 모래밭에 굴을 팠다.
3. ▶ He gave me a *dig* the ribs. 그는 내 옆구리를 찔렀다.

---

718 **dignity** [dígniti]　　　　명 존경 ; 위엄 ; 고위

▶ He answered with *dignity*. 그는 당당히 대답했다.
▶ He lost his *dignity* by the failure.
그는 그 실패로 면목을 잃었다.

---

719 **dim** [dim]　　　　1. 형 어두컴컴한 ; 분명하지 않은 ; 흐린
　　　　　　　　　　　2. 타 ~을 어둡게 하다
　　　　　　　　　　　3. 자 어두워지다 ; 흐려지다

〈동의어〉 1. obscured 〈부사형〉 dimly (멍청히)

1. ▶ She was alone in a *dim* room.
   그녀는 어두컴컴한 방에 혼자 있었다.
   ▶ Her eyes are *dim* with age.
   그녀의 눈은 나이 탓으로 침침하다.
2. ▶ The sky was *dimmed*. 하늘이 어두워졌다.

720　**diminish** [dimíniʃ]　　1. 囹 ~을 감소시키다
　　　　　　　　　　　　　　　　2. 囻 감소하다

〈반의어〉 increase (증가시키다)

1. ▶ The cold spell quickly *diminshed* our firewood supply.
   차가운 날씨동안 땔깜이 급속히 줄어들었다.
2. ▶ The country has *diminished* in strength.
   그 나라는 국력이 약해졌다.

721　**dine** [dain]　　　　　囻 식사하다

〈명사형〉 dinner (저녁식사)

▶ Let's *dine* out today. 오늘 밖에서 식사하자.

722　**disappointment**　　　囿 실망
　　　　[disəpɔ́intmənt]

〈동사형〉 disappoint (실망시키다)

▶ To my *disappointment* he failed again.
  = He failed again, and I was *disappointed*.
  유감스럽게도 그는 또 실패했다.
▶ She's finally learned to accept *disappointment*.
  그녀는 마침내 실망을 받아들이는 방법을 터득했다.

723　**discipline** [dísiplin]　　1. 囿 훈련;규율 2. 囹 훈련하다

〈동의어〉 1. drill

1. ▶ That naughty boy needs a little *discipline*.
   저 장난꾸러기는 약간의 규율이 필요하다.
   ▶ They are in need of mental *discipline*.

그들은 정신훈련이 필요하다.
2. ▶ His dog was *disciplined* by a professional trainer.
그의 개는 전문훈련사에게 훈련받았다.

724 dismiss [dismís]　　　　　타 해산시키다, 해고하다

▶ The helper was *dismissed* for being dishonest.
그 일꾼은 부정직하여 해고되었다.
▶ The workers were *dismissed* for lunch.
노동자들은 점심식사를 위해 흩어졌다.

725 distinguish [distíŋgwiʃ]　　1. 타 ~을 구별하다(~from);
　　　　　　　　　　　　　　　　~을 특징짓다 2. 자 구별하다

〈명사형〉 distinction (구별;차이)

1. ▶ Can you *distinguish* a Korean *from* a Chinese?
한국인과 중국인을 구별합니까?
▶ He *distinguished* himself in science.
그는 과학분야에서 이름을 날렸다.
2. ▶ You should be able to *distinguish* between right and
wrong. 너는 선과 악을 구분할 수 있어야 한다.

726 distress [distrés]　　　　1. 명 고뇌;고난;재난
　　　　　　　　　　　　　　　2. 타 ~을 괴롭히다;~을 지치게 하다;
　　　　　　　　　　　　　　　　~을 슬프게 하다

1. ▶ He is in *distress*. 그는 곤란해 하고 있다.
2. ▶ She is *distressed* at the news.=The news distresses
her. 그녀는 그 소식을 듣고 슬퍼해하고 있다.

727 distribute [distríbju(:)t]　　타 ~을 분배하다;
〈액센트 주의〉　　　　　　　　　~을 구분하다(~into)

〈동의어〉 divide 〈반의어〉 collect 〈명사형〉 distribútion (분배)

▶ They *distributed* the money among the poor people.
그들은 돈을 가난한 사람들에게 나눠줬다.

▶ The plants are *distributed* into 30 classes.
그 식물은 30종으로 구분된다.

728　**dread** [dred]　　1. 囲 ~을 두려워하다(~to do, —ing);
　　　　　　　　　　　　　~가 아닐까 두려워하다(that~)
　　　　　　　　　　　2. 囲 공포

〈명사형〉 dreadful (무서운)

1. ▶ She *dreads* to go [or going] out at night.
그녀는 밤에 외출하는 것을 두려워한다.
　▶ They *dread* that the volcano may erupt again.
그들은 화산이 다시 폭발하지 않을까 두려워한다.
2. ▶ Her *dread* of being home alone made her extremely
nervous. 집에 혼자 있다는 두려움 때문에 그녀는 무척이나
초조해했다.

729　**dwell** [dwel]　　囲 살다(~in);상세히 설명하다(~on, upon)

〈활용형〉 **dwell−dwelt−dwelt**
　▶ He *dwells* in the city. 그는 도회지에 살고 있다.
　▶ He *dwelt on* the importance of being earnest.
그는 착실해야 하는 것의 중요성을 상세히 설명했다.

[주의]　「살다」는 뜻으로 **dwell**을 사용하는 것은 문어체. 구어체로는
live나 **reside**을 사용하는 일이 많다.

E

730　**earnest** [ə́ːrnist]　　1. 囲 착실한;진심인;중대한
　　　　　　　　　　　　　2. 囲 착실;진심

〈동의어〉 1. industrions

1. ▶ He is *earnest* about his duty.
그는 열심히 자신의 의무를 다한다.
2. ▶ He works in *earnest*. 그는 착실히 일한다

731 **edge** [edʒ]　　1. 몡 날;가장자리 2. 타 ~에 날을 세우다;
　　~에 가장자리를 치다 3. 재 서서히 나아가다

1. ▶ This knife has a keen *edge*. 이 칼날은 날카롭다.
2. ▶ He *edged* his way through the people.
그는 사람들 사이를 끼어들면서 나아갔다.
3. ▶ Toward the end of the speech they began to *edge* toward the door.
연설이 끝날 무렵 그들은 문을 향해 서서히 나아가기 시작했다.

732 **effect** [ifékt]　　1. 몡 결과;효력;취지
　　2. 타 결과로 ~을 초래하다;성취하다

〈동의어〉 2. bring about 〈형용사형〉 effective (유효한)

1. ▶ The medicine didn't have any *effect*.
그 약은 효과가 없었다.
▶ He sent me a letter to the *effect* that he would call on me. 그는 나를 방문한다는 취지의 편지를 보냈다.
2. ▶ The medicine will *effect* a cure.
이 약은 치료효과가 있을 것이다.

733 **emergency** [imə́ːrdʒənsi]　몡 비상사태

〈동의어〉 exigency 〈동사형〉 emerge (나타나다)

▶ This staircase is for use in *emergency*.
이 계단은 비상용입니다.

734 **eminent** [éminənt]　　혱 신분이 높은, 저명한(~for);뛰어난

〈동의어〉 illustrious 〈명사형〉 eminence (저명;고명)

▶ He is *eminent for* his bravery.
그는 용기가 있는 걸로 유명하다.
▶ The explosive situation was handled with *eminent* restraint. 그 폭발상황은 최대한 출입을 금지시키며 처리되었다.

735 **employ** [emplɔ́i]　　　　　囲 ~을 고용하다;~을 사용하다;
　　　　　　　　　　　　　　　~에 종사하다;[시간]을 투자하다

〈명사형〉 employment (고용;직업)

▶ He is *employed* in cutting a tree.
지금 그는 나무를 베고 있다.
▶ She *employs* most of her time in reading.
그녀는 시간의 태반을 독서에 투자한다.

736 **endeavo(u)r** [endévər]　　1. 困 노력하다 2. 囲 ~하려 노력
　　　　　　　　　　　　　　하다(~to do) 3. 명 노력

〈동의어〉 1. attempt

2. ▶ He *endeavored to* climb the mountain alone.
그는 혼자서 그 산에 오르려고 했다.
3. ▶ She made every *endeavor* to do her duty.
그녀는 임무를 다하려고 모든 노력을 했다.

737 **endow** [endáu]　　　　　囲 ~에 기금을 기부하다(~with);
　　　　　　　　　　　　　　《be~ed with》[재능 등]에 타고나다

〈동의어〉 provide 〈명사형〉 endowment (기부)

▶ He *endowed* the school *with* a large sum of money.
그는 그 학교에 많은 돈을 기부했다.
▶ The boy *was endowed* by nature *with* genius.
그 소년은 타고난 천재이다.

738 **endure** [end(j)úər]　　1. 囲 ~에 견디다;《부정문으로》
　　　　　　　　　　　　　　~을 참다 2. 困 지속하다;인내하다

〈명사형〉 endurance (인내;지속)

1. ▶ I can*not endure* his insult. 그의 모욕에는 참을 수 없다.
2. ▶ His fame will *endure* forever.
그의 명성은 영원히 계속되리라.

739　enormous [inɔ́:rməs]　　형 거대한;막대한

〈동의어〉 huge, immense 〈반의어〉 small, tiny

▶ The banquet was held in an *enormous* room.
연회는 엄청나게 큰 방에서 열렸다.
▶ The war cost an *enormous* sum of money.
전쟁에는 막대한 금액이 들었다.

740　entertain [èntərtéin]　　타 ~을 재밌게 하다;~을 대접하다;[감정·희망]을 품다

〈반의어〉 bore, disgust 〈명사형〉 entertainment (기대)

▶ He *entertained* us with tricks.
그는 마술로 우리를 즐겁게 했다.
▶ I *entertained* my friends at dinner.
나는 저녁 식사에 친구를 초대해 대접했다.

741　erect [irékt]　　1. 형 직립한 2. 타 ~을 세우다

〈동의어〉 1. upright

1. ▶ The old man had an *erect* posture.
그 노인은 꼿꼿한 자세를 유지했다.
2. ▶ He *erected* a new house. 그는 새 집을 지었다.

742　estimate [éstimèit]　　1. 타 직 ~을 추정하다;~을 평가하다 2. 명 [éstimit] 견적;평가

〈동의어〉 1. evaluate 2. evaluation

1. ▶ I *estimate* that I will be able to finish it in two days.
나는 이틀에 이것을 끝낼 수 있다고 생각한다.
2. ▶ The expert's *estimate* is that the painting is worth $ 2,500 전문가의 견적에 따르면 그 그림은 2500달라의 가치가 있다.

743　eternal [itə́:rn(ə)l]　　형 영원한;끝임없는

〈동의어〉 endless 〈명사형〉 eternity (영원)

▶ I can't put up with her *eternal* chatter.
그녀의 끝없는 이야기에는 참을 수 없다.

744 exceed [eksí:d]　　　　타 ~을 넘다; ~보다 월등하다

〈명사형〉 excess (초월)

▶ Seoul *exceeds* Pusan in size. 서울은 부산보다 크다.
▶ You *exceed* the speed limit. 너는 제한 속도를 넘는다.

745 excess [eksés]　　　　명 초과; 여분

〈동의어〉 surplus 〈형용사형〉 excessive (과도의)

▶ He praised the book to *excess*. 그는 그 책을 너무 칭찬했다.
▶ The child has an *excess* of energy. 그 아이는 힘이 넘친다.

746 exclude [eksklú:d]　　　　타 ~을 추방하다; 제외하다

〈동의어〉 rule out 〈명사형〉 exclusion (제외)

▶ They were *excluded* from the country.
그들은 그 나라에서 추방당하였다.
▶ The doctor *excluded* food poisoning as the cause of the illness. 의사는 질병이 원인으로 독성있는 음식을 제외시켰다.

747 exert [egzá:rt]　　　타 노력하다(~oneself); [힘 등]을 사용하다

〈명사형〉 exertion (행사; 노력)

▶ He *exerted himself* to finish the work.
그는 그 일을 끝내기 위해 노력했다.
▶ The office manager *excerts* most of authority in this office. 관리자는 이 사무실에서 막대한 권위를 행사한다.

748 exhaust [egzó:st]　　　타 ~을 써 버리다; 몹시 지치게 하다

〈동의어〉 use up (~을 써버리다) 〈명사형〉 exhaustion (소모)

▶ Our provisions are *exhausted*. 식량이 바닥났다.
▶ I was *exhausted* with work. 나는 일로 몹시 지쳤다.

749 expand [ekspǽnd]　　1. 鬨 ~을 확장하다 2. 泅 팽창하다

〈동의어〉 spread 〈명사형〉 expansion (확장 ; 팽창)

1. ▶ The eagle *expanded* its wing as it rose in the air.
독수리는 하늘로 올라갈 때 날개를 활짝 폈다.
2. ▶ Metals *expand* by heat. 금속은 열로 팽창한다.

750 extend [ekstɛ́nd]　　鬨 [손발 등]을 뻗다 ; 넓히다

〈동의어〉 prolong (연장하다) 〈형용사형〉 extensive (넓은)

▶ Can't you *extend* your visit for a few days more?
며칠 방문기간을 연장할 수 없습니까?
▶ The course will *extend* the students knowledge of nature.
그 강외는 학생들의 자연에 관한 지식을 넓혀줄 것이다.

F

751 fade [feid]　　1. 泅 시들다 ; 사라지다 (~away)
　　　　　　　　　　　2. 鬨 ~을 시들게 하다 ; 쇠약하게 하다

1. ▶ The flowers have *faded*. 꽃은 시들었다.
▶ The sound *faded away*. 소리는 점점 사라져갔다.

752 faint [feint]　　1. 彫 희미한, 갸날픈 ; 소심한 ; 기절할 것 같은 2. 泅 기절하다

〈동의어〉 1. weak

1. ▶ I heard a *faint* sound. 희미한 소리를 들었다.
2. ▶ She *fainted* when she read the telegram.
그녀는 전보를 읽자 기절했다.

753 familiar [fəmíljər]　　彫 [사람이] 친한 ; [사람이 ~에게] 정통한 ; [사물이] 잘 알려진

〈명사형〉 familiárity (정통)

▶ I am *familiar with* her. 나는 그녀와 친하다
▶ The book is *familiar to* me.
  =I am *familiar with* the book.
  나는 그 책을 잘 알고 있다.

《용법》 「친하다」는 단어에는 with를 쓰고, 「잘 알려져 있다」는 뜻은
with+물건, to+사람을 쓴다.

---

754 **fare** [fɛər]   몡 운임;요금

〈동의어〉 charge

▶ What is the railway *fare* to Pusan?
  부산까지의 운임은 얼마입니까?
▶ The bus *fare* has gone up another nickel.
  버스요금이 또다시 5센트 올랐다.

---

755 **fatigue** [fətíːg]   1. 몡 피로 2. 탄 ~을 지치게 하다
  3. 잠 지치다

〈동의어〉 2. tire

1. ▶ He slept off *fatigue.* 그는 잠으로 피로를 풀었다.
2. ▶ Climbing the mountain *fatigued* the whole scout troop.
  등반은 스카우트 단원 전부를 지치게 만들었다.

---

756 **fault** [fɔːlt]   몡 과실;결점

〈동의어〉 defect(결점)

▶ He is always finding *fault* with me.
  그는 항상 내 결점을 찾고있다.
▶ The *fault* lies with me. 잘못은 나에게 있다.

---

757 **feature** [fíːtʃər]   몡 얼굴의 일부;용모;지형;특징

▶ She is a girl of fine *features.* 그녀는 미인이다.
▶ This is a strong *feature* in his character.
  이것은 그의 성격중 두드러진 특징이다.

▶ The landscaping is the dominant *feature* of the estate.
이 저택에서 가장 눈에 띄는 것은 조경이다.

758 fence [fens]   1. 명 울타리 2. 타 ~에 울타리를 하다
3. 자 펜싱을 하다

〈동의어〉 1. barrier

1. ▶ The *fence* gave way. 울타리가 넘어졌다.
2. ▶ The garden is *fenced* with stones.
마당은 돌 울타리로 싸여있다.
3. ▶ He *fenced* with his new sword.
그는 새 검으로 펜싱을 했다.

759 fertile [fə́:rt(ə)l]   형 다산인;풍부한

〈반의어〉 sterile (불모의) 〈동의어〉 fruitful

▶ My country is *fertile* of wheat.
우리 지방은 밀을 많이 생산한다.
▶ Anything grows in this *fertile* ground.
이 비옥한 땅에서는 무엇이든 자란다.

760 fierce [fiərs]   형 사나운;굉장한;심한

〈동의어〉 fearful

▶ Be careful of a *fierce* dog. 맹견에 주의하시오.
▶ A *fierce* storm is approaching. 폭풍이 접근중이다.

761 fine [fain]   1. 형 훌륭한;맑은 2. 명 벌금
3. 타 ~에 벌금을 과하다

1. ▶ This shop has some very *fine* furs.
이 상점에서는 아주 훌륭한 모피옷을 판다.
2. ▶ The *fine* for overtime parking is outrageously high.
주차시간 초과에 대한 벌금은 엄청나게 비싸다.
3. ▶ He was *fined* 30,000 won for speeding.
그는 속도위반으로 3만원의 벌금을 물었다.

762 **flame** [fleim]　　　　　　1. 명 불꽃;광채 2. 자 타다;빛나다

〈동의어〉 1. flare

1. ▶ They put out the *flames*. 그들은 불을 껐다.
   ▶ The *flame* of his ambition seemed to grow with time.
     그의 타오르는 야망은 시간이 감에 더 커지는듯 했다.
2. ▶ His anger *flamed* out. 그의 화가 불타올랐다.

763 **flood** [flʌd]　　　　1. 명 홍수;밀물
　　　　　　　　　　　　　2. 타 ~을 범람시키다;~로 넘치다
　　　　　　　　　　　　　3. 자 범람하다;쇄도하다

〈반의어〉 1. drought (가뭄)

1. ▶ The bridge was washed away by the *flood*.
     다리는 홍수로 떠내려갔다.
2. ▶ The river was *flooded* by the storm.
     강이 폭풍우로 범람했다.
   ▶ Bookstores are *flooded* with comic books.
     서점은 만화책으로 가득하다.

764 **flourish** [fláːriʃ] 〈발음주의〉　　자 번영하다;번창하다

〈동의어〉 prosper

▶ Weeds *flourish* in the garden. 잡초가 마당에 무성하다.
▶ His dry—cleaning business really *flourished* this year.
  그의 세탁업은 올해 무척 번창했다.

765 **found** [faund]　　　　타 ~을 설립하다;~을 건축하다

〈명사형〉 foundation (설립;기초)

▶ The castle is *founded* on solid rock.
  이 성은 단단한 바위위에 세워졌다.
▶ His grandfather *founded* the business in 1909.
  그의 할아버지가 1909년 이 사업을 시작하셨다.

766 **fragrant** [fréigrənt]　　형 향기로운;상쾌한

〈동의어〉 odorous 〈명사형〉 fragrance (방향)

▶ The air in the garden is *fragrant.* 뜰안의 공기는 상쾌하다.
▶ The cake baking in the oven made the whole house *fragrant.* 오븐에서 과자굽는 냄새가 온 집을 향기롭게 만들었다.

767 **freeze** [fri:z]　　1. 자 얼다;얼어죽다
　　　　　　　　　　2. 타 ~을 얼리다;~을 얼어 죽게하다

〈형용사형〉 freezing (어는 듯한)

〈활용형〉 **freeze－froze－frozen**
1. ▶ The lake has *frozen* over. 호수는 다 얼었다.
2. ▶ Most of them were *frozen* to death.
　　그들은 거의 얼어 죽었다.

768 **fright** [frait]　　명 공포;놀람

〈반의어〉 bravery 〈동사형〉 frighten (놀라게하다)

▶ He gave her a *fright.* 그는 그녀를 놀라게 했다.
▶ The child turned and ran in *fright* from the growling dog. 그 아이는 으르렁대는 개가 무서워 도망쳤다.

769 **fuel** [fjú:əl]　　명 연료

▶ You'd better put on fresh *fuel.* 연료를 넣는 것이 좋겠다.
▶ The newspaper article provided him with *fuel* for his speech. 신문기사가 그에게 연설자료를 제공했다.

770 **funeral** [fjú:n(ə)rəl]　　명 장례식

〈동의어〉 memorial service

▶ I attended a *funeral.* 나는 장례식에 참석했다.
▶ The *funeral* consisted of a requiem mass and a graveside service. 장례식은 위령미사와 무덤옆에서의 기도로 이루어진다.

771 **gaze** [geiz]　　　　1. 困 응시하다(~at) 2. 명 응시

〈동의어〉 strare

1. ▶ She was *gazing* up *at* the sky.
　　그녀는 하늘을 가만히 보고있었다.
　 ▶ My father often used to *gaze* into the distance.
　　아버지는 가끔 먼 곳에 시선을 두곤 하셨다.
2. ▶ He fixed his *gaze* at the ceiling.
　　그는 천장에 시선을 고정시켰다.

772 **genius** [dʒíːnjəs]　　　　명 천재, 천부의 재능

▶ He is a man of *genius*. 그는 천재다.
▶ A great actor has a *genius* for acting.
　위대한 배우는 연기에 천부적 재능을 가지고 있다.

773 **gigantic** [dʒaigǽntik]　　　　형 거인과 같은, 거대한

〈명사형〉 giant (거인)

▶ He has a *gigantic* appetitie. 그의 식욕은 대단하다.
▶ China is a *gigantic* country. 중국은 거대한 나라이다.

774 **grant** [grænt]　　　　1. 타 ~을 주다 ; ~을 인정하다(~that절)
　　　　　　　　　　　　　　　2. 명 수여, 허가

〈동의어〉 2. allotment

1. ▶ He was *granted* a driver's license.
　　그는 운전면허증을 받았다.
　 ▶ I *grant (that)* he is honest. = I *grant* him to be honest.
　　 = I *grant* his honesty. 나는 그가 정직하다고 인정합니다.
2. ▶ The college was built on a *grant* of land from the
　　government. 그 대학은 정부가 양도한 땅위에 세워졌다.

775 **grasp** [græsp]　　1. 타 ~을 잡다;~을 이해하다
　　　　　　　　　　　2. 명 잡기;이해(력)

〈동의어〉 1. seize

1. ▶ I *grasped* his right hand firmly in mine.
나는 그의 오른손을 꼭 잡았다.
2. ▶ This custom is beyond the *grasp* of foreigners.
이 습관은 외국인에게 도저히 이해가 안간다.

776 **gratitude** [grǽtiti(j)ùːd]　명 감사

〈동의어〉 thanks, appreciation

▶ I expressed *gratitude* for her kindness.
나는 그녀의 친절에 감사를 표시했다.
▶ How can I express my *gratitude* for all your help?
당신 도움에 어떻게 감사해야 할지 모르겠다.

777 **grave** [greiv]　　1. 형 중대한;착실한 2. 명 묘

〈동의어〉 1. solemn

1. ▶ He looked *grave*. 그는 심각한 얼굴을 하고 있었다.
▶ This is a *grave* situation. 이것은 중대한 사태다.
2. ▶ This is the *grave* of my hope. 이것으로 내 희망도 끝이다.

778 **greedy** [gríːdi]　　형 탐욕스러운(~for, after)

〈동의어〉 avaricious 〈명사형〉 greed (탐욕)

▶ He is *greedy* for money. 그는 돈에 욕심이 많다.
▶ *Greedy* man cannot be trusted. 욕심많은 사람은 믿을 수 없다.

779 **grieve** [griːv]　　1. 자 깊이 슬퍼하다;한탄하다
　　　　　　　　　　　2. 타 ~을 비탄에 잠기게 하다

〈반의어〉 console (위로하다) 〈명사형〉 grief (슬픔)

1. ▶ He *grieves* about his son's death.

그는 아들의 죽음을 슬퍼하고 있다.

2. ▶ He was *grieved* by the conduct of his son.
그는 아들의 행실에 크게 상심했다.

---

780 guarantee [gǽrəntíː]　　1. 몝 보증, 담보
　　　　　　　　　　　　　　　　2. 탭 ~을 보증하다;약속하다

〈동의어〉 1. warranty 〈명사형〉 gúaranty (보증인[서])

1. ▶ The new car has a one－year *guarantee*.
새 차는 1년간 보증해준다.
2. ▶ They *guarantee* the watch for three years.
이 시계는 3년 보증이다.

---

781 guilty [gílti]　　　　형 ((be~of)) 유죄의;[과실 등을]범한

〈반의어〉 innocent (무죄의)

▶ He was *guilty of* murder. 그는 살인죄를 범했다.
▶ The thief sought forgiveness for his *guilty* acts.
그 도둑은 잘못된 행실에 대한 용서를 구했다.

---

782 harsh [hɑːrʃ]　　　　형 엄격한;거칠은;불쾌한

〈동의어〉 unpleasant 〈반의어〉 kind

▶ He is *harsh* to his men. 그는 부하에게는 엄격하다
▶ The *harsh* light hurt my eyes.
밝은 불빛이 내 눈을 안 보이게 만들었다.

---

783 hence [hens]　　　　부 그래서;금후

▶ He didn't listen to my advice, *hence* he failed.
그는 내 충고를 안 들었다. 그래서 그는 실패했다.
▶ I'll be back here three years *hence*.
지금부터 3년후에 돌아오겠습니다.

---

784 hinder [híndər]　　　　탭 ~을 방해하다

〈동의어〉 interrupt 〈명사형〉 hindrance (방해)

▶ You are *hindering* my work. 너는 내 일을 방해하고 있어.
▶ Heavy snow *hindered* the bus's progress.
폭설이 버스의 운행을 지연시켰다.

---

785 **horror** [hɔ́ːrər]　　명 공포;증오;혐오

〈동의어〉 fear

▶ She ran away in *horror*. 그녀는 두려워 도망갔다.
▶ This hat is a *horror*. 이 모자는 꼴불견이다.

I·K

786 **ignore** [ignɔ́ːr]　　타 ~을 무시하다

〈반의어〉 heed 〈명사형〉 ignorance (무식)

▶ She *ignored* my presence. 그녀는 내 존재를 무시했다.
▶ It's sometimes best to *ignore* a rude person.
무례한 사람은 때때로 무시해버리는 것이 최선이다.

787 **illustrate** [ilástreit]　　타 ~을 설명하다;~에 삽화를 넣다

〈명사형〉 illustrátion (실례)

▶ He *illustrated* it from his experience.
그는 자기 경험에서 예를 들어 그것을 설명했다.
▶ The book is fully *illustrated*. 이 책은 삽화로 가득하다.

788 **imitate** [ímətéit]　　타 ~을 흉내내다;~을 모방하다

〈동의어〉 simulate 〈명사형〉 imitátion (모방;모조품)

▶ Children *imitate* their parents. 어린이는 부모흉내를 낸다.

789 **immediate** [imíːdiət]　　형 직접의;즉석의

〈동의어〉 undelayed 〈부사형〉 immediately (당장)

▶ He lives in the *immediate* neighborhood.

그는 바로 근처에 살고있다.
▶ Please send on *immediate* answer. 즉시 답장을 보내주십시오.

790 immense [iméns]   형 광대한, 거대한;훌륭한

〈동의어〉 enormous

▶ An *immense* ocean came in sight.
광대한 대양이 눈에 들어왔다.
▶ The Grand canyon is *immense*. 그랜드캐년은 웅장하다.

791 impatient [impéiʃ(ə)nt]   형 성급한;참지 못하는;
몹시 ~하고 싶은(~to do)

〈명사형〉 impatiency

▶ They are *impatient* to start. 그들 빨리 출발하고 싶어 안달이다.
▶ The teacher became *impatient* with the inattentive students. 그 선생은 태만한 학생들 때문에 화가나기 시작했다.

792 improve [imprú:v]   타 자 개량하다;진보하다;이용하다

〈명사형〉 improvement (개량)

▶ He is *improving* in health.＝His health is *improving*.
그는 건강을 회복하고 있습니다.
▶ He *improved* his leisure time by studying.
그는 여가시간을 이용해서 공부했다.

793 impulse [ímpʌls]   명 충격;자극

〈형용사형〉 impulsive

▶ A sudden *impulse* of anger arose into him.
갑자기 분노가 일어났다.

794 incline [inkláin]   1. 타 《수동태로》 ~하고 싶게하다;기울이다
2. 자 마음이 기울어지다, 경사지다

〈명사형〉 inclinátion (경향)

1. ▶ I am *inclined* to change my mind. 마음을 바꾸고 싶다.
2. ▶ The roof *inclines* over the porch.
  지붕이 현관으로 기울어져 있다.

795 injure [índʒər] 태 상처를 입히다;해를 주다

〈반의어〉 heal 〈형용사형〉 injurious (유해한)

▶ She was *injured* badly in the accident.
  그녀는 사고로 크게 다쳤다.

796 innocence [ínəsns] 명 결백, 무죄;순진

〈형용사형〉 innocent (악의없는)

▶ Her *innocence* was proved. 그녀의 결백이 증명되었다.
▶ The girl has the sweetness and *innocence* of a child.
  그 여자는 어린이같은 다정함과 순진함을 가지고 있다.

797 inspect [inspékt] 태 ~을 점검하다;조사하다

〈동의어〉 examine 〈명사형〉 inspection (시찰)

▶ All factories are *inspected* by government officials.
  공장은 모두 정부의 담당관이 시찰하게 되어 있다.
▶ Ask the mechanic to *inspect* the tires.
  정비사에게 타이어를 점검하여 달라고 부탁해라.

798 instant [ínstənt] 1. 명 즉시;순간 2. 형 긴급한

〈부사형〉 instantly (즉시)

1. ▶ Come here this *instant*. 지금 즉시 여기 와 주세요.
2. ▶ The telegram asked for an *instant* reply.
  전보는 즉각적인 회답을 요청하고 있었다.

799 instrument [ínstrumənt] 명 기구, 악기

〈동의어〉 device (도구)

▶ There are many medical *instruments* in that hospital.

저 병원에는 많은 의료기구가 있다.
▶ The lawyers will draw up all the necessary *instruments*.
변호사들이 필요한 모든 서류들을 작성할 것이다.

800 insult [insʌ́lt] 1. 타 ~을 모욕하다
2. 명 [ínsʌlt] 모욕

〈동의어〉 2. rudeness

1. ▶ She *insulted* me in the presence of them.
그녀는 그들의 면전에서 나를 모욕했다.
2. ▶ The speaker's patronizing words were an *insult* to the
audience. 아나운서의 건방진 말은 청중에겐 모욕이었다.

801 intelligence [intélidʒ(ə)ns] 명 지성;지능;정보

〈동의어〉 intellect, information
〈형용사형〉 intelligent (지능이 높은)

▶ He has a keen *intelligence*. 그는 날카로운 지성을 갖고 있다.
▶ *Intelligence* of a secret attack came over the wireless.
기습공격에 대한 정보가 무전으로 들어왔다.

L · M

802 last [læst] 1. 자 지속하다, 오래가다
2. 타 ~을 충족시키다;~에 견디다

〈동의어〉 1. continue

1. ▶ How long will this rain *last*?
이 비는 언제까지 계속되는 것일까?
▶ These shoes have *lasted* ane year.
이 신발은 일 년을 버텨왔다.

803 lean [líːn] 1. 자 ~에 기대다(~against, on);기울다;의지하다
2. 타 ~을 기울이다;~을 기대게 하다

〈반의어〉 stand erect (똑바로 서다)

1. ▶ Don't *lean* out of the window. 창문으로 몸을 내밀지마라.
   ▶ Many people *lean* on a personal philosophy in times of misfortune.
   많은 사람은 불운한 시절에 개인적 철학에 의지한다.
2. ▶ Don't *lean* your elbows on the table.
   테이블에 팔꿈치 대지마라.

804　leap [li:p]　　1. 困 団 뛰다 ; ~을 뛰어 넘다
　　　　　　　　　　　　2. 명 비약, 뛰는 거리

〈활용형〉 **leap－lept－lept/leap－leaped－leaped**
1. ▶ Look before you *leap.*
   뛰기 전에 보아라. ⇨ 돌다리도 두드려보고 건너라.(속담)
   ▶ She *lept* for joy. 그녀는 기뻐서 펄쩍 뛰었다.
   ▶ The thief *leaped* the wall and escaped.
   도둑은 벽을 뛰어넘어 도망쳤다.
2. ▶ The boy cleared the fence in one *leap.*
   그 소년은 한 번에 울타리를 뛰어넘었다.

805　liberal [líb(ə)rəl]　　형 너그러운 ; 자유로운 ; 풍부한

〈동의어〉 generous 〈명사형〉 liberty

▶ He is *liberal* of money. 그는 돈에 너그럽다.
▶ *Liberal* legislators hoped to improve the lot of the masses.
진보적인 입법가들은 일반대중의 몫을 증대시키기를 바랬다.

806　liquid [líkwid]　　1. 형 액체의 2. 명 액체

〈동의어〉 fluid

1. ▶ He takes a *liquid* diet. 그는 유동식을 먹는다.
2. ▶ The patient could only consume *liquids.*
   그 환자는 유동식만을 섭취할 뿐이었다.

807　load [loud]　　1. 명 짐 ; [정신적인] 부담
　　　　　　　　　　　　2. 団 ~에 짐을 싣다 ; ~에 부담을 지우다
　　　　　　　　　　　　3. 困 짐을 싣다

1. ▶ They must bear a *load* of care.
　 그들은 걱정거리를 견뎌야 한다.
2. ▶ Don't *load* him with hard work.
　 어려운 일을 그에게 떠 맡기지마라.

| 808 | **lonely** [lóunli] | 혱 고독한 ; 외로운 |

〈동의어〉 solitary

▶ He lives in a *lonely* house. 그는 인가가 드문 집에 살고있다.
〈용법〉　**alone**은 「외톨이」란 사실을 나타내는데, **lonely**는 「고독하고 외롭다」란 뜻을 갖는다.
▶ Robinson crusoe spent many *lonely* days on the desert is-land.
　 로빈슨 크루소는 황량한 섬에서 많은 고독한 시간을 보냈다.

| 809 | **long**[lɔːŋ] | 짜 갈망하다(~for, ~to do)
《「긴」의 뜻의 long과 구분할 것》 |

〈명사형〉〈형용사형〉 longing

▶ He *longs for* wealth.＝He *longs to* get wealth.
　 그는 부를 간절히 바란다.
▶ He *longed* for her to say something.
　 그는 그녀가 뭔가 말해주길 바랬다.

| 810 | **loose** [luːs] | 혱 느슨한 ; 흐트러진 |

▶ Don't lead a *loose* life. 무절제한 생활을 하지마라.
▶ Her logic is too *loose* to make much sense.
　 그녀의 논리는 너무 산만해서 도무지 뜻이 통하지 않는다.

| 811 | **luxury** [lʌ́kʃ(ə)ri] | 몡 사치(품) ; 쾌락 ; 만족 |

〈형용사형〉 luxúrious (사치스런)

▶ They led a life of *luxury*. 그들은 사치스런 생활을 했다.
▶ Aspargus is a *luxury* at this season.
　 아스파라가스는 요즘 구하기 힘든 것이다.

812 **magnificent** [mægnífisnt]　　형 화려한, 장대한

〈동의어〉 splendid

▶ I was impressed with his *magnificent* attitude.
나는 그의 당당한 태도에 감동했다.

813 **major** [méidʒər]　　형 큰 쪽의 ; 주요한

〈동의어〉 principal 〈명사형〉 majority (대다수)

▶ The *major* part of his income is spent on gambling.
그의 수입의 태반은 도박에 쓰이고 있다.
▶ Health care is one of the *major* problems of our time.
건강문제가 우리 시대의 주된 문제의 하나이다.

814 **manufacture**
[mænjufǽktʃər]
1. 명 제조 ; 제품
2. 타 ~을 제조하다

1. ▶ This camera is of home *manufacture*.
이 카메라는 국산품이다.
2. ▶ This car is *manufactured* in Korea.
이 차는 한국에서 만들어진 것이다.

815 **merciful** [mə́ːrsifəl]　　형 자비로운 ; 정 많은

〈동의어〉 compassionate 〈명사형〉 mercy (자비)

▶ The *merciful* king saved him from death.
그 자비로운 왕은 죽음에서 그를 구했다.
▶ Your Honor is accounted a *merciful* man.
그 법관은 자비로운 사람으로 여겨진다.

816 **minor** [máinər]　　형 보다 작은 ; 중요하지 않은 ; 미성년의

〈반의어〉 major 〈명사형〉 minórity (소수)

▶ He is a *minor* writer. 그는 2류 작가이다.
▶ He received only *minor* injuries.

그는 약간 상처를 입었을 뿐이다.

 minute [main(j)úːt] 1. 혱 약간의;하찮은;상세한
2. 몡 [mínit] 분

〈동의어〉 1. little 〈명사형〉 minutia (상세)

1. ▶ There is a *minute* difference between the two.
그 두 개는 약간의 차이가 있다.
2. ▶ My watch is five *minute* slow. 내 시계는 5분 느리다.

N

818 **neglect** [niglékt] 1. 타 ~을 무시하다;
~하기를 잊다(~to do, ~ing)
2. 몡 태만;경시

〈형용사형〉 neglectful (부주의한)

1. ▶ He *neglected* to wash his face.
＝He *neglected* washing his face.
그는 얼굴 씻는 것을 잊었다.
▶ He *neglects* his appearance at all.
그는 외모에 전혀 신경쓰지 않는다.
2. ▶ He was dismissed through *neglect* of his duties.
그는 직무 태만으로 인해 해고당했다.

819 **nerve** [nəːrv] 몡 신경;중추;용기

〈형용사형〉 nervous (신경질적인)

▶ He had *nerve* enough to drive a racing car.
그는 경주용 차를 운전할 만큼 용기가 있다.

820 **nourish** [nə́ːriʃ] 타 1. ~을 기르다;~에 영향분을
주다 2. (원한, 증오 등)을 품다

1. ▶ She *nourishes* her baby with milk.
그녀는 그녀의 아기를 우유로 기른다.

2. ▶ She *nourishes* a feeling of hatred toward me.
그녀는 나에게 증오심을 품고 있다.

821 **nuisance** [n(j)ú:sns] 명 폐단;불쾌;해

▶ You must not make yourself a *nuisance* to others.
당신은 다른 사람들에게 해를 끼쳐서는 안된다.

822 **numerous** [n(j)ú:m(ə)rəs] 형 매우 많은;무수한

▶ She has *numerous* dolls.
그녀는 인형을 많이 가지고 있다.

O · P · Q

823 **obey** [o(u)béi] 타 ~에 따르다;복종하다

〈명사형〉 obedience (복종)

▶ Soldiers must *obey* orders. 군인은 명령에 복종해야 한다.

《용법》 타동사 용법이 주를 이루며, **to**를 수반한다.

824 **object** [ábdʒikt] 1. 명 물체;사물;대상;목적
2. 자 [əbdʒékt] 반대하다(~to)
3. 타 ~을 반대하다(~that절)

1. ▶ What is the *object* of your life?
삶의 목적이 무엇이냐?
2. ▶ I *object* to your buying it.
나는 네가 그것을 사는 것에 반대한다.
3. ▶ She *objected* that it was too expensive.
그녀는 그것이 너무 비싸다는 것에 반대했다.

825 **obtain** [əbtéin] 1. 타 ~을 손에 넣다
2. 자 [제도·법률·습관 등]을 익히다

1. ▶ Who *obtained* the first prize? 누가 일등을 했느냐?

| 826 | **obvious** [ábviəs] | 혱 확실한;명백한 |

〈부사형〉 obviously (명확하게)

> ▶ It is *obvious* that he has nothing to do with the matter.
> = *Obviously* he has nothing to do with the matter.
> 그가 그 문제와 아무 관계가 없음은 명백하다.

| 827 | **offend** [əfénd] | 1. 톈 ~의 감정을 해치다;~를 위반하다
2. 쟈 남의 비위를 거스리다;죄를 저지르다 |

〈명사형〉 offense, —ce (위반)

> 1. ▶ I am *offended* by his behavior.
>   그의 행동이 나의 감정을 해쳤다.
> ▶ Don't *offend* the traffic rules. 교통규칙을 위반하지 마라.

| 828 | **offer** [ɔ́:fər, áf-] | 1. 톈 ~을 제공하다;
~에게 ~을 권하다(~to do)
2. 쟈 신청하다;구혼하다
3. 몡 신청;제공;제의 |

> 1. ▶ He *offered* me a cigarette. 그는 나에게 담배를 건넸다.
> 2. ▶ I *offered* to help her. 나는 그녀에게 도움을 청했다.
> 3. ▶ I made an *offer* to go with him.
>   나는 그와 같이 가겠다고 제의했다.

| 829 | **owe** [ou] | 1. 톈 ~을 …에게 빚지다
2. 쟈 빚이 있다 |

〈동의어〉 1. be indebted to

> 1. ▶ I *owe* what I am *to* my parents.
>   오늘의 내가 있는 것은 부모님 덕이다.
> ▶ I *owe* \$1,000 *to* him. 나는 그에게 1,000달러의 빚이 있다.

| 830 | **partial** [pá:rʃ(ə)l] | 혱 일부분의;불공평한;편애하는(~to) |

〈반의어〉 complete 〈명사형〉 part (부분)

▶ I am *partial to* sports. 나는 스포츠라면 사죽을 못쓴다.
▶ This is only a *partial* list of the books needed.
이것은 필요한 책의 일부만 적어놓은 것이다.

---

831 **passage** [pǽsidʒ] 　　　　　명 한 절;통행;통로;추이

▶ Read one *passage* from Macbeth.
맥배드의 한 구절을 읽으시오.
▶ How swift the *passage* of time is.
시간의 경과가 얼마나 빠른지.

---

832 **pattern** [pǽtərn] 　　　1. 명 모양;양식;실례;귀감
　　　　　　　　　　　　　　　　　2. 타 ~을 만들다;~에 무늬를 넣다

1. ▶ The cloth had a checkered *pattern*.
그 천은 체크무늬 디자인이다.
2. ▶ She *patterned* her dress on an old fashion.
그녀는 옛 유행에 따라 드레스를 만들었다.

《용법》　**pattern**이 「종이에 그린 모형」과 같이 「인공적으로 정해진 이상적인 형태」를 의미하며, **form**은 자연물의 「입체적인 형태」를 의미하며, **shape**는 「투영된 형태」를 의미한다.

---

833 **peculiar** [pikjúːljər] 　　　형 독특한;고유의;특수한

〈동의어〉 particular 〈명사형〉 peculiárity (특질)

▶ This food has a *peculiar* taste. 이 음식에는 독특한 맛이 있다.
▶ Every bell has its own *peculiar* sound.
모든 종에는 나름대로의 고유한 소리가 있다.

---

834 **peep** [piːp] 　　　1. 자 엿보다, 들여다 보다(~at, into)
　　　　　　　　　　　　　　　2. 타 ~을 조금 나타내다(~out)
　　　　　　　　　　　　　　　3. 명 들여다봄;슬쩍 보는 것

〈동의어〉 1. steal a look

1. ▶ Why do you *peep into* my purse?
왜 내 지갑을 들여다 보니?

2. ▶ He *peeped* out a bit of his head from the hole.
그는 구멍으로 머리를 내밀어 엿보았다.

3. ▶ The hunters just got a *peep* at the deer before it disappeared into the woods. 사냥꾼들이 사슴에 눈길을 주는 순간 사슴은 숲으로 사라졌다.

---

835 **perform** [pərfɔ́ːrm] 1. 타 [임무 등]을 실행하다
2. 자 연기하다;연주하다

〈명사형〉 performance (실행)

1. ▶ The doctor *performed* an operation. 의사는 수술을 했다.
▶ What play will be *performed* tonight?
오늘밤 공연되는 연극은 무엇이냐?

836 **permission** [pə(:)rmíʃ(ə)n] 명 용서, 허가

〈반의어〉 refusal 〈동사형〉 permit (허가하다)

▶ I gave her *permission* to use my bicycle.
나는 그녀에게 자전거를 사용해도 좋다는 허가를 내렸다.

837 **picturesque** [piktʃərésk] 형 그림과 같은;생생한

〈반의어〉 usual 〈명사형〉 picture (그림)

▶ We enjoyed the *picturesque* sight.
우리는 그림과 같은 경치를 즐겼다.

838 **pile** [pail] 1. 명 쌓아 올린 것;다수, 다량
2. 타 ~을 쌓다 3. 자 축적하다(~up)

〈동의어〉 1. quantity, heap

1. ▶ He has a *pile* of money. 그는 많은 돈을 갖고 있다.
2. ▶ They *piled* a boat with passengers.
그들은 배에 손님을 가득 실었다.
3. ▶ He *piles up* books on the desk.
그는 책상에 책을 쌓는다.

839 **pleasant** [pléznt]　　　　형 유쾌한, 기분좋은

〈동의어〉 agreeable 〈동사형〉 please (기쁘게 하다)

▶ He is **_pleasant_** to talk with. 그와 이야기를 하면 즐겁다.
▶ Have a **_pleasant_** weekend! 주말을 재미있게 지내거라!

840 **pour** [po:r]
1. 타 ~을 붓다
2. 자 쇄도하다;비가 억수같이 오다
3. 명 유출;폭우

1. ▶ The wine steward **_poured_** champagne into the glasses.
와인스튜어트는 샴페인을 잔들에 가득 따라 주었다.
2. ▶ The rain is **_pouring_** down. 비가 억수같이 오고 있다.

841 **practice**
[prǽktis]
1. 명 관습;연습;실행;개업
2. 타 ~을 늘 하다;~을 개업하다;~을 연습하다
3. 자 습관적으로 하다;연습하다;개업하다

1. ▶ Let's put it into **_practice_**. 그것을 실행하자.
2. ▶ He **_practices_** early rising.
그는 일찍 일어나는 것을 습관으로 한다.
▶ He **_practices_** medicine. 그는 의료업을 개업하고 있다.
3. ▶ He **_practices_** at the bar. 그는 변호사로서 일하고 있다.

842 **preference** [préf(ə)rəns]　　　　명 기호;특히 좋아하는 것

〈동사형〉 prefér (보다 좋아하다)

▶ I have a **_preference_** for French novels.
나는 프랑스 소설이 더 좋다.

843 **prevent** [privént]
타 ~을 방지하다(~from);
~을 방해하다(~from)

〈동의어〉 keep … from

▶ Illness **_prevented_** me **_from_** going out.
병때문에 외출하지 못했다.

▶ Vitamin C is supposed to *prevent* colds.
비타민 C는 감기를 예방하는 것으로 알려져 있다.

844 proceed [pro(u)sí:d]　　자 진행하다;~계속하다(~to do); 착수하다(~to do)

〈동의어〉 go ahead 〈명사형〉 process (과정)

▶ He *proceeded* to do the work. 그는 그 일을 계속했다.
▶ She *proceeded* to study English.
그녀는 영어를 공부하기 시작했다.
▶ Please *proceed* with your work.
당신 일을 계속 진행하십시요.

845 prohibit [pro(u)híbit]　　타 ~을 금지하다;방해하다

〈반의어〉 permit 〈명사형〉 prohibítion (금지)

▶ Smoking in this railway carriage is *prohibited*.
이 객차에서는 금연입니다.
▶ He threw himself in front of the door and *prohibited* us from leaving.
그는 문 앞에 지키고 서서 우리가 떠나지 못하도록 했다.

846 prompt [prɑmpt]　　1. 형 즉석의, 민첩한
2. 타 ~을 재촉하다;~을 자극하다

〈부사형〉 promptly (민첩하게)

1. ▶ He is *prompt* to eat. 그는 먹는 것이 빠르다.
2. ▶ I *prompted* her to study.
나는 그녀를 공부하도록 재촉했다.
▶ What *prompted* him to steal it?
무엇때문에 그는 그것을 훔쳤을까?

847 proper [prɑ́pər]　　형 적당한;정식의;고유의

〈명사형〉 propríety (예의)

▶ I think it *proper* to let him go. 그를 보내는게 적당한 것 같다.

▶ This temperature is *proper* to January.
지금 기온은 1월 특유의 기온이다.
▶ I was never taught the *proper* way to hold a pencil.
나는 연필잡는 법을 배운 적이 없다.

848 **protect** [prətékt]　　타 ~을 지키다, 보호하다

〈반의어〉 attack 〈명사형〉 protection (보호)

▶ He *protected* me from danger.
그는 나를 위험에서 지켜주었다.
▶ The troops were there to *protect* the townspeople.
군대는 그 마을사람들을 보호하기 위해 그곳에 있었다.

849 **provide** [prəváid]　　타 자 준비하다;공급하다;규정하다

〈동의어〉 supply 〈명사형〉 provision (준비)

▶ We *provide* everything for our customers.
우리는 손님을 위해 모든 것을 준비하고 있습니다.
▶ The law *provides* that ancient buildings must be pre-
served. 법률은 옛 건축물들이 보존되도록 규정하고 있다.
▶ He worked hard to *provide* for his old age.
그는 노년을 대비해 열심히 일했다.

850 **punctual** [pʌ́ŋ(k)tʃu(ə)l]　　형 시간을 지키는

〈동의어〉 on time

▶ He is *punctual* to the minute. 그는 1분도 안 늦는다.
▶ He was always *punctual* for appointments.
그는 항상 약속시간을 잘 지킨다.

851 **purchase** [pə́ːrtʃəs]　　1. 타 ~을 사다 2. 명 구입[품]

〈동의어〉 buy

1. ▶ I *purchased* the book for $25.
나는 그 책을 25달라에 샀다.
2. ▶ We're pleased with our *purchase*.

우리가 산 것이 마음에 든다.

852 **quality** [kwάliti] 명 질;품질

〈동사형〉 qualify

▶ The oil produced here is of good *quality*.
여기서 산출되는 석유는 질이 좋다.
▶ She has a *quality* of kindness that appeals to everyone.
그녀는 모든 사람을 끌어당기는 친절함을 갖고 있다.

853 **quantity** [kwάntiti] 명 양;다량;다수

〈동의어〉 amount

▶ He has *quantities* of books. 그는 책을 많이 갖고 있다.

R

854 **radical** [rǽdik(ə)l] 형 근본의;급진적인

〈동의어〉 basic (근본적인), drastic (급진적인)

▶ There are still many *radical* students.
아직 과격파 학생이 많다.
▶ There are *radical* differences between binary and decinal
numeration. 2진법과 십진법사이에는 근본적인 차이가 있다.

855 **realize** [rí:əláiz] 타 ~을 깨닫다;~을 실현하다

〈명사형〉 realizátion (실현)

▶ He *realized* that he had to do his best.
그는 최선을 다해야 한다고 깨달았다.
▶ Try to *realize* your dream. 꿈을 실현하도록 노력해라.

856 **reasonable** [rí:znəbl] 형 도리에 맞는;합리적인;이성적인

▶ This is a *reasonable* excuse for being late.
이것은 지각의 그럴듯한 구실이 된다.

▶ He sold it at a *reasonable* price.
그는 타당한 값으로 그것을 팔았다.
▶ Be *reasonable* in your dealing with people and you'll be respected.
사람과의 관계에서 합리적이어라. 그러면 존경받을 것이다.

857 **refuse** [rifjúːz]　　1. 団 ~을 거절하다,
　　　　　　　　　　　　2. 困 거절하다 3. 團 쓰레기

〈동의어〉 3. rubbish 〈명사형〉 refusal (거절)

1. ▶ She *refused* to join us.
그녀는 우리와 동행하기를 거절했다.
3. ▶ The *refuse* was unloaded at the city dump.
쓰레기는 그 도시의 쓰레기하치장에 버려졌다.

858 **regular** [régjulər]　　團 통상의 ; 규칙적인 ; 정식의

〈명사형〉 regulárity (규칙바름)

▶ He is sitting on his *regular* seat.
그는 항상 앉는 그 자리에 앉아있다.
▶ She keeps *regular* hours. 그녀는 규칙적인 생활을 하고 있다.

859 **rejoice** [ridʒɔ́is]　　1. 困 기뻐하다(~at, over) ; 축하하다
　　　　　　　　　　　　2. 団 ~을 기쁘게 하다

〈동의어〉 1. be pleased

1. ▶ I *rejoice at* his success. 나는 그의 성공을 기뻐한다.
2. ▶ I *rejoice* that you are quite well again.
당신이 다시 건강해져서 기쁩니다.
▶ We are *rejoiced* at his comeback.
우리는 그가 돌아온 것을 기뻐한다.

860 **rely** [riláí]　　困 의지하다, 신뢰하다(~on, upon)

〈형용사형〉 reliable (의지가 되는), 〈명사형〉 reliance (신뢰)

▶ I *rely on* you for your help. 너의 도움을 기대한다.

▶ She can't be **relied upon.** 그녀는 신뢰할 수 없다.

| 861 | **remove** [rimú:v] | 1. 타 ~을 옮기다;~을 제거하다
2. 자 이사하다(~to)
3. 명 ~와의 거리, 이동, 이사 |

〈명사형〉 removal (이동)

1. ▶ Why did you **remove** it to the next room?
   왜 그것을 옆방으로 옮겼는가?
   ▶ My name was **removed** from the list.
   내 이름이 명단에서 빠졌다.
3. ▶ His ideas are at a far **remove** from mine.
   그의 생각은 내 생각과 많이 다르다.

[주의] 「이사가다」의 의미로는, 구어로 **move**를 사용하는 일이 많다.

| 862 | **rent** [rent] | 1. 명 사용료;집세
2. 타 ~을 빌다, ~을 빌려주다
3. 자 빌려주다 |

1. ▶ **Rent** on the appartment is due the first of every
   month. 아파트 집세는 매달 1일에 치루어진다.
2. ▶ I **rented** this room from him.
   나는 그에게서 이 방을 빌렸다.
3. ▶ The house **rents** at $ 200 a month.
   그 집의 집세는 한 달에 200달라이다.

| 863 | **repair** [ripέər] | 1. 타 ~을 수리하다;정정하다
2. 명 수리;복구 |

〈동의어〉 1. mend

1. ▶ How can I **repair** the harm I have done?
   내가 끼친 손해를 어떻게 보상할 수 있을까?
2. ▶ You could always go to Jim for the **repair** of a broken
   toy. 부서진 장난감을 고치기 위해선 언제든지 짐을 찾아가면
   되었다.

864 **repeat** [ripíːt] 1. 타 반복하다;되풀이하다
2. 자 반복되다

〈형용사형〉 repeated (반복적인)

1. ▶ He *repeated* several times that he was busy.
그는 바빴다고 몇번이나 되풀이했다.
▶ History *repeats* itself. 역사는 반복된다.

865 **resemble** [rizémbl] 타 ~와 닮다

〈동의어〉 look like 〈명사형〉 resemblance

▶ She *resembles* her grandmother.
그녀는 할머니를 닮았다.

[주의] **resemble to** ~라 하지말 것.

866 **respect** [rispékt] 1. 타 ~을 존경하다;중요시하다
2. 명 존경;관심;사항;경의

〈동의어〉 1. esteem 〈형용사형〉 respectable (존경할 만한)

1. ▶ We ought to *respect* the rules of our society.
우리는 사회의 규칙을 준수해야 한다.
2. ▶ In that *respect*, you're perfectly right.
이런 점에서 네가 절대로 옳다.
▶ He had *respect* for his stepfather.
그는 계부를 존경했다.

867 **restore** [ristóːr] 타 ~을 회복하다;~을 재건하다;
~을 돌려주다

〈명사형〉 restoration (회복)

▶ They *restored* the old temple.
그들은 그 낡은 절을 재건했다.
▶ He has *restored* his health.
그는 건강을 회복했다.

868 **restrict** [ristríkt]　　타 (사람·일·행위를 제안하여 축소시키는 뜻으로) ~을 제한하다; ~을 한정하다

〈동의어〉 restrain 〈명사형〉 restriction (제한)

▶ His action is *restricted*. 그의 행동은 제한되어 있다.
▶ Firemen tried to *restrict* the area of the blaze.
소방관들은 화재구역을 제한하러 애썼다.

869 **retire** [ritáiər]　　1. 자 물러나다;자다;은퇴하다
2. 타 ~을 퇴직하다;~을 퇴각시키다

1. ▶ He *retired* to his room. 그는 자기 방으로 물러났다.
2. ▶ He has *retired* from business. 그는 실업계에서 물러났다.

870 **roar** [rɔːr]　　1. 자 짖다;소리지르다;울리다
2. 타 ~을 큰소리로 말하다
3. 명 짖는 소리;고함 소리;울림

roaring 〈명사형〉 으르렁소리 〈형용사형〉 울부짖는, 활기넘치는

1. ▶ He *roared* at his son. 그는 아들을 야단쳤다.
▶ They *roared* with laughter.
그들은 웃음을 터뜨렸다(폭소했다).
3. ▶ The *roar* of the storm was horrible.
폭풍소리는 무시무시했다.

871 **rob** [rɑb]　　1. 타 ~로부터 빼앗다(~of)
2. 자 ~로부터 도둑질하다

〈명사형〉 robber (도둑)

1. ▶ He *robbed* me *of* my watch. 그는 나의 시계를 빼앗았다.
▶ They planned to *rob* the bank.
그들은 은행을 털 계획을 세웠다.

《용법》　기본적으로는 「**rob**＋**사람**＋**of**＋**물건**」의　형식을　취한다.
「**steal**＋**물건**＋**from**＋**사람**」과의 다름에 주의할 것.

roughly [rʌ́fli]　　　囝 거칠게;제멋대로

〈형용사형〉 rough (조잡한)

▶ There were **roughly** 200 people there.
거기에는 거의 200명이 있었다.

873　**rub** [rʌb]　　　1. 囤 ～을 문지르다;～을 닦다
　　　　　　　　　　2. 囝 스치다 3. 囻 문지름

1. ▶ He **rubbed** his glasses with a cloth.
그는 안경을 천으로 닦았다.
2. ▶ Blood stains don't **rub** off easily.
핏자국은 비벼도 쉽게 지워지지 않는다.
3. ▶ The masseur gave me a back **rub**.
안마사가 내 등을 문질러 주었다.

874　**ruin** [rú(:)in]　　1. 囻 폐허;파멸;황폐한 모습
　　　　　　　　　　2. 囤 ～을 파멸시키다 3. 囝 파멸하다

1. ▶ His carelessness brought about his **ruin**.
그는 부주의하여 파멸을 초래했다.
2. ▶ The rice crops were **ruined** by the storm.
벼농사는 폭풍우로 전멸이었다.
3. ▶ The stock marker crash **ruined** many people.
주식시장의 폭락은 많은 사람을 파산시켰다.

S

875　**satisfaction** [sæ̀tisfǽkʃ(ə)n]　　　囻 만족

〈동의어〉 pleasure 〈동사형〉 satisfy (만족시키다)

▶ I find **satisfaction** in doing my duties.
나는 내 직무를 다하는데 만족하고 있다.
▶ The store owner received **satisfaction** for the damage.
그 가게 주인은 손상에 대한 보상을 받았다.

876 **savage** [sǽvidʒ]
1. 형 야만스런 ; 야생의 ; 잔인한
2. 명 야만인, 미개인 ; 잔인한 사람

1. ▶ I want to visit some *savage* land.
미자의 땅에 가보고 싶다.
▶ He has *savage* manners. 그는 제멋대로인 사람이다.
2. ▶ Do you believe in the myth of the noble *savage*?
너는 미개인의 전설을 믿느냐?

877 **search** [sə:rtʃ]
1. 타 자 찾다 ; 조사하다
2. 명 수색 ; 추구

〈동의어〉 1. scrutinize 2. scrutiny

1. ▶ The police *searched* the thief but found no weapon on
him. 경찰은 도둑을 조사했으나 무기를 찾을 수 없었다.
2. ▶ After a lengthy *search* we found the earliest patent for
an electric blender. 우리는 오랜 조사끝에 전기믹서기에 대
한 최초의 특허증을 찾아냈다.

878 **secure** [sikjúər]
1. 형 안전한 ; 확실한(~of)
2. 타 ~을 안전하게 하다 ;
~을 확실하게 하다 ; 확보하다

〈명사형〉 security (안전) 〈부사형〉 securely (무사히)

1. ▶ This house is *secure* against earthquakes.
이 집은 지진에 안전하다.
▶ He is *secure* of success. 그는 성공을 확신하고 있다.
2. ▶ I *secured* the prize. 나는 그 상을 손에 넣었다.
▶ They *secured* their town from an assault.
그들은 공격으로부터 마을을 지켜냈다.

879 **sensible** [sénsəbl]
형 사려있는 ; 현명한 ; 눈치챈(~of)

〈명사형〉 sense (감각)

▶ It is *sensible* of you to follow his advice.

그의 충고에 따르다니 현명하구나.
▶ I am *sensible* of his danger.
=I am *sensible* that he is in danger.
나는 그의 위험을 알아차리고 있다.

880　**sensitive** [sénsitiv]　　형 민감한;신경성인

〈동의어〉 delicate 〈명사형〉 sense

▶ He is *sensitive* to the suffering of animals.
그는 동물의 괴로움에 민감하다.
▶ The cardiograph is a *sensitive* machine.
심전계는 아무 민감한 기계이다.

881　**sentiment** [séntimənt]　　명 감정;정서;(~s) 의견(~on)

〈형용사형〉 sentimental (감정적인)

▶ He is a man of *sentiment*. 그는 감상적인 사람이다.
▶ He expressed his *sentiments* on it.
그는 그것에 대한 자신의 생각을 말했다.

882　**separate** [sépərèit]　　1. 타 ~을 분리하다;~을 구별하다
2. 자 [사람·물건이]헤어지다
3. 형 [sép(ə)rit] 분리된;개개의

〈동의어〉 3. distinct

1. ▶ We should *separate* religion from politics.
우리는 종교와 정치를 분리해야 한다.
2. ▶ The society *separates* into several classes.
그 사회는 몇개의 계급으로 나누어져 있다.
3. ▶ These are *separate* questions. 이것은 별개의 문제이다.

883　**series** [sí(:)riːz]　　명 연속;일련;시리즈[물]

〈동의어〉 succession, sequence

▶ At last it beacame fine after a *series* of wet days.
계속 비가 오다 드디어 개었다.

884 **shallow** [ʃǽlou]   1. ⑱ 얕은;천박한 2. ⑲ (~s)여울

<반의어> 1. deep

1. ▶ This river is *shallow*. 이 강은 얕다.
   ▶ The boat ran around in the *shallow* water.
   이 배는 얕은 곳을 돌아다닌다.

885 **shame** [ʃeim]   1. ⑲ 부끄러움;불명예;망신;(a~)망신거리
   2. ⑭ ~을 창피해 하다

<형용사형> shameful (부끄러운)

1. ▶ She is a *shame* of her family. 그녀는 집안 망신이다.
   ▶ What a *shame* to deceive a child!
   아이를 속이다니 얼마나 부끄러운 일인가!
2. ▶ I was *shamed* before them.
   나는 그들 앞에서 망신을 당했다.
   ▶ His example *shamed* me into working hard.
   그의 모범적 행위에 부끄러워 나는 열심히 일하게 되었다.

886 **share** [ʃɛər]   1. ⑲ 분담;할당;몫
   2. ⑭ ~을 나누다;~을 함께하다(~with)
   3. ⑳ 분담하다(~in)

1. ▶ This is your *share* of the work. 이것이 너의 일이다.
   ▶ She contributed a large *share* to it.
   그녀는 그것에 커다란 공헌을 했다.
2. ▶ I *share* the room *with* my brother.
   나는 동생과 방을 같이 쓰고 있다.

887 **shelter** [ʃéltər]   1. ⑲ 피난처;보호;집
   2. ⑭ ~을 보호하다 3. ⑳ 피난하다

<동의어> 1. refuge

1. ▶ I looked for a *shelter* from the rain.
   나는 비를 피할 장소를 찾았다.

▶ Most of our money goes for food and *shelter*.
대부분의 돈이 먹는 것과 집에 들어간다.
2. ▶ The hut *sheltered* us from the storm.
그 오두막은 우리를 폭풍우에서 지켜주었다.

888 **shoot** [ʃuːt] 1. 〔타〕 ~을 쏘다;~퍼붓다;~을 내밀다
　　　　　　　　　　 2. 〔자〕 쏘다;발아하다
　　　　　　　　　　 3. 〔명〕 사격;발사;발아

〈활용형〉 shoot－shot－shot
1. ▶ He was *shot* in the left leg. 그는 왼발을 맞았다.
▶ He *shot* many questions at me.
그는 나에게 많은 질문을 퍼부었다.
2. ▶ Flames *shot* up from the buring house.
불난 집에서 불길이 치솟아 올랐다.
3. ▶ New *shoots* appeared on the bush.
새싹이 관목에 돋아났다.

889 **shy** [ʃai] 〔형〕 부끄러워하는;내성적인;겁장이인

〈명사형〉 shyness (수줍은)

▶ Don't be *shy*. 부끄러워하지 마라.
▶ He is *shy* of telling the truth.
그는 소심하여 진실을 얘기하려하지 않는다.

890 **silly** [síli] 〔형〕 어리석은;생각이 모자라는

〈동의어〉 stupid(어리석은)

▶ It is *silly* of you to forget your homework.
숙제를 잊다니 너는 바보구나
▶ That *silly* joke made everyone laugh.
엉뚱한 농담이 모든 사람을 웃게 만들었다.

891 **slight** [slait] 〔형〕 약간의;실속없는;하찮은

〈부사형〉 slightly

▶ I had a *slight* meal. 나는 가벼운 식사를 했다.
▶ I have a *slight* cold. 나는 감기가 좀 들었다.
▶ He's too *slight* to play football.
그는 너무 약해서 축구를 할 수 없다.

892 **slope** [sloup] 1. 짜 경사지다
2. 타 ~을 경사지게 하다 3. 명 언덕, 경사면

〈동의어〉 1. incline

1. ▶ The road *slopes* to the town.
그 길은 마을 쪽으로 내려가고 있다.
3. ▶ The meadow has a gentle *slope*.
목초지는 완만한 경사지이다.

893 **sour** [sauə*r*] 1. 형 시큼한 ; 불쾌한
2. 타 ~을 시게하다 3. 짜 시어지다

〈반의어〉 1. sweet, mild

1. ▶ This milk tastes *sour*. 이 우유는 신 맛이 난다.
2. ▶ A lonely childhood *soured* the boy.
외로왔던 어린시절이 그 아이를 비뚤어지게 만들었다.
3. ▶ The cream *soured* in the trunk of the car.
자동차 트렁크안에서 크림이 시큼해졌다.

894 **source** [só:*r*s] 명 원천 ; 근원 ; 원인

〈동의어〉 origin

▶ Idleness is the *source* of all evil.
태만은 모든 악의 근원 《속담》
▶ The reporter refused to name the *source* of his information. 그 기자는 정보를 준 사람의 이름을 밝히기를 거부했다.

895 **sow** [sou] 1. 타 [씨]를 뿌리다
2. 짜 씨를 뿌리다

〈동의어〉 seed

1. ▶ Let's *sow* some vegetable seeds in our garden.
   뜰에는 야채 씨를 뿌리자.
   ▶ Her strange behavior *sowed* suspicions of guilt in our minds. 그녀의 이상한 행동이 우리 마음 속에 유죄가 아닐까 하는 의혹을 심었다.

896 **spare** [spɛər]　　1. 타 ~을 아끼다;~을 떼어놓다
　　　　　　　　　　　2. 형 예비의, 여분의

〈동의어〉 2. reserve

1. ▶ *Spare* the rod and spoil the child.
   매를 아끼면 자식을 망친다.
   ▶ I can't *spare* this book. 이 책은 손놓을 수 없다.
2. ▶ I have no *spare* time. 나는 여가가 없다.

897 **spectacle** [spéktəkl]　　명 광경;구경거리;(~s) 안경

▶ It was a splendid *spectacle*.
그것은 굉장한 광경이었다.

898 **spoil** [spɔil]　　1. 타 ~을 망치다;못쓰게 만들다
　　　　　　　　　　2. 자 망쳐지다;썩다

〈동의어〉 2. decay

〈활용형〉 **spoil－spoiled－spoilt**
1. ▶ Too many cooks *spoil* the broth.
   사공이 많으면 배가 산으로 올라간다(속담)
   ▶ She *spoiled* the soup with too much salt.
   그녀는 소금을 너무 많이 쳐 스프를 망쳐버렸다.
2. ▶ This kind of food *spoils* easily in warm weather.
   이런 종류의 음식은 따뜻한 날씨에 쉽게 썩는다.

899 **spot** [spɑt]　　1. 명 얼룩;오점;약점;장소
　　　　　　　　　　2. 타 ~을 더럽히다 3. 자 얼룩지다

1. ▶ Everyman has a weak *spot*. 누구에게나 약점은 있다.

▶ I want a quiet *spot*. 나는 조용한 장소를 원한다.
2. ▶ Don't *spot* the wall with ink. 잉크로 벽을 더럽히지 마라.

900	**spread** [spred]	1. 타 ~을 펼치다;~을 퍼뜨리다 2. 자 퍼지다;확대되다 3. 명 확대;확장;유포

〈활용형〉 **spread−spread−spread**
1. ▶ He *spread* the news all over the school.
그는 그 뉴스를 학교에 퍼뜨렸다.
2. ▶ His fame *spread* for and wide. 그의 명성은 널리 퍼졌다.
3. ▶ The *spread* of the disease frightened the villagers.
병의 확산이 마을사람들을 놀라게했다.

901	**steep** [sti:p]	형 험한;가파른;당치않은

〈동의어〉 sheer, abrupt

▶ We went up a *steep* pass. 우리는 험한 산길을 올랐다.
▶ The price is too *steep* for me.
그 가격은 나로서는 터무니없는 것이다.

902	**stock** [stɑk]	1. 명 재고품;저장;그루터기;주식 2. 형 재고의;흔한 3. 타 ~을 저장하다;공급하다

1. ▶ It is out of [in] *stock*. 그것은 품절입니다.
2. ▶ Toothpaste is *stock* merchandise in a drug store.
치약은 약국에서는 기본 품목이다.
3. ▶ His store is well *stocked* with good goods.
그의 가게는 좋은 물건이 잘 갖추어져 있다.

903	**stray** [strei]	1. 자 길을 헤매다;일행을 놓치다 2. 형 길잃은, 고립된

〈동의어〉 3. misplaced

1. ▶ Our dog *strayed* away from home.

개가 집에서 나가 헤맸다.
2. ▶ He went looking for *stray* dogs.
그는 길잃은 개들을 찾으러 나섰다.

---

904 **stretch** [stretʃ]
1. 타 ~을 늘이다;펴다
2. 자 늘어나다;퍼지다
3. 명 뻗기;한번;범위(한도);지역

1. ▶ He *stretched* out his hand for the book.
그는 책을 잡으려고 손을 뻗었다.
2. ▶ Why does rubber *stretch*? 왜 고무는 늘어나는가?
3. ▶ Let's do it at a *stretch*. 단숨에 그걸 해버리자.

---

905 **striking** [stráikiŋ]
형 눈에 띄는;두드러진

〈동의어〉 remarkable 〈동사형〉 strike (때리다)

▶ Honesty is his *striking* feature.
정직이 그의 두드러진 특색이다.

---

906 **structure** [strʌ́ktʃər]
명 구조;건조물

〈형용사형〉 structural (구조의)

▶ This is a very strong *structure*. 이건 아주 견고한 건축물이다.
▶ The *structure* of the song is very symmetrical.
그 노래의 구조는 매우 대칭적이다.

---

907 **struggle** [strʌ́gl]
1. 자 다투다;노력하다(~to do);
밀치고 나아가다(~through)
2. 명 투쟁;노력;분투

1. ▶ He *struggled to* attain his goal.
그는 목표를 달성하려 애썼다.
▶ He *struggled through* the crowd.
그는 군중을 헤치고 나아갔다.
2. ▶ The emperor lost 1000 men in the *struggle*.
황제는 그 전투에서 1000명의 군사를 잃었다.

908 **substance** [sʌ́bst(ə)ns] **명** 물질;본체;내용

〈형용사형〉 substántial (실질의)

▶ Salt is a useful *substance*. 소금은 유익한 물질이다.
▶ There is no *substance* in his speech.
그의 연설에는 내용이 없다.

909 **substitute** [sʌ́bstit(j)ùːt] 1. **타** ~을 바꾸다 2. **자** 대리하다
3. **명** 대역;대용품

〈명사형〉 substitution (대리)

1. ▶ She *substituted* a fake diamond for the original.
그녀는 진짜 대신에 가짜 다이이몬드를 끼고 다녔다.
2. ▶ He *substituted* for the teacher who was in the hospital.
그는 입원중인 선생님을 대리했다.
3. ▶ The regular teacher's ill, so a *substitute* is teaching today.
정규교사가 아프기때문에 오늘은 대리교사가 가르치고 있다.

910 **sum** [sʌm] 1. **명** 합계;금액;개요
2. **타** ~을 합계하다;~을 요약하다
3. **자** 합계 ~가 되다;요약하다

〈명사형〉 summary (요약)

1. ▶ He has a large *sum* of money. 그는 많은 돈을 갖고 있다.
3. ▶ The expense *sums* to 10,000 won.
비용은 합계 10,000원이 된다.

911 **superior** [səpí(ː)riəɾ] **형** ~보다 뛰어난(~to)

〈반의어〉 inferior (~보다 열등한)

▶ He is *superior to* me in English. 그는 영어를 나보다 잘한다.
▶ Dustin is a *superior* actor.
더스틴은 뛰어난 배우이다.

912 **supply** [səplái] 1. 타 ~을 공급하다 ; ~을 보충하다
2. 명 공급

〈동의어〉 2. allocation.

1. ▶ This school *supplies* books for the pupils
= This school *supplies* the pupils with books.
이 학교에서는 학생에게 교과서를 배급한다.
2. ▶ How will they arrange for a daily *supply* of food to the
flood victims?
그들은 수재민들에게 식량공급을 어떻게 할 생각인가?

913 **surface** [sə́:ɾfis] 〈발음주의〉 명 표면 ; 외관

〈동의어〉 outside

▶ He is kind below the *surface*. 그는 본성이 친절하다.
▶ The *surface* of the sphere is coated with aluminum.
그 구의 표면은 알루미늄으로 코팅되어 있다.

914 **surrender** [səréndəɾ] 1. 타 ~을 건네주다 ; 단념하다
2. 자 항복하다 3. 명 양보 ; 항복

1. ▶ We shall never *surrender* our liberty.
우리는 자유를 결코 포기하지 않을 것이다.
2. ▶ He *surrendered* voluntarily to the police.
그는 자진해서 경찰에 항복했다.
3. ▶ The allies broadcast the terms of the *surrender*.
연합군은 항복조건을 방송했다.

915 **surround** [səráund] 타 ~을 둘러싸다

〈동의어〉 enclose 〈명사형〉 surroundings (환경)

▶ My house is *surrounded* with fields.
우리집은 밭으로 둘러싸여 있다.
▶ The fire men *surrounded* the burning building.
소방관들은 불난 건물을 둘러쌌다.

916 **survive** [sərváiv]　　1. 타 ~보다 오래살다 ; 살아남다
　　　　　　　　　　　　　　2. 자 살아남다

〈명사형〉 survival (생존)

1. ▶ She *survived* her husband. 그녀는 남편보다 오래 살았다.
　 ▶ The crew *survived* the shipwreck.
　　 선원들은 난파된 배에서 살아남았다.
2. ▶ Few of them *survive* to our time.
　　 그들 중 오늘까지 살아남은 사람은 거의없다.

917 **suspect** [səspékt]　　타 눈치채다 ; ~가 아닌가 생각하다 ; 의심하다

〈동의어〉 guess 〈명사형〉 suspicion (의심, 혐의)

▶ I *suspected* him to be [or that he is] a liar.
　 나는 그가 거짓말쟁이라는 것을 눈치챘다.
▶ We *suspect* they'll be a little late.
　 우리는 그들이 약간 늦을 것이라 생각한다.

918 **sweep** [swiːp]　　1. 타 ~을 청소하다 ; ~을 휙 지나가다
　　　　　　　　　　　　　2. 자 청소하다 ; 휙 스쳐가다

〈활용형〉 sweep − swept − swept

1. ▶ Do you *sweep* your room? 너는 방청소를 하니?
2. ▶ The flood *swept* away the bridge. 홍수가 다리를 휩쓸어갔다.

919 **swing** [swiŋ]　　1. 타 ~을 흔들다 ; ~휘두르다 ; ~매달다
　　　　　　　　　　　　2. 자 흔들리다

〈활용형〉 swing − swung − swung

1. ▶ *Swing* your arms. 팔을 휘둘러라.
2. ▶ The lamp is *swinging*. 램프가 흔들리고 있다.

920 **sympathy** [símpəθi]　　명 동정 ; 공감 ; 찬성

〈동의어〉 concord 〈형용사형〉 sympathétic

▶ He felt *sympathy* for her sufferings.
그는 그녀의 괴로움에 동정을 느꼈다.
▶ I have great *sympathy* with the policy.
나는 그 정책에 크게 공감한다.

T

921	**talent** [tǽlənt] 명 재능;재능있는 사람;탤런트

〈동의어〉 natural gift, endowment

▶ She has a *talent* for music. 그녀는 음악에 재능이 있다.

922	**tear** [tɛər] 1. 타 ~을 찢다;~을 잡아뜯다 2. 자 찢어지다 3. 명 찢기, 터진 틈

〈활용형〉 **tear－tore－torn**
1. ▶ She *tore* the pamphlet in pieces.
　　 그녀는 그 팜플렛을 갈기갈기 찢었다.
2. ▶ The children *tore* out of the house.
　　 아이들이 집에서 뛰쳐나왔다.
3. ▶ The house with stood many years of wear and *tear*.
　　 그 집은 수년간의 풍상에도 잘 견디었다.

참고　 tear [tiər]은 울다의 의미

923	**technical** [téknik(ə)l] 형 공업의;기술의;전문의

〈명사형〉 technique (기교, 기술)

▶ This book is too *technical* for me.
이 책은 나한테 너무 전문적이다.

924	**temperament** [témp(ə)rəmənt] 명 기질;체질

〈동의어〉 disposition

▶ He is of a romantic *temperament*. 그는 낭만적인 성격이다.
▶ The young actor has a true artist's *temperament*.
그 젊은 배우는 진정한 배우의 기질이 있다.

925 **tender** [téndər]　　　　　형 민감한;상냥한;부드러운

〈명사형〉 tenderness

- ▶ She is a *tender* mother. 그녀는 상냥한 어머니이다.
- ▶ The area around the wound is very *tender*.
  그 상처 주변은 무척 아프다.

926 **terribly** [térəbli]　　　　　부 무시무시하게;굉장히

〈형용사형〉 terrible (무서운)

- ▶ It is *terribly* hot today. 오늘은 끔찍하게 덥다.
- ▶ A *terrible* storm destroyed many homes.
  엄청난 폭풍이 많은 집을 파괴했다.

927 **terror** [térər]　　　　　명 공포

〈동의어〉 fear 〈반의어〉 security 〈형용사형〉 terrible

- ▶ He kept awake in *terror*. 그는 무서워서 못잤다.
- ▶ The rumble of the volcano caused *terror* among the na-
  tives. 화산의 으르렁거리는 소리에 주민들은 두려움에 떨었다.

928 **throng** [θrɔːŋ]　　　1. 명 군중 2. 자 모여들다;밀려오다

1. ▶ I found a *throng* of people in the street.
   난 그 거리에 많은 사람들이 있는 것을 발견했다.
2. ▶ Many students *thronged* into the classroom.
   많은 학생이 그 교실에 밀어닥쳤다.

929 **thumb** [θʌm]　　　1. 명 엄지손가락
　　　　　　　　　　　　2. 타 [책]을 엄지로 넘겨 더럽히다

1. ▶ She seems to be all *thumbs*.
   그녀는 손재주가 없는 것 같다.
   ▶ The baby sucked its *thumb*. 아기는 엄지손가락을 빨았다.
2. ▶ The pages were *thumbed*. 그 책은 손때가 묻어 있었다.

930 **tide** [taid]
1. 몡 조수;경향
2. 타 ~을 극복하다(~over)

〈동의어〉 1. ebb and flow

1. ▶ We gather shell-fish at low *tide*.
   썰물때 우리는 조개류를 줍는다.
   ▶ The *tide* of public opinion is how against the mayor's plan. 여론의 흐름은 지금 시장의 계획에 반대한다.
2. ▶ They *tided over* the crisis. 그들은 위기를 극복했다.

931 **tight** [tait]
1. 혱 단단한;팽팽한 2. 튀 단단히

〈동사형〉 tighten (딱딱하게 하다)

1. ▶ My shoes feel *tight*. 내 신발은 꼭끼는 느낌이다.
   ▶ She is *tight* about money. 그녀는 돈에 짜다.
2. ▶ This lid is screwed on *tight*. 이 뚜껑은 단단히 조여져있다.
   ▶ Pull the rope *tight*. 로프를 힘껏 당겨라.

932 **tired** [taiərd]
혱 피로한(~from);싫증난(~of)

〈동의어〉 weary

▶ I am *tired from* a long walk. 오래 걸어서 지쳤다.
▶ I am *tired of* reading. 나는 독서에 싫증났다.

933 **toil** [tɔil]
1. 몡 고생;수고;다툼
2. 자 뼈 빠지게 일하다
3. 타 ~을 고생해서 해내다

〈동의어〉 1. work hard

1. ▶ He mastered English with great *toil*.
   그는 아주 고생해서 영어를 마스터했다.
2. ▶ She *toils* early and late.
   그녀는 아침 일찍부터 밤늦게까지 열심히 일한다.
   ▶ I *toiled* over my homework. 나는 숙제로 고생했다.

934 **tolerate** [tálərèit]　　　타 ~을 참다, 너그러이 봐주다

〈형용사형〉 tolerable (참을 수 있는)

▶ I can't *tolerate* your bad manners any longer.
나는 너의 무례함을 더 이상 참을 수 없다.
▶ The school cannot *tolerate* cheating on exams.
학교에서는 시험중에 떠드는 것을 허용하지 않는다.

935 **tone** [toun]　　　명 음조;말투

▶ He speaks in a cool *tone*.
그는 침착한 어조로 이야기한다.
▶ The *tone* of this letter is rather unfriendly.
이 편지의 투는 상당히 비우호적이다.

936 **tough**[tʌf] 〈발음주의〉　　　형 강한;단단한;곤란한

〈반의어〉 soft 〈명사형〉 toughness

▶ What a *tough* beefsteak! 참 질긴 비프 스테이크군!
▶ He has a *tough* constitution.
그는 단단한 체격을 가지고 있다.

937 **track** [træk]
1. 명 궤도;흔적;진로
2. 타 ~의 뒤를 쫓다 3. 자 추적하다

1. ▶ I lost *track* of them. 나는 그들의 행방을 잃었다.
2. ▶ The hunters *tracked* the bear to its lair.
사냥꾼들은 그 곰을 굴까지 추적했다.

938 **transport**
[trænspɔ́:rt]
1. 타 ~을 운송하다;기뻐 어쩔줄 모르게 하다
2. 명 [trǽnspɔ̀:rt] 수송, 운송

〈명사형〉 transportation (수송)

1. ▶ She was *transported* with joy.
그녀는 기뻐서 어찌할 바를 몰랐다.

2. ▶ Trucks are indispensable for goods *transport*.
트럭은 화물수송에는 빼놓을 수 없다.

---

939   **tread** [tred]   1. 困 걷다;밟다 2. 囲 ~을 밟다; 밟아 만들다 3. 멤 걸음걸이

〈활용형〉 **tread－trod－trodden**

2. ▶ Every day he *trod* the same path through the woods to school. 매일 그는 숲속의 같은 길을 지나 통학했다.
 ▶ They *trod* a path through the snow.
 그들은 눈을 밟아 길을 만들었다.
3. ▶ We heard father's *tread* on the steps.
 우리는 아버지의 발걸음 소리를 들었다.

---

940   **treatment** [tríːtmənt]   멤 대우;치료[법]

〈동사형〉 treat

 ▶ He is gone to hospital in Seoul for special *treatment*.
 그는 특별한 치료를 받기 위해 서울 병원에 입원했다.
 ▶ All visitors should receive courteous *treatment*.
 모든 방문객은 정중한 대우를 받을 것이다.

---

941   **trifle** [tráifl]   1. 멤 하찮은 것;소량
 2. 困 갖고 놀다(~with)
 3. 囲 ~을 낭비하다(~away)

1. ▶ He spends his money on *trifles*.
 그는 쓸데없는 데 돈을 쓴다.
2. ▶ He is not a man to be *trifled with*.
 그는 가볍게 볼 인간이 아니다.
3. ▶ Don't *trifle away* your time. 시간을 낭비하지 말라.

U · V · W

---

942   **ugly** [ʌ́gli]   쪵 보기흉한;추악한;불쾌한;험악한

▶ The sky looks *ugly*, so I'll take my umbrella.
하늘 상태가 나빠 우산을 가져가야겠다.
▶ His *ugly* disposition gained him few friends.
그의 못된 성격때문에 친구가 거의 없었다.

943 **undertake** [ʌ́ndərtéik]　타 ~을 떠맡다;~을 보증하다

〈동의어〉 take on

〈활용형〉 **undertake－undertook－undertaken**
▶ I'll *undertake* this responsiblility. 내가 이 책임을 지겠다.
▶ I'll *undertake* that he is honest.
그가 정직하다는 것을 내가 보증합니다.

944 **union** [júːnjən]　명 결합;일치;조합;연방

▶ *Union* is strength. 단결은 힘이다. 《속담》
▶ They did it *union*. 그들은 공동으로 그것을 했다.
▶ The *union* of hydrogen and oxygen forms water.
수소와 산소의 결합이 물을 만든다.

945 **unique** [juːníːk] 〈발음주의〉　형 유일한;독특한;진기한

〈동의어〉 singular

▶ His pictures are *unique*. 그의 그림은 독특하다.
▶ He is the most *unigue* man I ever met.
그는 내가 만나 본 중에 가장 놀라온 사람이다.

946 **unit** [júːnit]　명 단위

▶ The Hawaiian Islands form one political unit.
하와이군도는 하나의 정치단위를 이룬다.
▶ I mistook the *unit*. 나는 단위를 틀렸다.
▶ a monetary *unit* 화폐단위

947 **unite** [ju(ː)náit] 1. 타 ~을 결합하다;결혼시키다 2. 자 합병하다

〈명사형〉 unity (단일성)

1. ▶ Let us *unite* in fighting poverty and disease.
   일체가 되어 빈곤과 병에 대항하자.
2. ▶ The people must *unite* against the tyrant.
   시민들은 폭군에 저항하여 단결해야만 한다.

948 urgent [ə́ːrdʒ(ə)nt]　휑 긴급한

〈동의어〉 pressing 〈동사형〉 urge

▶ Father started for Pusan on *urgent* business.
아버지는 긴급용무로 부산에 갔다.
▶ The operator said the call was *urgent*.
교환수는 그 전화가 긴급한 것이라 말했다.

949 utmost [ʌ́tmòust]　1. 휑 가장 먼;최대의;극도의
　2. 휑 최대한;전력;최선

1. ▶ I'll go with you with the *utmost* pleasure.
   기꺼이 당신과 동행하겠습니다.
   ▶ I'll go with you to the *utmost* end of the earth.
   땅 끝까지라도 당신과 함께 가겠습니다.
2. ▶ Do your *utmost* in anything.
   무슨 일이든 전력을 다하라.

950 vague [veig]　휑 막연한;분명하지 않은

〈반의어〉 clear (분명한) 〈동의어〉 obscure

▶ He is *vague* about where he wants to go.
그는 어디 가고 싶은지 분명히 말하지 않는다.
▶ The agreement between the two countries is *vague*.
그 두나라간의 협약이 모호하다.

951 value [vǽlju(ː)]　1. 휑 가치;가격
　2. 휑 ~을 평가하다;~을 중요시하다

〈형용사형〉 valuable

1. ▶ This book is of no *value*. 이 책은 가치가 없다.

2. ▶ I *value* time above anything.
나는 무엇보다도 시간을 중요시한다.

---

952 **vast** [væst]　　🔞 광대한 ; 막대한

〈동의어〉 wide (넓은)

▶ He has a *vast* number of books. 그는 막대한 책을 갖고 있다.
▶ The camel caravan crossed the *vast* expanse of the sahara. 낙타대상은 광대한 사하라 사막을 가로질렀다.

---

953 **victim** [víktim]　　🔞 제물 ; 희생자

▶ Many animals have been *victims* of this strange disease.
많은 동물이 이 이상한 병에 희생이 되었다.
▶ The fire claimed 43 *victimes*.
그 화재로 43명의 희생자가 있었다.

---

954 **vigo(u)r** [vígər]　　🔞 활력 ; 힘, 유효성

〈형용사형〉 vigorous (정력적인)

▶ I am in full *vigor*. 나는 활력이 넘친다.
▶ This law is still in *vigor*. 이 법은 아직 효력이 있다.

---

955 **violent** [váiələnt]　　🔞 강력한 ; 난폭한 ; 맹렬한

〈명사형〉 violence (폭행, 격렬함)

▶ A *violent* wind is blowing. 강풍이 불고 있다.
▶ I feel a *violent* pain in my stomach. 배가 아주 아프다.

---

956 **vision** [víʒ(ə)n]　　🔞 시력 ; 전망 ; 환영 ; 아름다운 광경

〈형용사형〉 visional (환상적인), visionary (환영을 보는)

▶ I have normal *vision*. 내 시력은 보통이다.
▶ He is a man of *vision*. 그는 앞을 내다보는 사람이다.

---

957 **volume** [válju(:)m] 🔞 책 ; 용적 ; 음량 ; (a〜of) 다량의

▶ He has a dictionary in ten *volumes.*
그는 10권짜리 사전을 갖고 있다.
▶ A *volume* of oil is needed. 다량의 기름이 필요하다.
▶ What is the *volume* of water in the tank?
탱크안의 물의 용적은 얼마나 되느냐?

958 vote [vout]   1. 몡 투표;선거권 2. 쟈 투표하다
3. 타 ~에 투표하다

1. ▶ He was beaten by one *vote.* 그는 1표차로 졌다.
2. ▶ Do you *vote* for him? 그에게 찬성투표를 하겠습니까?
3. ▶ The resolution was *voted* by a two—thirds majority.
그 결의안은 3분의 2의 다수로 채택되었다.

959 wage [weidʒ]   몡 (~s) 임금

〈동의어〉 salary

▶ He gets good *wages.* 그는 괜찮은 급료를 받고 있다.
▶ The job doesn't pay a living *wage.*
그 일은 먹고 살기엔 충분한 급료를 주지 않는다.

960 warn [wɔ:rn]   1. 타 ~에게 경고하다;~을 타이르다;
~에 통지하다 2. 쟈 경고하다(~of)

〈동의어〉 1. alert

1. ▶ He *warned* me that she was very unkind.
그는 나에게 그녀가 아주 불친절하다고 경고해 주었다.
▶ I was *warned* against a pickpocket.
소매치기에 조심하라는 경고를 받았다.
▶ I *warn* you not to buy that old car.
나는 당신에게 그 낡은 차를 사지말라고 경고한다.

961 weary [wí(:)ri] 1. 형 지친;싫증난
2. 타 ~을 지치게 하다;~을 지루하게 하다
3. 쟈 싫증나다(~of);지치다(~with)

〈명사형〉 weariness

1. ▶ I grew *weary of* reading. 나는 독서에 싫증났다.
   ▶ He made a *weary* speech. 그는 지루한 얘기를 했다.
2. ▶ I was *wearied* with hard work. 나는 격한 일로 지쳤다.
3. ▶ He will soon *weary* of the task.
   그는 곧 그 일에 싫증날 것이다.

---

962 **welfare** [wélfɛ̀ər]　　　명 복지;행복

〈동의어〉 well—being

▶ They are working for the *welfare* of their nation.
  그들은 국민의 복지를 위해 일하고 있다.
▶ Parents are concerned about the *welfare* of their children.
  부모는 그들 자식의 안녕을 걱정한다.

---

963 **whisper** [(h)wíspər]　　1. 자 속삭이다;소곤거리다;사각사각 소리를 내다 2. 타 ~에게 속삭이다 3. 명 속삭임;밀담

1. ▶ He *wihispered* to her. 그는 그녀에게 속삭였다.
2. ▶ Don't *whisper* it to a soul. 누구에게도 그것을 말하지 마라.
3. ▶ She told him something in a *whisper*.
   그녀는 그에게 작은 소리로 뭔가 말했다.

---

964 **wicked** [wíkid] 〈발음주의〉　명 부도덕한;나쁜;심술궂은

〈동의어〉 immoral

▶ I don't think that she is *wicked*.
  나는 그녀가 심술궂다고는 생각지 않는다.
▶ *Wicked* deeds must be repented.
  부도덕한 행위는 반성되어야만 한다.

---

965 **wilderness** [wíldərnis]　　명 황야;황무지

〈동의어〉 wild, remote area

▶ Jesus went out into the *wilderness* to think alone.
  예수는 홀로 생각하기 위해 황야로 들어갔다.

966 **wipe** [waip]　　　　타 ~을 닦다 ; ~을 닦아내다(~off, away)

〈동의어〉 rub

▶ *Wipe* these dishes. 이 접시를 닦아라.
▶ *Wipe* your tears *away.* 눈물을 닦아라.
▶ She told him to *wipe* the grin off his face.
그녀는 그에게 얼굴에서 미소를 지워버리라고 말했다.

967 **wit** [wit]　　　　명 기지 : (~s) 재능

▶ I was at my *wit's* [or *wits'*] end with this problem.
나는 이 문제를 어찌할지 몰라 난감했다.
▶ He has the *wit* to realize what to do in an emergency.
그는 위급할 때 어떻게 해야 하는지는 알만큼의 머리는 있다.

968 **witness** [wítnis]　　　1. 명 목격자 ; 증인
　　　　　　　　　　　　　2. 타 ~을 목격하다 ; 증언하다
　　　　　　　　　　　　　3. 자 입증하다 ; 증인하다

〈동의어〉 beholder

1. ▶ I'll be a *witness* to her innocence.
내가 그녀의 무죄를 입증하는 증인이 될 것이다.
2. ▶ I happened to *witness* the accident.
나는 우연히 그 사건을 목격했다.
▶ He *witnessed* that the accident had been caused by the
driver. 그는 그 사고가 그 운전수가 일으킨 것이라고 증언했다.
3. ▶ I *witnessed* to her innocence.
나는 그녀의 무죄를 입증했다.

969 **wound** [wuːnd] 〈발음주의〉　1. 명 상처 ; 부상
　　　　　　　　　　　　　　　2. 자 타 [~을]상처 입히다

〈동의어〉 2. injure

1. ▶ He had a serious *wound* in the right arm.
그는 오른팔에 심한 부상을 입었다.

▶ He was *wounded* in the head. 그는 머리를 다쳤다.
2. ▶ The insult *wounded* him.
  이 모욕은 그의 감정에 상처입혔다.
▶ The bullet *wounded* him in the shoulder.
  탄환이 그의 어깨에 상처를 입혔다.

중·요·어·법·단·어

다른 말과의 결합방법이 중요한
어법실력 발전단어 70

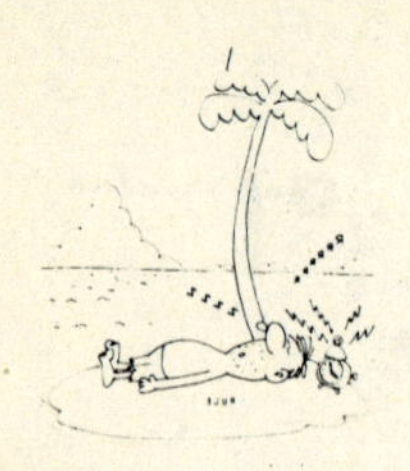

970 **admit** [ədmít] 　　　　타 ~을 허락하다;~에 들어가다;
　　　　　　　　　　　　　　　　　~을 인정하다

〈동의어〉 permit, acknowledge
〈명사형〉 admittance (입장), admission (허가)

▶ He was *admitted* to the school.
　그는 학교입학을 허가 받았다.
▶ Don't *admit* him into my house.
　그가 나의 집에 들어오지 못하도록 하시오.
▶ I *admit* it to be true. = I *admit* that it is true.
　나는 그것이 사실임을 인정한다.
▶ He *admitted* having broken the vase.
　=He *admitted* that he had broken the vase.
　그는 화분을 깬 것을 인정했다.
▶ The hall *admits* 2,000 people.
　그 홀은 2천명이 입장한다.
▶ It *admits* of no excuse. 변명의 여지가 없다.

971 **agree** [əgríː] 　　　　자 동의하다;의견이 일치하다

〈동의어〉 consent 〈반의어〉 disagree (동의 안하다)
〈명사형〉 agreement (동의;일치)

▶ I *agree to* the proposal. 나는 그 제안에 찬성합니다.

▶ I don't *agree with* you on the point.
그 점에 대해서는 당신의 의견에 찬성 안합니다.

《용법》　**agree with＋사람, agree to＋「의견·제안」**

▶ We *agreed to* conclude quickly.
＝We *agreed on* a quick conclusion.
＝We *agreed that* we (should) make a quick conclusion.
우리는 급히 결론을 내리는 데 동의했다.

▶ We have not *agreed* as to what to do next.
다음에 무엇을 할 지는 아직 의견이 일치하지 않는다.

972　**anxious** [ǽŋ(k)ʃəs]　형　[사람이]걱정하여(~about);~을 갈망하여(~for;~to do);물건이 불안한

〈명사형〉 anxiety (걱정·절망)

▶ He is *anxious about* her health.
그는 그녀의 건강을 걱정하고 있다.

▶ The child is *anxious for* a new toy.
그 아이는 새 장난감을 원한다.

▶ She is *anxious to see* you. 그녀는 당신을 만나고 싶어한다.

▶ I was *anxious* for him *to* leave here.
＝I was *anxious that* he (should) leave here.
그가 여기를 떠나기를 나는 바랬다.

▶ He had *anxious* feelings every day
그는 매일 불안한 기분에 쌓여 있었다.

973　**appear** [əpíər]　자　**나타나다;출석하다;~로 보이다.**

〈반의어〉 disappear 〈명사형〉 appearance (출현)

▶ The moon *appeared* above the mountain.
산 위에 달이 떴다.

▶ He often *appears* on television. 그는 자주 TV에 출현한다.

▶ He *appears* a fool. 그는 바보같다.

▶ *It appears that* he has told a lie.
＝He *appears to* have told a lie.
그가 거짓말을 했다고 한다.

[용법]　「보인다」의 의미로는 **seem**과 같으며, 뒤에 오는 명사나 형용
사는 보어이다.

974　**ask** [æsk]　　　　1. 囲 ~을 묻다;[사람에게]~해달라고
　　　　　　　　　　　　　　부탁하다;[대가]를 요구하다.
　　　　　　　　　　2. 困 묻다 (~about);~을 구하다(~for)

1. ▶ He *asked* me a lot of questions.
　　그는 나에게 여러가지 질문을 했다.
　▶ He *asked* me if I knew the lady.
　　그는 나에게 그 부인을 아느냐고 물었다.
[참고]　He *asked* said to me, "Do you know the lady?"
　▶ He *asked* me to wait there.
　　그는 거기서 기다려 달라고 나에게 말했다.
[참고]　He said to me, "Please wait here."
　▶ He *asked* me *for* some money.
　　그는 나에게 돈을 달라고 했다.
　▶ I *asked* her *to* the party. 나는 그녀를 파티에 초대했다.

975　**attend** [əténd]　　　1. 囲 ~에 출석하다;~와 동반하다
　　　　　　　　　　　　2. 困 주의하다(~to)

〈명사형〉 attention (주의), attendance (출석)

1. ▶ I'll be *attending* the meeting.
　　나는 집회에 참석할 예정입니다.
　▶ Success often *attends* hard work.
　　성공에는 자주 근면이 동반한다.
2. ▶ Please *attend* to what I'm saying.
　　내가 하는 말을 귀기울여 주십시오.

976　**believe** [bilí:v]　　　囲 ~을 믿다, ~라고 믿다(~that—절);
　　　　　　　　　　　　　　~라고 생각한다

〈명사형〉 belief (신념;신앙)

▶ I *believe* you.＝I *believe* what you say.
　나는 당신이 하는 말을 믿는다.

▶ People *believed* that the earth was flat.
사람들은 지구가 평평하다고 믿었다.
▶ I *believe that* he will keep his promise.
= I *believe* him *to keep* his promise.
그는 약속을 지키리라 믿는다.
▶ I *believe* that he *is* honest. = I *believe* him (to be) honest.
그는 정직하다고 생각한다.

[용법]　**believe in**는 「～ 존재한다고 믿는다 ; ～가 옳다고 믿는다」는 의미가 된다.

977　**bother** [báðər]　1. 囲 ～을 괴롭히다
　　　　　　　　　　　2. 困 고민하다 ; 일부러 ～하다 (～to do)
　　　　　　　　　　　3. 뎡 고민거리 ; 소동

1. ▶ Don't *bother* me with foolish questions.
바보같은 질문으로 나를 귀찮게 하지마라.
▶ Tom *bothered* me *for* the toy [*or* to give him the toy].
톰은 나에게 장난감을 달라고 졸랐다.
2. ▶ She is always *bothering* about something.
그녀는 항상 뭔가로 고민한다.
▶ Don't *bother to* meet me at the station.
일부러 역까지 안와도 돼.
3. ▶ Don't be a *bother* to your parents.
부모님의 골칫거리가 되지 말아라.

978　**care** [kɛər]　1. 困 걱정하다 ; (부정문 ; 의문문 ; 조건절에서)
　　　　　　　　　　　좋아하다, 신경쓰다 (for, about) ;
　　　　　　　　　　　～하고 싶다 (to do)
　　　　　　　　　2. 뎡 조심 ; 돌보기 ; 걱정

〈형용사형〉 careful (주의깊은), careless (부주의)

1. ▶ You only *care for* your own safety.
너는 자신의 신변 안전만을 걱정하는구나.
▶ I don't *care* (about) what you say.
네가 뭐라하든 나는 신경 안쓴다.

► I don't *care to go* out today. 오늘은 외출하고 싶지 않다.
► He may die for all I *care*.
내가 걱정하더라도 그는 죽을 것이다.
2. ► Take *care* not to catch cold. 감기들지 않게 조심해라.
► Who will take *care* of the baby?
누가 그 아기를 돌볼 것인가?
► He is free from *care*. 그에게는 걱정이 없다.

979 **convenient** [kənvíːnjənt] 휑 편리한;상황에 맞는

〈반의어〉 inconvenient (불편한)

► This is a **convenient** tool. 이것은 편리한 도구이다.
► Come tomorrow if it is **convenient** for [or to] you.
형편이 괜찮으면 내일 오너라.
Come tomorrow if **you are convenient**. (×)

980 **count** [kaunt] 1. 타 ~을 세다;~을 …로 생각하다
　　　　　　　　　2. 자 수를 세다;중요하다;의존하다(~on)

1. ► Did you *count* your money? 너는 네 돈을 셋니?
► I don't *count* you among my friends.
너를 내 친구라 생각지 않는다.
► He *counted* himself lucky. 그는 운이 좋다고 생각했다.
2. ► What *counts* is thinking, not reading.
중요한 것은 생각하는 거지 책을 읽는 게 아니다.
► Don't *count on* his help.
=Don't *count on* him to help you.
=Don't *count on* his helping you.
그의 도움에 의존하지 마라.

[주의]　**count on**(의존하다)는 **depend on, rely on**과 거의 같은 뜻이다.

981 **dare** [dɛər] 1. 타 과감히 ~하다;위험을 무릅쓰다
　　　　　　　　2. 조 《부정문·의문문》 과감히 ~하다.

1. ► He *dares* to do anything. 그는 과감히 뭐든지 한다.

▶ I have never **dared** (to) speak to my teacher.
나는 선생님께 말을 걸 용기가 전혀 없었다.

▶ He won't **dare** (to) refuse my offer.
그는 내 요청을 거절할 용기는 없을 것이다.

▶ Do you **dare** (to) fight again?
너는 한번 더 싸울 용기가 있느냐?

▶ I was unwilling to **dare** any danger.
나는 어떤 위험을 무릅쓰는 일도 내키지 않았다.

2. ▶ How **dare** you come so late?
이렇게 늦게 어떻게 올 생각을 했느냐?

▶ I **dared** not tell her the truth.
＝I did not **dare** to tell her the truth.
나는 그녀에게 진실을 말할 용기는 없었다.

[용법]　동사·조동사의 용법이 있는데 오늘날에는 동사로 사용하는 경향이 짙다.

982　**decide** [disáid]　　1. 団 ~을 결심하다;~을 결심하게 만들다
　　　　　　　　　　　　　　　2. 困 결정하다;판정을 내리다

〈명사형〉 decision (결정;결심) 〈형용사형〉 decisive (결정적인)

---

1. ▶ I **decided** to be a scholar.
＝I **decided** that I would be a scholar.
나는 학자가 되리라 결심했다.

▶ I **decided** which to take. 나는 어느 것을 집을지 결정했다.

▶ My failure **decided** me to resign.
실패해서 나는 사직을 결심했다.

2. ▶ It is for you to **decide.**＝The decision lies with you.
결정하는 것은 네 몫이다.

▶ The judge **decided** against the defendant.
판사는 피고에게 불리한 판정을 내렸다.

983　**demand** [dimǽnd]　　1. 団 [사람이]~을 요구하다;
　　　　　　　　　　　　　　　　　　[사물이]~을 필요로 하다
　　　　　　　　　　　　　　　2. 阴 요구(~for);필요;수요

1. ▶ He *demanded* my payment.
　 ＝He *demanded* that I (should) pay.
　 그는 나에게 돈을 내라고 요구했다.
　 ▶ He *demanded* to be helped. 그는 원조를 구했다.
　 ▶ He *demanded* help *from* [or *of*] us.
　 그는 우리들에게 원조를 청했다.
　 ▶ This letter *demands* an immediate answer.
　 이 편지는 즉각적인 회답을 필요로 한다.

[용법]　**demand**는 사람을 목적어로 취하는 일이 없어서 (목적어＋to do)의 형태로는 안 쓴다.

2. ▶ They made a *demand for* higher wages.
　 ＝They *demanded* that their wages (should) be raised.
　 그들은 임금 인상을 요구했다.
　 ▶ We have many *demands* on our time.
　 우리는 여러가지로 시간을 빼앗긴다.

984　**deny** [dinái]　　　　타 ~을 부정하다; ~을 부인하다

〈반의어〉 affirm (긍정하다) 〈명사형〉 denial (부정)

▶ There is no *denying* the fact. 아무도 그 사실을 부정 못한다.
▶ He *denied that* the rumor was true.
　 ＝He *denied* the rumor *to be* true.
　 그는 그 소문은 진실이 아니라고 말했다.
▶ He *denied that* he had ever seen me.
　 ＝He *denied* ever *having seen* me.
　 그는 나를 만난 적은 한번도 없다고 말했다.
▶ He *denies* her nothing.＝He *denies* nothing *to* her.
　 그는 그녀에게 뭐든지 줄 수 있다.

985　**die** [dai]　　　1. 자 죽다; 시들다; (be dying for 명사/be dying to do) 몹시 탐내다
　　　　　　　　　　　2. 타 ~한 죽음을 하다

〈명사형〉 death (죽음) 〈형용사형〉 dead (죽은)

〈활용형〉 **die－dying**

1. ▶ He *died of* a disease. 그는 병으로 죽었다.
   ▶ He *died from* a wound. 그는 상처 때문에 죽었다.
   ▶ He *died by* drowning. 그는 익사했다.
   ▶ I *am dying for* a drink. 나는 몹시 술한잔 마시고 싶다.
   ▶ She is *dying* to read Hamlet.
      그녀는 무척 햄릿을 읽고 싶어한다.

〈용법〉 **die of** 사인이 병인 경우, **die from**은 사인이 부상·부주의인 경우 사용하고 **die by**는 죽음을 맞이한 방법을 나타낸다.

---

986 differ [dífər]　　　㉮ 다르다;의견이 다르다(~from, with)

〈명사형〉 difference (다름, 차이) 〈형용사형〉 different (다른)

▶ Nylon *differs* from silk in origin and cost.
   나일론은 재질·가격이 실크와 다르다.
▶ He *differed* with his brother about a political question.
   그는 정치 문제에 있어 형과는 의견이 달랐다.

---

987 difficult [dífikʌlt]　　　㉫ 어려운;까다로운

〈반의어〉 **easy** 〈명사형〉 difficulty (곤란;난사)

▶ It is *difficult* for you to solve this problem.
   네게 이 문제를 푸는 일은 어렵다.
   You are difficult to solve this problem. (×)
▶ This problem is too *difficult* for you to solve.
   이 문제는 네가 풀기엔 너무 어렵다.
▶ He is *difficult* to get on with.
   ＝It is *difficult* to get on with him.
   그와 사이좋게 지내기란 어렵다.

---

988 directly [diréktli]　　　1. ㉬ 똑바로;직접;바로
　　　　　　　　　　　　　　　　　　　　2. ㉰ (종종 [drétli]) ~하자마자

〈동의어〉 2. as soon as 〈동사형〉〈형용사형〉 direct (지도하다;똑바른)

1. ▶ He was looking *directly* at me.
      그는 똑바로 나를 보고 있었다.

2. ▶ Let me know *directly* he comes.
그가 오면 얼른 알려주세요.

[주의]　이와같이 본래의 부사가 접속사로 사용되는 것에는 **immedi-
ately, instantly**가 있다.

989　**doubt** [daut]　　　1. 围 ~을 의심하다
　　　　　　　　　　　　2. 困 의심하다 3. 圄 의심

　　1. ▶ I *doubt* her honesty.＝I *doubt* if she is honest.
　　　　그녀가 정직한지 의심스럽다.
　　　▶ I don't *doubt* that he will come.
　　　　그가 올 것이라는 것을 의심치 않는다.

참고　I **doubt** that he will come. 나는 그가 올까 의심스럽다.

[주의]　**doubt that~**는 「~임을 의심하다」에 대해, **suspect that~**는
「~는 아닌가 하고 의심하다」란 뜻이다.

　　3. ▶ There is no *doubt* about it. 그것에 대해서는 의심이 없다.
　　　▶ There is no *doubt* that he knows it.
　　　　＝There is no *doubt* of his knowing it.
　　　　그가 그것을 아는 건 확실하다.

990　**doubtful** [dáutfəl]　　圀 [사람이] 의심쩍은;[일이] 불확실한

〈부사형〉 doubtfully (의심스럽게)

　　▶ I am *doubtful of* success. 나는 성공할 자신이 없다.
　　▶ I was *doubtful (about)* what I ought to do.
　　　나는 어떻게 해야할지 몰랐다.
　　▶ It is *doubtful* whether he will be found.
　　　그가 발견될지는 의심스럽다.

991　**easy** [íːzi]　　　　圀 쉬운;만만한;관대한

〈반의어〉 difficult 〈명사형〉 ease (편함) 〈부사형〉 easily (편하게)

〈활용형〉 **easy－easier－easiest**
　　▶ This book is *easy* for you to read.

=It is *easy* for you to read this book.
그 책은 네가 읽기 쉽다.
You are easy to read this book.(×)
▶ He is *easy* to get on with.=It is *easy* to get on with him.
그와 사이좋게 지내기란 쉽다.

992　**en·joy** [endʒɔ́i]　　ㅌ　~을 즐기다;기뻐하다;향유하다

〈명사형〉 enjoyment (즐김)

▶ They are *enjoying* a happy life.
그들은 행복한 나날을 보내고 있다.
▶ He has always *enjoyed* very good health.
그는 항상 좋은 건강을 누리고 있다.
▶ Did you *enjoy* yourself at the party?
파티에서는 즐거웠습니까?

993　**enough** [inΛf]　　1. 형 충분한(~for);~할 만큼의(~to do)
　　2. 명 충분한 양, 풍족
　　3. 부 《형용사·부사·동사 뒤에 사용하여》
　　~할 만큼(~to do);매우

1. ▶ There is *enough* food for all of us.
모두가 먹을 수 있는 만큼의 식량이 있다.
▶ I have money *enough* to buy it.
=I have *enough* money to buy it.
그것을 살만한 돈은 있다.

[주의]　enough를 명사의 앞에 두면 더 강조하는 뜻이 된다.

2. ▶ I've had *enough*. 충분히 먹었습니다.
3. ▶ He is kind *enough* to lend me some money.
=He has the kindness to lend me some money.
그는 친절하게도 돈을 나한테 빌려주었다.
▶ This book is easy *enough* for you to read.
=This book is so easy that you can read it.
이 책은 쉬우니까 너도 읽을 수 있다.
▶ I know it well *enough*. 나는 그것을 아주 잘 알고 있다.

252

994	**fail** [feil]	1. 困 실패하다;부족하다;약해지다
		2. 囤 (필요할 때) ~쓸모가 없다.
		3. 冏 실패

〈명사형〉 failure (실패)

1. ▶ He *failed* (in) the examination.
   =He *failed to* pass the examination.
   그는 시험에 떨어졌다.
   ▶ His health *failed*. 그의 건강이 쇠약해졌다.
2. ▶ My legs *failed* me. 다리가 말을 안들었다.
   ▶ Don't *fail* to [=Be sure to] lock the door.
   반드시 문을 잠그어 주세요.
3. ▶ I'll come to see you next Sunday *without fail*.
   다음 일요일에 반드시 뵙겠습니다.

《용법》 **fail**의 명사용법은 **without fail**(반드시)의 숙어로만 사용하며, 그 이외에는 **failure**를 쓴다.

| 995 | **fill** [fil] | 1. 囤 ~을 채우다;~에 가득하다;수행하다 |
| | | 2. 困 가득차다(~with) |

〈반의어〉 empty (빈) 〈형용사형〉 full (가득한)

1. ▶ I *filled* a glass *with* wine. 나는 잔에 와인을 가득 채웠다.
   ▶ She *filled* me a glass of beer.
   =She *filled* a glass of beer for me.
   그녀는 나에게 맥주 한 잔 따라 주었다.
   ▶ Young people *filled* the hall. 홀은 젊은 사람으로 가득했다.
2. ▶ Her eyes *filled with* tears. 그녀의 눈은 눈물로 가득했다.
   ▶ The sails *filled with* wind. 돛은 바람을 안고 부풀었다.

| 996 | **find** [faind] | 囤 발견하다;~임을 깨닫다; |
| | | …가 ~라고 알다;[판결]을 내리다 |

〈활용형〉 **find-found-found**
   ▶ I *found* my missing watch at last.
   나는 드디어 잃어버린 시계를 찾았다.

▶ I *found* the book interesting.
　=I *found* that the book was interesting.
나는 그 책이 재미있다는 것을 알게 되었다.
▶ I awoke to *find* myself lying on the seashore.
눈을 떠보니까 나는 해안에 누워 있었다.
▶ I *found* it impossible to solve the problem.
나는 그 문제를 푼다는 것이 불가능함을 알았다.
▶ Can you *find* time to go out with me now?
지금 나와 외출할 시간이 있습니까?
▶ He was *found* guilty of murder.
그는 살인죄의 판결을 받았다.

997　**follow** [fálou]　1. 団 ～를 따라 오다[가다];～을 뒤따르다;
　　　　　　　　　　　　　　이해하다
　　　　　　　　　　　　2. 재 뒤따라 가다[오다];다음에 일어나다;
　　　　　　　　　　　　　　(it～that절) 당연한 결론으로 ～가 되다.

1. ▶ Rain *followed* sunshine. 해가 나온 뒤에 비가 왔다.
　▶ You'd better *follow* his advice.
　너는 그의 충고에 따르는 것이 좋다.
　▶ I can't quite *follow* you.
　　=I can't quite *follow* what you say.
　네가 하는 말을 잘 모르겠다.
　▶ *Follow* this road to the station.
　역까지 이 길을 따라가시오.
2. ▶ We must see what *follows*.
　다음에 무엇이 일어날지 알아야만 한다.
　▶ Because he is poor *it* does not necessarily *follows that*
　he is dishonest. 그가 가난하다고 해서 반드시 그가 부정직하
　다고는 할 수 없다.
　▶ He wrote as *follows*. 그는 다음과 같이 썼다.

《용법》　**follow**는 이때 비인칭동사이기 때문에, *as follows*는 변하지
　　　　않는다.

254

998 **forget** [fərgét]　　　　　　타 ~을 잊다 ; ~한 것을 잊다(~ing) ;
　　　　　　　　　　　　　　　　　~하는 것을 잊다(~to do) ;
　　　　　　　　　　　　　　　　　~을 잊고 두고오다

〈활용형〉　**forget－forgot－forgotten**
　　▶ I *forgot* how to spell your name.
　　　당신 이름의 철자를 잊어버렸다.
　　▶ I shall never *forget* hearing her sing at the party.
　　　난 파티에서 그녀의 노래를 들은 것을 결코 잊지않을 것이다.
　　▶ Don't *forget* to bring some wine. 포도주 갖고오는 걸 잊지마.
　　▶ He is apt to *forget* himself. 그가 자제심을 잃는 경향이 있다.

《용법》　〈**forget＋to＋do**〉는 미래의 일에 대해 「~하는 것을 잊다」의
　　　뜻으로 사용하며, 〈**forget＋-ing**〉는 과거의 일에 대해 「~한
　　　것을 잊다」의 뜻으로 사용한다.

999 **hand** [hænd]　　　　　1. 명 손 ; [시계의]바늘 ; 일꾼 ; 공원 ; 솜씨
　　　　　　　　　　　　　　2. 타 ~을 건네주다 ;
　　　　　　　　　　　　　　　　　~의 손을 잡고 인도하다

　1. ▶ You can see the building at your right *hand*.
　　　너의 오른손 쪽에서 그 빌딩을 볼 수 있을 것이다.
　　▶ He will give a helping *hand* to the poor.
　　　그는 가난한 사람들에게 원조의 손을 뻗을 것이다.
　　▶ About 2,000 *hands* are employed in the factory.
　　　그 공장에는 약 이천명의 공원이 고용돼 있다.
　　▶ He is a good [poor] *hand at* playing golf.
　　　그는 골프를 잘한다.(못한다)
　2. ▶ I *handed* him a book.＝I *handed* a book to him.
　　　나는 그에게 책을 건네주었다.
　　▶ I *handed* the child into a bus.
　　　나는 아이의 손을 잡고 버스에 태워주었다.
　　▶ The watch was *handed down* from his grandfather.
　　　그 시계는 그의 조부에게 물려받은 것이다.
　　▶ He *handed in* his resignation. 그는 사표를 제출했다.

〈부사형〉hardly (거의 ～않다)

---

1. ▶ What a *hard* bed this is! 이것은 참 딱딱한 침대구나!
   ▶ It is *hard* to solve this problem.
   ＝This problem is *hard* to solve.
   이 문제를 풀기는 어렵다.
   ▶ It is *hard* for you to catch up with him.
   네가 그를 따라잡기는 어렵다.
   (It is *hard* that you should catch up with him. (×)
   You are *hard* to catch up with him. (×)
   ▶ He is a *hard* worker. ＝He works *hard*.
   그는 열심히 일한다.
   ▶ I had a *hard* time while I was there.
   거기에 있었을때 나는 힘든 시간을 보냈다.
   ▶ This is a *hard* winter. 올해는 엄동설한이다.
2. ▶ He tried *hard* to pass the examination.
   그는 시험에 합격하려고 열심히 노력했다.
   ▶ It is raining *hard*. 비가 심하게 오고 있다.

〈명사형〉hatred (미워함)

▶ He *hates* me. ＝He has a hatred for me.
그는 나를 미워한다.
▶ The boy *hates* to work. 그 소년은 공부를 싫어한다.
▶ I *hate* my daughter to keep company with him.
＝I *hate* my daughter keeping company with him.
나는 딸이 그와 사귀는게 싫다.
▶ I *hate* troubling you, but could you help me with this
work?
폐를 끼치고 싶지는 않지만 이 일을 도와주시겠습니까?

▶ I *hate* young people reading such a book.
=I *hate* that young people should read such a book.
나는 젊은 사람이 이런 책을 읽는게 싫다.

1002 **have** [hæv]　　　　田 가지고 있다;먹다;~에게 …시키다(~
목적어＋원형);~을 …해 받다(~목적
어＋과거분사);~의 상태를 유지하다

▶ Do you *have* a car?──No, I don't.
차를 갖고 있습니까──아니오.
▶ What did you *have* for breakfast?
아침식사로 무엇을 먹었습니까?
▶ I *had* my car *washed*. 나는 차를 세차하게 했다.

[참고] I *had* my car washed. 사역동사가 아닌 **washed**에 강세를 두
면 〈내 의지와 달리 세차했다〉는 의미.

▶ I *had* him *wash* my car. 그에게 세차시켰다.
▶ I *had* my money *stolen*.=I was robbed of my money.
나는 돈을 도둑맞았다.
▶ I used to *have* my friends *visit* me.
나는 친구들이 나를 방문하도록 하곤 했다.
▶ I *had* my left leg *broken* in the accident.
나는 그 사고로 왼쪽다리가 부러졌다.
▶ You must *have* your eyes open.
너희는 눈을 크게 뜨고 있어야 한다.
▶ You *have only to* wait here.
=All you have to do is to wait here.
너는 여기서 기다리기만 하면 된다.
▶ He *has nothing to do with* the matter.
그는 그 사건과 아무런 관계가 없다.

1003 **hear** [hiər]　　　　1. 田 ~가 들린다;…가 ~하는 것을 듣다
(~목적어＋원형);…가　~하고　있는
것을 듣다(~목적어＋~ing);…가 ~당
한 것이 들린다(~목적어＋과거분사);
…라는 소문을 듣다.(~of/that절)
2. 厓 들린다;소식을 듣다

1. ▶ I listened but *heard* nothing.
    귀를 기울였으나 아무것도 안들렸다.
  ▶ I've never *heard* him sing.
    그가 노래하는 것을 들어본 적이 없다.
  ▶ I *heard* him *singing.* 그가 노래하는 것을 들었다.
  ▶ I *heard* my name called.
    나는 내 이름을 부르는 소리를 들었다.
  ▶ I *hear* (that) she has gone abroad.
    그녀가 외국으로 갔다고 한다.
2. ▶ Don't you *hear* very well? 잘 안들리느냐?
  ▶ I've never *heard of* him since.
    그 후로 그의 소식을 들은 적이 없다.
  ▶ I've never *heard from* him since.
    그 이래 그에게서 아무런 소식도 없다.

《용법》　**hear him**은 〈직접 그의 말을 듣다〉, **hear of**는 〈간접적으로 그에 관한 소식을 듣다〉, **hear from**은 〈특히 편지가 오다〉는 뜻이다.

1004　**important** [impɔ́:ɤt(ə)nt] 〔형〕 중요한(It is ~＋to do/that절)

〈명사형〉 importance (중요)

▶ He played an *important* part in the affair.
  그는 그 사건에서는 중요한 역할을 했다.
▶ It is *important* for you to work hard.
  ＝It is *importaint* that you (should) work hard.
  너는 열심히 공부하는게 중요하다.
▶ He feels himself *important*.그는 자신이 대단하다고 생각한다.

1005　**inform** [infɔ́:ɤm]　　　　〔자〕 ～에게 알리다;통지하다

〈명사형〉 informátion (정보)

▶ Can you *inform* me (as to) where he lives now?
  그가 지금 어디 살고 있는지 가르쳐 줄 수 있습니까?
▶ We were *informed* that the prisoner had escaped.
  그 범인이 탈주했다는 소식을 들었다.

▶ I'll *inform* him of his brother's marriage.
=I'll tell him of his brother's marriage.
그에게 형이 결혼한 것을 알려줄 것이다.

《용법》　**inform～of**…는 오히려 형식에 얽매인 표현으로 **tell～**…가 더 자연스럽다.

1006　**insist** [insíst]　　　　　困 ～을 주장하다(～on, upon/that절)

▶ I *insisted* on his innocence.
=I *insisted on* his being innocent.
=I *insisted that* he (should) be innocent.
나는 그가 무죄라고 주장했다.

1007　**keen** [ki:n]　　　형 날카로운;열심인;～을 열망하는(～to do)

〈부사형〉 keenly (날카롭게;열심히)

▶ He has a *keen* interest in literature.
그는 문학에 열렬한 흥미를 갖고 있다.
▶ He is *keen to* go abroad.
그는 무척이나 외국에 가고 싶어한다.
▶ I am not very *keen on* baseball. 나는 야구는 별로 안 좋아한다.

1008　**know** [nou]　　　1. 団 ～을 알다;～을 체험하다
　　　　　　　　　　　　2. 困 알고 있다;알다

〈명사형〉 knowledge (알고 있는 것;지식)

1. ▶ I *know* that he is kind. 그가 친절하다는 걸 알고 있다.
▶ Do you *know* how to play the piano?
피아노를 칠줄 아십니까?
▶ He *knows* better than to quarrel.
그는 싸움을 할 만큼 바보는 아니다.
▶ I have never *known* him tell a lie.
나는 그가 거짓말하는 것을 들은 적이 없다.

《용법》　**see, hear**의 의미로는 원형부정사를 보어로 동반한다.
▶ He has *know* hardships. 그는 고생을 겪어왔다.
2. ▶ He didn't *know* about it. 그는 그것에 대해 알지 못했다.

1009 **last** [læst]

1. 휑 (late의 최상급)최후의 ; 최근의 ; (the~)
   가장 ~할 것 같지 않은(+명사+to do)
2. 뷔 최후에 ; 최근에
3. 명 최후의 것[사람] ; ~하는 최후의 사람
   (~to do) ; 최후

〈반의어〉 first

1. ▶ The *last* time I saw him was Sunday.
   가장 최근에 내가 그를 만난 것은 일요일이었다.
   ▶ I saw him *last* Sunday. 지난 일요일에 그를 만났다.
   ▶ He is *the last* person *to* tell a lie.
   그는 결코 거짓말을 할 사람이 아니다.
2. ▶ Who left here *last* ? 마지막으로 누가 여기를 나갔는가?
   ▶ When I saw him *last*, he looked quite well.
   최근에 그를 만났을 때는 그는 아주 건강해 보였다.
3. ▶ He was the *last* to leave here.
   그는 마지막으로 여기를 떠났다.
   ▶ We shall never hear the *last* of this story.
   우리는 이 이야기의 끝을 듣지 못할 것이다.
   ▶ He remained silent to the *last*.
   그는 마지막까지 말을 안했다.

1010 **late** [leit]

1. 휑 늦은 ; 바로 전의 ; 작고한, 고…
2. 뷔 늦게, 늦어서 ; 최근

〈활용형〉 **late, -er, -est ; latter, last**

1. ▶ The train was twenty minutes *late*. 열차는 20분 늦었다.
   ▶ Spring is *late* (in) coming in this part of the country.
   이 지방에서는 봄이 늦게 온다.
   ▶ He took a *later* plane. 그는 더 나중에 비행기에 탔다.
   ▶ She looked a woman in her *late* thirties.
   그녀는 30대 후반쯤으로 보였다.
   ▶ the late Dr. Kim. 고 김박사
2. ▶ He often comes *late* to school. 그는 자주 수업에 늦는다.
   ▶ I am used to sitting up *late* at night.

나는 밤새는데 익숙하다.

▶ Two days *later* I saw her again.
이틀후 나는 또 그녀를 만났다.

《용법》　**late**에는 비교급·최상급이 2개 있는데, **later, latest**는 때에 사용하고, **latter, last**는 순서에 사용한다.

His *latest* novel will be his last.
그의 가장 최근 소설이 그의 최후 작품이 될 것이다.

{ in the *later* years of his life 그의 만년에
{ in the *latter* half of the year 그 해의 하반기에

I have a brother and a sister ; *the latter* is kinder to me than the former. 나에게는 오빠와 언니가 있는데, 후자(언니)는 전자(오빠)보다도 나에게 더 친절하다

1011　**lately** [léitli]　　　　　　　㋘ 최근, 요즈음

▶ I haven't seen him *lately*. 요즘 그를 안 만나고 있다.
▶ Have you called on him *lately*? 최근 그를 방문했는가?

《용법》　긍정의 평서문에서는 **recently**를 사용하고, 의문문·부정문에는 **lately**를 사용하는 경향이 있다.

1012　**learn** [ləːɾn]　　　1. ㋣ ～을 배우다 ; ～을 기억하다 ;
　　　　　　　　　　　　　　　　～을 알다(～that절)
　　　　　　　　　　　　　2. ㋧ 배우다

〈활용형〉　learn－learned－learned
　　　　　learn－learnt－learnt
　1. ▶ He has *learned* bad habits.
　　　그는 악습을 배워버렸다.
　　 ▶ You must *learn* to be more polite.
　　　너는 예의를 더 배워야만 한다.
　　 ▶ *Learn* this poem by heart. 이 시를 외우거라.
　　 ▶ I *learn* from her letter that you are seriously ill.
　　　그녀의 편지에서 당신이 중병임을 알았습니다.
　2. ▶ The child *learns* fast and well.
　　　그 애는 빠르게 잘 배운다.

1013 **like**¹ [laik]
1. 탠 ~을 좋아하다;~하기를 좋아하다 (~to do;~ing);…에게 ~시키고 싶다;~하고 싶다(would~to do)
2. 짜 좋아하다;마음에 들다

〈동의어〉please

1. ▶ I *like* apples better than oranges. 귤보다 사과가 좋다.
   ▶ I *like* playing [or to play] golf. 나는 골프를 좋아한다.
   ▶ I *would like to* play golf here.
     =I want to play golf here. 여기서 골프를 하고 싶다.
   ▶ I *like* him to come here at once.
     그가 즉시 여기 와주면 좋겠다.
   ▶ "How do you *like* your coffee?"
     —— "I *like* my coffee strong."
     커피는 어떻게 해 드릴까요?—— 진하게 해주세요.
   ▶ I don't *like* my scandal made public.
     나는 내 스캔들이 공개되는 것을 원치 않는다.
2. ▶ I will come to you if you *like*.
     괜찮으시다면 찾아뵙겠습니다.

1014 **like**² [laik]
1. 젠 혱 ~을 닮은;~와 같이
2. 졉 ~와 같이(as)
3. 몡 닮은사람[물건];동류

1. ▶ He is just *like* his father. 그는 아빠를 꼭 닮았다.
   ▶ She has eyes *like* stars. 그녀는 별과 같은 눈을 갖고 있다.
   ▶ Don't speak *like* that. 그런 말투 쓰지마.
   ▶ What is he *like*? 그는 어떤 사람입니까?
   ▶ There is nothing *like* water when you are thirsty.
     목이 마를때 물만한 게 없다.
2. ▶ He acted *like* he knew her quite well.
     그는 마치 그녀를 잘 아는듯이 행동했다.
3. ▶ I've never seen his *like* before.
     나는 전에 그와 같은 사람을 본 적이 없다.

1015 **likely** [láikli] 형 (be~to do)~할 것 같은, 있을 법한;적당한

〈동의어〉 probable, suitable (알맞은)

▶ He *is likely to* pass the examination.
 =*It is likely that* he will pass the examination.
 그는 시험에 붙을 것 같다.
▶ This is a *likely* place to fish.
 여기는 낚시를 하기에 적당한 장소이다.

〈용법〉 **likely**는 실현성이 상당히 큰 경우에 사용한다.

1016 **little** [litl]　　　 1. 형 작은;소량의;중요하지 않은
　　　　　　　　　　　　 2. 부 거의 ~않은;(a~) 조금
　　　　　　　　　　　　 3. 명 거의 아닌 것;(a~) 조금

〈활용형〉 **little－less－least**
 1. ▶ I have *little* money with me. 돈은 거의 갖고 있지 않다.
　 ▶ I have *a little* money with me.
 　 나는 약간의 돈을 가지고 있다.

 참고　 I have *few* friends here. 여기 친구는 거의 없다.
 　 I have *a few* friends here. 여기 친구가 조금 있다.

　 ▶ Don't worry about such *little* things.
 　 그런 하찮은 일에 신경쓰지마라.
 2. ▶ It matters *little* whether he will join us.
 　 그가 우리에 합류하든 않든 거의 문제가 안된다.
　 ▶ He *little* thought that he would marry such a girl.
 　 그는 이런 여자와 결혼하게 될 줄은 전혀 생각못했다.
　 ▶ Please wait *a little*. 잠깐만 기다려주세요.
 3. ▶ I have *little* to say. 할말은 거의 없다.
　 ▶ Please give me *a little*. 나에게 조금 주세요.
　 ▶ He got better *little* by *little*. 그는 조금씩 좋아졌다.

〈용법〉 **no little, not a little**은 〈적지 않게〉, 즉 〈상당히 많다〉는 뜻
 이다.

1017 **live** [liv] 1. 邳 살다;살고 있다
                    2. 邼 (live a~life) ~생활을 하다

〈명사형〉 life (생명;생활;삶) 〈형용사형〉 lively

1. ▶ He *lived* to be eighty-eight (years old).
   그는 88세까지 살았다.
   ▶ Where do you *live*? 어디 살고 계십니까?
2. ▶ He *lived* a happy life. = He *lived* happily.
   그는 행복하게 살았다.

1018 **look** [luk] 1. 邳 보다(~at);~로 보이다(+형용사·
                    명사);[집 등이] ~방향이다
                    2. 邼 ~을 주시하다, …한 눈짓을 하다

1. ▶ He *looked* up *at* the sky. 그는 하늘을 바라보았다.
   ▶ I didn't like to *look* a fool. 나는 바보같이 보이는게 싫다.
   ▶ It *looks* as if it's going to rain. 비라도 올 것 같다.
2. ▶ He *looked* me in the face. 그는 내 얼굴을 똑바로 보았다.
   ▶ She *looked* her thanks.
   그녀는 감사의 뜻을 눈으로 나타냈다.

〈용법〉 **look at**도 **see**와 같이 〈목적어＋원형부정사〉를 취할 수 있다.
I looked at him run. 나는 그가 달리는 것을 보았다.

1019 **mean** [miːn] 邼 ~을 의미하다;~할 예정이다(~to do);
                     ~에게 …한 중요성을 갖다(＋…to~)

〈동의어〉 intend 〈명사형〉 meaning (의미)

〈활용형〉 **mean**－**meant**[ment]－**meant**
   ▶ What does this word *mean*? 이 단어는 무슨 뜻인가?
   ▶ I don't *mean* that he is dishonest.
     그가 정직하지 않다는게 아니다.
   ▶ He *means* you no good.
     그는 너에게 안 좋은 일을 꾸미고 있다.
   ▶ Do you *mean to* go abroad? 너는 외국에 갈 예정이냐?
   ▶ He was *meant to* be a soldier. 그는 군인이 될 작정이이었다.

▶ I *mean* him to be a doctor. 나는 그를 의사로 만들 작정이다.
▶ Power did not *mean* much *to* him.
권력은 그에게는 그다지 중요하지 않았다.

| 1020 | **mention** [ménʃ(ə)n] | 1. 国 ~에 대해 이야기하다; 이름을 대다;~에 언급하다
2. 명 진술;기재 |

〈동의어〉 name, refer to

1. ▶ He *mentioned* a useful book.
그는 어떤 유익한 책이름을 댔다.
▶ I *mentioned* your name to him.
나의 네 이름을 그에게 말해 두었다.

《용법》 항상 타동사용법이기 때문에, **mention of~** 등으로 안 쓴다. **not to mention**(＝**without mentioning**)은 「~은 제쳐두고」 란 뜻이다.

| 1021 | **mind** [maind] | 1. 명 마음;의견;인간
2. 国 困 《의문문·부정문·조건문》 ~을 싫어하다(~ing);《명령문》 ~에 조심하다;~을 돌보다 |

1. ▶ We must be sound in body and *mind*.
우리는 심신 모두 건강해야 한다.
▶ Bear in *mind* that health is better than wealth.
건강이 부에 우선한다는 것을 마음에 새겨 두어라.

[주의] **bear in mind, keep in mind**은 모두 **remember**의 뜻.

▶ He has made up his *mind* to go abroad.
그는 외국에 가기로 결심했다.
▶ He is the sharpest *mind* on the staff.
그는 간부중에서 가장 뛰어난 인물이다.

2. ▶ Would you *mind* showing me the way to the station?
역에 가는 길을 가르쳐주시겠습니까?
▶ Who will *mind* the baby? 누가 이 아기를 돌볼 것이냐?
▶ Do you *mind* if I open the window?

=Do you *mind* my opening the window?
창문을 열어도 됩니까?
▶ We'll rest here if you don't *mind*.
괜찮다면 여기서 쉽시다.
▶ Never *mind* about that. 그건 개의치 말아 주세요.

1022 **necessry** [nésisèri]　1. 혱 필요한 2. 몡 (~s) 필요한 것

〈명사형〉 necéssity (필요)

1. ▶ Light and water are *necessary* to plants.
빛과 물은 식물에 필요하다.
▶ It is *necessary* for you to go yourself.
=It is *necessary* that you go yourself.
너는 반드시 가야만 한다.
▶ I will go with you, if *necessary*. 필요하다면 같이 가자.

1023 **need** [niːd]　1. 몡 필요(~to do; ~for; ~ing);필요품
2. 탄 ~를 필요로 하다(＋명사·대명사;
~ing; ~to do, ~to be done)
3. 조 《부정, 의문》 ~할 필요가 있다.

1. ▶ There is no *need for* haste. 서두를 필요는 없다.
▶ You have no *need* to be ashamed of yourself.
부끄러워할 필요는 하나도 없다.
2. ▶ You will *need* the money on your journey.
너는 여행중에 돈이 필요할 것이다.
▶ This watch *needs* repairing [or to be repaired].
이 시계는 수선을 필요로 한다.
▶ He *needed* to answer the question.
그는 그 질문에 대답할 필요가 있었다.
3. ▶ *Need* he attend the meeting? —— No, he *needn't*.
그가 회의에 출석할 필요가 있습니까?
—— 아니오, 필요없습니다.
▶ He *need* not have hurried.
그는 서두를 필요 없었는데 ⇨ 그는 서둘렀다.
참고　He did not *need* to hurry.

그는 서두를 필요는 없었다 ⇨ 그래서 서두르지 않았다.

▶ He *need* hardly work. 그는 거의 일할 필요가 없다.

1024 pretend [priténd]　　　　타 ~인 척하다(~to do; ~that절);

〈명사형〉 pretense (겉치레, 핑계)

▶ He *pretended* { ignorance.
　　　　　　　　　 to be ignorant.
　　　　　　　　　 that he was ignorant.
그는 모르는 척 했다.
▶ She *pretended* as if she were a queen.
그녀는 마치 여왕인 듯 행세했다.
▶ I don't *pretend* to be a great scholar.
나는 위대한 소설가인 듯이 행동하지 않는다.

1025 promise [prámis]　　　1. 명 약속;유망 2. 타 ~을 약속하
다;가망이 있다 3. 자 가망이 있다.

1. ▶ He always keeps his *promise*. 그는 항상 약속을 지킨다.
　 ▶ Never break your *promise*. 약속은 결코 어기지 마라.
2. ▶ They *promised* their continual support.
그들은 계속적인 원조를 약속했다.
　 ▶ They *promised* us their continual support.
그들은 우리한테 계속적인 원조를 약속해 주었다.
　 ▶ He *promised* to come.
　　 =He *promised* that he would come.
그는 오기로 약속했다.
　 ▶ He *promised* me to come.
　　 =He *promised* me that he would come.
그는 나한테 온다고 약속했다.
　 ▶ It *promises* to clear up in the afternoon.
오후에는 개일 것 같다.
3. ▶ The scheme *promises* well. 그 기획은 전망이 좋다.

《용법》　자동사로는 주로 **well, fair** 등을 수반해서 '유망하다'는 뜻으
로 사용된다.

1026 **regret** [rigrét]
1. 명 후회(~for);유감;슬픔
2. 타 ~을 후회하다;《일인칭으로》
~을 유감스럽게 생각하다
(~to do/~having done/that절)

〈형용사형〉 regretful(후회하는), regrettable(애석한)

1. ▶ She felt no *regret for* what she had said.
그녀는 자기가 한 말에 후회를 느끼지 않았다.
▶ He said with *regret* that he had failed.
그는 실패했다고 안타까운 듯이 말했다.
▶ To my *regret* I was unable to attend the party.
유감이지만 파티에 출석할 수 없었다.
2. ▶ He *regretted* his mistake. 그는 자신의 실수를 후회했다.
▶ I *regretted* ｛ having made a mistake.
that he had made a mistake.
나는 실수한 것을 유감스럽게 생각했다.

《용법》 과거의 일은 〈**to have**＋**과거분사**〉를 목적어로 하는 대신에
〈**having**＋**과거분사**〉를 사용한다.

▶ I *regret* to say that I can't accept your invitation.
유감이지만 초대에 응할 수 없습니다.

1027 **regretful** [rigrétfəl]
형 [사람이] 후회하는;
유감으로 여기는

▶ I am *regretful* for his death.
나는 그의 죽음을 유감으로 생각한다.
▶ He is deeply *regreful* for what he has done.
그는 자기가 한 일을 무척이나 후회하고 있다.

1028 **regrettable** [rigrétəble]　형 애석한;유감스러운

▶ His death is *regrettable*.
그의 죽음은 애석한 일이다.

1029 **remind** [rimáind]　　　　타 [사물]이 [사람]에게 생각나게 하다(＋목적어＋of/～that절);[사람]이 [사람]에게 일깨우다(＋목적어＋to do/＋목적어＋that절)

▶ That *reminded* me *of* my promise.
그것 때문에 나는 약속이 생각났다.
▶ I was *reminded* that I had made a promise.
나는 약속한 것이 생각났다.
▶ *Remind* him to get up early tomorrow morning.
　＝*Remind* him that he must get up early tomorrow morning. 내일 아침은 일찍 일어나도록 그에게 다짐해두어라.

1030 **require** [rikwáiər]　　　　타 ～을 필요로 하다;～을 요구하다

▶ The work *requires* ten men for ten days.
그 일은 10일간 10명을 필요로 한다.
▶ We *require* to know it＝We *require* knowing it.
우리는 그것을 알 필요가 있다.
▶ They required my presence.
　＝They *required* (of) me to be present.
　＝They *required that* I (should) be present.
그들은 나의 출석을 요구했다.

1031 **result** [rizʌ́lt]　　　　1. 명 결과;(～s) 성적
　　　　　　　　　　　　2. 자 결과로서 일어나다(～from);～란 결과가 되다(～in)

〈반의어〉 cause (원인)

1. ▶ He failed as a *result* of his laziness.
　　＝His failure was the *result of* his laziness.
　　그는 자신의 게으름의 결과 실패했다.
▶ The *result* was that he failed (in) the examination
결과는 그가 시험에 떨어졌다는 것이다.
▶ He was lazy with the *result* that he failed (in) the examination.

그는 게으름을 피웠기 때문에 그 결과 시험에 떨어졌다.

2. ▶ Nothing good has ***resulted from*** this.
이 일로는 아무런 좋은 결과가 생기지 않았다.
▶ His attempt ***resulted in*** failure.
그의 시도는 실패로 끝났다.

1032 **sorry** [sɑ́ri]　　　　형 가엾은;미안하게 여기는;유감인

▶ I'm ***sorry*** for the sick child. 나는 그 병든 아이가 가엾다.
▶ I'm ***sorry*** that the child is sick.
그 아이가 병인 것을 가엾게 여긴다.

참고　It is a pity that the child is sick. 그 아이가 병인 것이 유감이다.

▶ I'm ***sorry*** to hear that the child is sick.
그 아이가 병들었다니 안타깝다.
▶ I'm ***sorry*** { to have kept you waiting so long.
　　　　　　　{ I have kept you waiting so long.
너무 오래 기다리게 해서 죄송합니다.
▶ I am ***sorry*** to say (that) I cannot came.
유감이지만 갈 수가 없습니다.

1033 **such** [sʌtʃ]　　1. 형 그러한;굉장한;무척 ～해서
　　　　　　　　　2. 대 그러한 것(사람)

1. ▶ I've never seen ***such*** a large elephant.
이렇게 큰 코끼리를 본 것은 처음이다.
▶ Don't be in ***such*** a hurry.　그렇게 서두르지 마라.
▶ I had ***such*** a good time. 나는 아주 즐거웠다.
▶ He turned out to be ***such*** a liar.
그는 굉장한 거짓말쟁이임이 드러났다.
▶ ***Such*** was his surprise that he could not speak.
그는 너무 놀라서 아무 말도 할 수 없었다.
2. ▶ He is a foreigner, and should be treated as ***scuh***.
그는 외국인이니까 외국인으로 대해야 한다.

《용법》　**such** …**as**에서 **as**는 관계대명사, **such** …**that**에서 **that**은 접속사이다.

1034 **suggest** [sə(g)dʒést]　타 ～을 제안하다(～that(should)
　　　　　　　　　　　　　　　　　＋원형);～을 암시하다

〈명사형〉 suggestion (제안)

▶ He *suggested* a new plan. 그는 새로운 계획을 제안했다.
▶ He *suggested* to us that we (should) carry it out.
　그는 우리들에게 그것을 실행해 보지 않겠느냐고 권했다.
[주의]　미국 용법으로는 **should**을 생략하고 원형만 사용하는 일이 많다.
▶ He *suggerted* which way I should take.
　＝He *suggested* which way to take.
　그는 어떤 방법을 택해야 할지를 가르쳐 주었다.

1035 **sure** [ʃuər]　형 확실한:(be [or feel]～of [or that절])
　　　　　　　　　　　확신하는;반드시 ～하는(～to do)

▶ This is a *sure* method. 이것은 확실한 방법이다.
▶ He is *sure* ｛ of his success.
　　　　　　　　 (*that*) he will succeed.
　그는 자기가 성공할 것을 확신하고 있다.
▶ He is *sure* to succeed.＝I'm *sure* he will succeed.
　그가 성공하리라는 것을 나는 확신하고 있다.
▶ Be *sure* to come on time. 시간맞춰 꼭 와.
▶ I am not *sure* when he will arrive here.
　그가 여기 언제 도착할지 확실한 것은 모릅니다.
참고　It is *sure* that he is sick. (×)
　　　It is *certain* that he is sick. (○)

1036 **think** [θiŋk]　1. 타 ～라 생각하다;～을 …라 생각하
　　　　　　　　　　　다;[사람]이 ～하려 생각하다.
　　　　　　　　　　2 자 생각하다

〈명사형〉 thought (생각)

〈활용형〉 **think－thought**[θɔːt]－**thought**
　1. ▶ I *think* you are right. 나는 네가 옳다고 생각한다.
　　▶ Where do you *think* he lives?
　　　그는 어디 살고 있다고 생각합니까?

 Do you know where he lives? 그가 어디에 사는지 아십니까?

▶ I *think* to correspond to facts.
나는 그것이 사실과 부합된다고 생각한다.
▶ I *think* I *will* go abroad.＝I'm *thinking* of going abroad.
나는 외국에 가려고 생각하고 있다.
▶ I never *thought* to insult thim.
그를 모욕할 생각은 추호도 없었다.

《용법》 마지막 문형은 부정문·의문문에 주로 쓰인다.

▶ Who would have *thought* to find you here?
누가 당신을 여기에서 만나리라 생각했겠습니까?
2. ▶He *thought* of a good plan. 그는 좋은 계획을 생각해냈다.

1037 **try** [trai]　　1. 囝 ～을 시도하다;～하려고 노력하다
(～to do);시험삼아 해보다(～ing)
2. 囚 시도하다

1. ▶ *Try* this new hat. 시험삼아 이 새 모자를 써 보아라.
▶ I *tried* to open the door but couldn't.
문을 열려고 했으나 할 수 없었다.
▶ I suggest you *try* calling another company.
다른 회사에 전화해 보는게 어떻습니까?
2. ▶ *Try* how far you can jump.
얼마나 멀리 뛸 수 있는지 해 보아라.

1038 **want** [wɑnt]　　1. 囝 ～을 원하다;～하기를 원하다(～to do);
…가　～하는　것을　원하다(＋목적어＋to
do);…가　～되기를　원하다(＋목적어＋과거
분사);～을 필요로 하다(＋명사, 동명사)
2. 몡 (「필요한 것이 결여돼 있어서 갖고 싶
다」의 뜻을 포함하여) 결핍(～of);필요

1. ▶ You are *wanted* on the phone.
너한테 전화가 걸려왔다.
▶ I *want* you *to* bring him here.
네가 그를 여기에 데려오기를 원한다.

▶ I *want* this box *opened.* 이 상자가 열려줬으면 싶다.
▶ This watch *wants repairing.*
   =This watch *wants* to be repaired.
   이 시계는 수리할 필요가 있다.
▶ This book *wants* three pages.
   =There are three pages missing from this book.
   이 책은 3페이지가 빠졌다.
2. ▶ The house began to rot for *want of* care.
   그 집은 돌보지 않아 썩기 시작했다.

1039 **wish** [wiʃ] 1. 団 ～을 원하다;하고 싶다(～to do);
                          …가 ～하기를 바라다(＋목적어＋to
                          원형);～하면(했으면) 좋은데
                       2. 困 원하다(～for)
                       3. 명 소원;(～es) 축복의 말

1. ▶ It turned out just as I had *wished* it.
   그것은 내가 원하던대로 되었다.
▶ I *wish to* study in France. 나는 프랑스로 유학가고 싶다.
▶ I *wish* you *to* come with me. 네가 같이 와 줬으면 한다.
▶ I *wish* I could have attended the meeting.
   =I'm sorry I could not attend the meeting.
   회의에 참석할 수 있었으면 좋았는데.

《용법》   **wish**는 실현가능성이 없는 소망을 나타내므로 that−절에서
        가정법 과거나 가정법 과거완료가 쓰인다.

2. ▶ He *wished for* a new car. 그는 새 차를 갖고 싶어했다.
3. ▶ He has no *wish* to study. 그는 공부하고 싶은 생각이 없다.
▶ My mother gives her best *wishes* to you.
   어머니께서 안부 전하셨습니다.

필·수·다·의·어·단·어

독해 변별력을 좌우하는 뜻과 용법이
다양한 단어 108

All's fish that comes to the net
(그 물에 걸린 것은 무엇이든 물고기다)
→수중에 들어온 것은 무엇이든 철저히 활용하라

A·B

1040 **account** [əkáunt] 1. 몡 계산서;설명;기사;이유
2. 타 (사람이)탓으로 하다;~이라고 생각
하다 3. 자 설명하다;원인이 되다(~for)

〈형용사형〉 accuntable (책임있는) 〈명사형〉 accountant (회계사)

1. ▶ Put my shoes down to his *account*.
내 구두를 그의 계산에 넣어줘.
▶ On this *account* I can't go there.
이런 이유로 나는 거기 못간다.
▶ I don't believe newspaper *accounts*.
나는 신문기사를 안 믿는다.
▶ You must take his youth into *account*.
그의 젊음을 고려해 주어야 한다.
2. ▶ They *accounted* themselves giants in that field.
그들은 그 분야에서 스스로 거물이라고 생각했다.
3. ▶ You must *account for* your conduct.
너는 자신이 한 일을 설명해야 한다.
▶ That *accounts for* it! 저것으로 그것은 설명된다.

1041 **air** [ɛər] 1. 몡 공기;공중(the~);잘난체 함;
외관;방송
2. 타 ~에 바람을 통하다.;~을 자랑하다

1. ▶ *Air* pollution has been with us for a long time.
대기오염은 오랜 시간 우리와 더불어 있었다.
▶ I prefer traveling by sea to traveling by *air.*
나는 비행기여행보다 선박여행이 좋습니다.
▶ They put commercial programs off the *air.*
그들은 광고 방송을 중지했다.
2. ▶ Open all the windows and *air* the rooms.
창을 열고 방에 공기를 통하게 해라.

1042 answer [ǽnsər] 1. 몡 답, 해답
2. 탄 ~에 대답하다;풀다
3. 잔 책임을 지다

〈동의어〉 2. solve

---

1. ▶ He gave no *answer* to my question.
그는 내 질문에 아무것도 대답 안 했다.
2. ▶ *Answer* my this question. 나의 이 질문에 답하시오.
▶ He *answered* that he was ignorant of it.
그는 그것은 모른다고 했다.
3. ▶ I will *answer for* the result.
나는 그 결과를 책임질 것이다.

1043 apply [əplái] 1. 탄 ~을 응용(적용)하다;(마음)을
(일)에 기울이다(~oneself to)
2. 잔 지원하다;적용되다

〈명사형〉 application (적용;신청;전념);applicant (지원자)

---

1. ▶ You must sometimes *apply* oil *to* the machine.
때때로 기계에 기름을 쳐야 한다.
▶ The rule cannot be *applied to* this case.
이 규칙은 이 경우에 맞지 않는다.
▶ You must *apply yourself to* your work.
너는 네 일에 전념해야만 한다.
2. ▶ A lot of people *apply to* our business company *for* a
position. 많은 사람이 우리회사에 지원했다.

1044 **appreciate** [əprí:ʃieit]　🇹 ～을 바르게 판단하다;(예술작품 등)을 감상하다;～을 고맙게 생각하다

〈명사형〉 appreciation (이해력;감상력)

- ▶ He does not *appreciate* the difficulties of the situation.
  그는 그 상황의 어려움들을 바르게 판단하고 있지 않다.
- ▶ Do you *appreciate* poetry? 시를 감상하고 있니?
- ▶ I *appreciate* your help. 너의 도움을 고맙게 생각한다.

1045 **article** [á:rtikl]　🇳 물품;1개;기사

- ▶ We must use home－produced *articles*.
  우리는 국산품을 애용해야 한다.
- ▶ The bed is an *article* of furniture. 침대는 가구의 하나이다.
- ▶ I read an interesting *article* on marriage.
  난 결혼에 관한 재미있는 기사를 읽었다.

1046 **bear** [bɛər]　1. 🇹 ～을 낳다;～을 견디다;～을 제시하다
　　2. 🇿 그대로 있다;관계가 있다

1. ▶ People don't know when and where he was *born*.
   ＝People don't know the date and the place of his birth.
   사람들은 그가 언제, 어디서 태어났는지 모른다.
   - ▶ He was *born* a musician. 그는 타고난 음악가였다.
   - ▶ This letter *bears* no date. 이 편지엔 날짜가 없다.
   - ▶ I can't *bear* his rudeness. 난 그의 무례함을 참을 수 없다.
2. ▶ This ice *bears*. 이 얼음은 그대로 있다.

1047 **bearing** [bɛ́əriŋ]　🇳 태도;관계;(～s)방향;인내

- ▶ We must consider the matter in all its *bearings*.
  우리는 그 문제를 모든 방향에서 검토해 보아야 한다.
- ▶ He lost his *bearings*. 그는 그의 방향을 잃어버렸다.

1048 **body** [bádi]　　　　　　명 신체;물체;시체;덩어리

〈반의어〉 mind (마음), soul (영혼), spirit (정신)
〈부사형〉 bodily (모두;그대로)

▶ A man consists of a soul and *body*.
인간은 영혼과 육체로 이루어져 있다.
▶ Galileo discovered the law of falling *bodies*.
갈릴레오는 낙하물의 원리를 발견했다.
▶ Parliament is a representative *body*.
의회는 대표단체이다.
▶ They moved forward in a *body*.
그들은 다함께 앞으로 움직였다.

C

1049 **call** [kɔːl]　　1. 타 ~을 부르다;~을 …이라고 생각
　　　　　　　　　　　하다;~에게 전화를 걸다
　　　　　　　　　2. 자 부르다;전화하다;방문하다
　　　　　　　　　3. 명 부르는 소리;(전화 따위의) 통화

〈명사형〉 calling (외침;직업)

1. ▶ *Call* the police. 경찰을 불러라.
　 ▶ They *called* him Johnny. 그들은 그를 Johnny라고 불렀다.
　 ▶ I *call* it dishonest. 나는 그것을 속임수라고 생각한다.
　 ▶ I'll *call* you (up) tomorrow. 내일 전화드리겠습니다.
2. ▶ He *called* to me from downstairs.
　　그는 아랫층에서 나를 불렀다.
3. ▶ I have to make several *calls*. 수차례 방문해야 한다.

1050 **capital** [kǽpitl]　1. 명 수도;대문자;자본
　　　　　　　　　　　2. 형 중요한;대문자의;훌륭한;죽어마땅한

1. ▶ Write your name in *capitals*. 당신 이름을 대문자로 쓰시오.
　 ▶ Education is my only *capital*. 교육이 나의 유일한 자본이다.
2. ▶ It's a *capital* idea. 그것은 훌륭한 생각이다.

▶ It is a *capital* crime. 그것은 죽어마땅한 범죄이다.

1051 **case** [keis]　　　　　　명 사건;(the~) 실정;진상;상자

▶ Such being *the case,* I can't go with you.
　이런 사정이니까 나는 당신과 함께 갈 수 없습니다.
▶ In *case* of rain the departure will be put off.
　비올 경우 출발은 연기될 것이다.
▶ As is often the *case* with him, he is absent today.
　그에게는 자주 있는 일인 것처럼 오늘도 결석이다.

1052 **charge** [tʃɑrdʒ]　1. 타 (요금 등)을 청구하다;~을 비난하다(~with);(책임 등)을 떠맡기다.
　　　　　　　　2. 자 지불을 청구하다;돌격하다 (~at)
　　　　　　　　3. 명 요금;고소;책임.

1. ▶ She was *charged with* a crime. 그녀는 기소되었다.
　▶ He *charged* me with the work. 그는 나에게 그 일을 맡겼다.
　▶ The hotel *charges* thirty dollars a day for this room.
　　이 호텔의 객실요금은 하루 30달라이다.
3. ▶ I am in *charge* of her class. 나는 그녀반 담임이다.

1053 **clear** [kliər]　1. 형 개인;맑은;밝은;확실한;~의 속박이 없는(~of) 2. 타 (사물)을 제거하다;치우다.
　　　　　　　　3. 자 개다 (~up)

〈명사형〉 clearance (치움, 개척), clearing(청소, 제거)
〈부사형〉 clearly

1. ▶ It was a *clear* night. 맑게 개인 밤이었다.
　▶ It is *clear* that he knows it.
　　그가 그것을 알고 있다는 것은 확실하다.
　▶ He made *clear* to me that I was wrong.
　　내가 틀렸음을 그는 내게 분명히 해주었다.
2. ▶ They were busy *clearing* the road of snow.
　　=They were busy *clearing* the snow from the road.
　　그들은 길 위의 눈을 제거하는데 바빴다.

▶ She is *clearing* the table. 그녀는 식탁을 치우고 있다.
3. ▶ The sky has *cleared* up. 하늘이 맑게 개었다.

1054 **close** [klouz]
1. 타 ~을 닫다(shut);(일 등)을 끝내다
2. 자 닫다;(가게 등이) 끝나다
3. [klous] 형 근처의 (~to);친밀한;면밀한
4. [klous] 부 아주 가까이;빈틈없이;딱맞게
5. 명 [klouz] 끝;[klous] 경내

1. ▶ Would you mind *closing* the window?
창문을 닫아주시지 않겠습니까.
▶ The road is *closed* to traffic. 그 도로는 통행 금지다.
2. ▶ The shop *closes* at seven in the evening.
그 가게는 저녁 7시에 끝난다.
3. ▶ My home is *close to* the station. 우리 집은 역 바로 옆이다.
▶ He is a *close* observer. 그는 면밀한 관찰을 하는 사람이다.
4. ▶ He lives *close to* [or *by*] the police station.
그는 경찰서 바로 근처에 살고 있다.
5. ▶ The crowd began to leave before the *close* of the game.
경기가 끝나기 전에 사람들은 자리를 뜨기 시작했다.

1055 **come** [kʌm]
자 오다;~하게 되다 (~to do);
~가 되다(+보어);~출신이다.(from)

〈명사형〉 coming 도래

〈활용형〉 **come—came—come**
▶ I'll *come* to your house at six. 6시에 댁으로 찾아뵙겠습니다.
▶ You'll soon *come* to know it.
너는 곧 그것을 알게 될 것이다.
▶ He *comes* from India. 그의 고국은 인도이다.
▶ What I said will *come* true.
내가 한 말은 이루어질 것이다.

1056 **common** [kámən]
형 공통의;일반의;평범한

〈부사형〉 commonly (대개, 보통)

▶ These faults are *common* to all Koreans.
이러한 결점은 한국인 모두에게 공통되는 것이다.
▶ These flowers are *common* around here.
이런 꽃은 이 근방에 흔하다.
▶ He is a *common* man. 그는 평범한 인간이다.

1057 concern [kənsə́ːrn]
1. 타 ~에 관계하다 ; (be~ed) ~에 관여하다 (in, with) ; (be~ed) ~을 걱정하다.(~for)
2. 명 (~s) 이해관계, 관심사 ; (개인적 관계나 애정 등에 의한) 걱정 ; 관계

1. ▶ It doesn't *concern* me. 그것은 나하고는 상관없다.
▶ I *am* not *concerned in* the crime.
나는 그 범죄와 관계가 없다.
▶ The news *concerns* me deeply.
= I *am* deeply *concerned* to hear the news.
그 소식을 듣고 나는 아주 걱정하고 있습니다.
▶ She *is concerned for* her daughter.
그녀는 딸을 걱정하고 있다.
2. ▶ It's no *concern* of yours. 그것은 네가 상관할 것이 아니다.
▶ I have no *concern* with the matter.
나는 그 사건과 관계가 없다.
▶ He knows little of wordly *concerns*. 그는 세상사에 어둡다.

1058 consequence [kánsikwèns]　명 결과 ; 중요성

〈형용사형〉 consequent 결과의

▶ He failed in *consequence*. 그 결과 그는 실패했다.
▶ He is a man of *consequence*. 그는 중요 인물이다.

1059 consult [kənsʌ́lt]
1. 타 ~에게 상담하다 ;
~을 조사하다 ; ~을 고려하다
2. 자 상담하다(~with)

1. ▶ *Consult* the doctor at once.
곧 의사에게 진찰 받으시오.

▶ *Consult* the dictionary as often as possible.
될 수 있으면 사전을 찾아 보아라.

2. ▶ The two lawyers *consulted* on this case.
그 사건에 두명의 변호사가 관계했다.

1060 **cover** [kʌ́vər]　　1. 閏 ~을 덮다;(범위·문제)를 포함하다;
　　　　　　　　　　　　　　　(어느 거리)를 가다;~을 보도하다
　　　　　　　　　　　　　2. 閏 덮개;피난처;표지

〈명사형〉 coverage (범위;보도)

1. ▶ This magazine *covers* the accident.
이 잡지는 그 사고를 보도하고 있다.
▶ She *covered* ten miles a day. 그녀는 하루에 10마일 갔다.
2. ▶ The jewel box had a carved wooden *cover*.
그 보석상자는 조각된 나무덮개로 덮여 있었다.

1061 **cross** [krɔːs]　　1. 閏 십자가
　　　　　　　　　　　　2. 閏 ~을 가로 지르다;~와 교차하다
　　　　　　　　　　　　3. 閏 교차하다;건너다
　　　　　　　　　　　　4. 閏 교차한;반대쪽의;시무룩한

2. ▶ Be careful when you *cross* the busy street.
교통이 혼잡한 거리를 횡단할 때는 조심해라.
3. ▶ We *crossed* each other on the road.
거리에서 서로 스쳐 지나갔다.
4. ▶ It was the consequence *cross* to my expectation.
결과는 내 기대에 어긋난 것이었다.
▶ She was *cross* with me. 그녀는 나에 대해 기분 나빠했다.

D·E

1062 **deliver** [dilívər]　　1. 閏 ~을 배달하다;건네주다;
　　　　　　　　　　　　　　　(연설 등)을 하다;~을 해방시키다

〈명사형〉 delivery (배달;석방)

▶ He *delivered* a speech. 그는 연설을 했다.
▶ Did you *deliver* my message to your brother?
형한테 내 메세지를 전달 했습니까?

1063 direct [dirékt]
1. 태 ~을 지도하다;명령하다;
   ~로 향하다;~을 지시하다
2. 형 똑바른;직접적인;절대의
3. 부 똑바로

〈명사형〉 direction (지휘;방향)

---

1. ▶ He *directed* the building of the new bridge.
   그는 새 다리의 건설을 지휘했다.
   ▶ I *directed* him to study English every day.
   나는 그에게 매일 영어를 공부하도록 명령했다.
   ▶ We *directed* out steps towards the house.
   우리들은 집으로 발길을 돌렸다.
2. ▶ The *direct* line between A and B is a straight line.
   A와 B를 곧바로 연결하는 선은 직선이다.

1064 do [du]
1. 태 ~을 하다;~에 도움이 되다;~을 처리하다
2. 자 하다;지내다;(will~) 도움이 되다

〈명사형〉 deed (행위)

〈활용형〉 **do－did－done**
1. ▶ Did you *do* your best? 최선을 다했는가?
   ▶ The book will *do* good to you.
   그 책은 너에게 도움이 될 것이다.
2. ▶ Any book *will do*. 어떤 책이라도 좋습니다.

1065 due [d(j)u:]
    형 (be~to) 당연히 지불해야 하는;
    ~할 예정인;~에 기인하는

〈부사형〉 duly (바르게;딱좋은)

▶ Money *is due to* him for his work.
돈은 그에게 마땅히 지불되어야 한다.
▶ The failure *is due to* his ignorance.

그 실패는 그의 무지에 의한 것이다.
▶ He *is due to* arrive at three. 그는 3시에 도착할 예정이다.

1066 earth [əːrθ]　　명 (the~) 지구;대지;(on~) 이승;흙

〈형용사형〉 earthly (이승의)

▶ Three-fourths of the *earth's* surface is covered with water. 지구 표면의 4분의 3은 물로 덮여 있다.
▶ She is the most beautiful woman on *earth*.
그녀는 이 세상에서 가장 아름다운 여성입니다.
▶ Rivers carry *earth* into the sea. 강은 흙을 바다로 운반한다.

《용법》　on earth는 의문사를 강하게 하여 「도대체…」란 의미를 갖는다.
What *on earth* is the matter? 도대체 어찌된 일이야.

1067 engage [ingéidʒ]　1. 타 ~에 종사 시키다;~을 고용하다;~을 약속하다;~을 약혼시키다
2. 자 종사하다;약속하다

〈명사형〉 engagement (약속;약혼)

1. ▶ He is *engaged* in business. 그는 장사를 하고 있다.
▶ I'll *engage* her as a typist.
나는 그녀를 타자수로 고용할 것이다.
▶ I am *engaged* to her. 나는 그녀와 약혼중이다.
2. ▶ He *engaged* to do the work by himself.
그는 그 일을 혼자서 하겠다고 맹세했다.

1068 even [íːv(ə)n]　1. 형 평평한;짝수의 2. 부 ~조차;더욱

〈부사형〉 evenly (평평하게)

1. ▶ Your desk is *even* with mine.
너의 책상은 내 책상이랑 같은 높이다.
2. ▶ *Even* a child can do it. 어린아이도 그건 할 수 있다.
▶ It is *even* better. 그건 더 좋다.

[주의]　비교급 앞의 **even**은 비교급을 강조시킨다.

1069 **face** [feis]
1. 몡 얼굴;뻔뻔스러움;체면
2. 탄 ~에 면하다;~에 직면하다.
3. 잔 향하다(~on, to)

〈형용사형〉 facial (얼굴의)

1. ▶ He had the *face* to propose to her.
   그는 뻔뻔스럽게 그녀에게 청혼했다.
2. ▶ He *faced* the danger. 그는 위험에 맞섰다.
3. ▶ My house *faces* south. 우리 집은 남향이다.

1070 **fair** [fɛə]
1. 혱 공평한;상당한;금발의;아름다운
2. 분 공평하게;아름답게;정중하게
3. 몡 박람회

〈부사형〉 fairly (공평하게)

1. ▶ He is not *fair* to us. 그는 우리에게 공평하지 않다.
2. ▶ Try to speak *fair*. 정중하게 얘기하도록 하시오.

1071 **fast** [fæst]
1. 혱 빠른;단단한, 깊은
2. 분 푹;단단히;빨리 3. 잔 단식하다

1. ▶ My watch is ten minutes *fast*. 내 시계는 10분 빠르다.
   ▶ The wives soon became *fast* frineds.
   그 부인들은 곧 충실한 친구가 되었다.
2. ▶ The baby is *fast* asleep. 아기는 푹 자고 있다.
   ▶ Did you lock the door *fast*? 문을 꽉 잠궜는가?
3. ▶ They always *fast* during the religious holidays.
   그들은 종교적 휴일동안에는 아무것도 먹지 않는다.

1072 **figure** [fígjər]
1. 몡 풍채;인물;도형;숫자
2. 탄 ~을 상상하다;계산하다
3. 잔 두각을 나타내다;계산하다.

1. ▶ I saw some *figures* there. 나는 거기서 사람을 몇 명 봤다.

▶ The blackboard was covered with *figures*.
칠판에는 숫자가 가득 씌여 있었다.
2. ▶ I *figured* her a teacher. 나는 그녀를 선생이라고 생각했다.
3. ▶ Kennedy *figures* in history.
케네디는 역사상 중요인물이다.

1073 **fit** [fit] 1. 혤 ~에 적합한;(행위·복장이) 올바른;준비가 된
2. 태 ~에 맞다;~을 설치하다 3. 재 적합하다

〈명사형〉 fitness (적절)

〈활용형〉 **fit－fitter－fittest**
1. ▶ The water is not *fit* to drink.
그 물은 음료로 적합하지 않다.
▶ It is not *fit* that he (should) go himself.
그가 혼자서 가는 것은 좋지 않다.
▶ The crops were *fit* for gathering.
추수할 때가 왔다.
2. ▶ The coat *fits* her beautifully.
그 코트는 그녀에게 딱 맞는다.
▶ I *fitted* the door *with* a new handle.
그 문에 새로운 손잡이를 설치했다.
3. ▶ The house *fits* nicely in that wooden environment.
그 집은 목조 분위기에 무척 잘 어울린다.

1074 **fix** [fiks] 1. 태 ~을 고정시키다;~을 결정하다;
~을 수리하다;~을 정리하다
2. 재 고정하다;결정하다

〈명사형〉 fixátion (고정), fixture (고정물)

1. ▶ Where did you *fix* the mirror? 거울을 어디 붙였습니까?
▶ Father *fixed* the radio. 아버지가 라디오를 고쳤다.
▶ *Fix* your room everyday. 매일 방을 정돈 하시오.

1075 **get** [get] 1. 태 ~을 얻다, ~을 받다;
~을 가져오다;~시키다;~되다
2. 재 닿다(~to);~가 되다.

<활용형> get—got—gotten
1. ▶ I *got* him a job. 나는 그에게 일자리를 구해 주었다.
  ▶ Where did you *get* the book? 그 책은 어디서 샀습니까?
  ▶ *Get* him his coat. 그에게 코트를 갖다주어라.
  ▶ I *got* him to repair my radio.
    나는 그에게 라디오를 고치게 했다.
  ▶ I *got* my hair cut. 이발했다.
  ▶ *Get* the work finished by five.
    5시까지 그 일을 끝내 버려라.
2. ▶ I often *get* sleepy. 나는 종종 졸립다.
  ▶ He must have *got* to the station by now.
    그는 지금쯤 정거장에 도착했을 것이다.

1076 **give** [giv] 　　1. 田 ~를 주다;~을 열다. 2. 困 주다.

<활용형> give—gave—given
1. ▶ He *gave* his name. 그는 이름을 말했다.
  ▶ She *gave* a dinner party. 그녀는 만찬회를 열었다.
  ▶ Cows *gave* milk. 소는 우유를 공급한다.
2. ▶ The branch *gave* under the weight of the heavy snow.
    나뭇가지는 무거운 눈의 무게로 휘어졌다.

1077 **go** [gou] 　　困 가다;사라지다;~라 씌여 있다;~가 되다.

<활용형> go—went—gone
  ▶ All hope is *gone*. 모든 희망이 사라졌다.
  ▶ Honesty is the best policy as the saying *goes*.
    속담에도 있듯이, 정직이 최상책이다.
  ▶ He *went* mad. 그는 미쳤다.

1078 **good** [gud] 　　1. 形 좋은;친절한;즐거운;분량이 충분한
　　　　　　　　　　　　　2. 名 이익;좋음;(~s) 상품;(~s) 재산

<활용형> good—better—best
1. ▶ We had *good* weather. 날씨가 좋다.
  ▶ Smoking is not *good* for the health.
    담배는 건강에 안 좋다.

▶ It was *good* of you to help my child.
내 아이를 도와주어 고마웠다.
▶ We had a very *good* time.
우리는 즐거운 시간을 보냈다.
2. ▶ It will do more harm than *good*.
그것은 이익보다는 해가 더 많을 것이다.
▶ There is no *good* in you.
너한테는 좋은 점이 하나도 없다.
▶ They cannot know *good* from evil.
그들은 선과 악을 구별 못한다.

1079 **ground** [graund] 몡 지면;땅;입장;기초;분야;이유
(on the~of [or that-절])

▶ He kept his *ground*. 그는 자기 입장을 고수했다.
▶ The committee's report covers a great deal of new *grounds*. 위원회의 보고는 많은 새로운 분야를 포함하고 있다.
▶ I stayed at home **on the ground that** I didn't feel well.
기분이 별로 안 좋다는 이유로 나는 집에 남았다.

H·I·J·K

1080 **help** [help] 1. 탄 ~을 돕다;~을 피하다
(cannot과 함께);~을 완화하다
2. 잰 돕다;식사시중을 들다
3. 몡 원조, 조력;구제법

〈명사형〉〈형용사형〉 helping (원조;도움이 되는)

1. ▶ He *helped* me do the work.
[=He *helped* me with the work.]
그는 내가 그 일을 하는 것을 도와 주었다.
▶ I could not *help* laughing.=I could not but laugh.
나는 웃지 않을 수 없었다.
▶ This medicine will *help* the pain.
이 약은 고통을 가라앉혀 줄 것이다.

3. ▶ The cook is in charge of the kitchen *help.*
주방장은 주방에서 일하는 사람들을 책임진다.

1081 **hold**
[hould]
   1. 〔타〕 (손에)~을 들다;~을 계속 유지하다;
       ~을 …상태로 유지하다;(회의 등)을
       열다;~라고 생각하다(~that—절)
   2. 〔자〕 (어느 상태가) 계속하다;견디다.

〈활용형〉 **hold—held—held**
  1. ▶ She *held* my hand. 그녀는 내 손을 잡았다.
    ▶ He is said to *hold* huge property.
      그는 막대한 재산을 갖고 있다고 말하여진다.
    ▶ *Hold* a seat for me. 내 자리좀 맡아 주세요.
    ▶ When are you going to *hold* your wedding ceremony?
      언제 결혼식을 올릴 예정입니까?
    ▶ I *hold* that what he says is true.
      그의 말이 정말이라고 생각한다.
  2. ▶ This rule *holds* in all cases.
      이 규칙은 모든 경우에 유효하다.
    ▶ How long will this fine weather *hold* ?
      이처럼 좋은 날씨가 얼마나 계속될까?

1082 **idea** [aidíːə]   〔명〕 의견;취향;이상

〈명사형〉 ideal (이상)

    ▶ Have you any *idea* of what I'm trying to explain?
      내가 무얼 설명하려는지 아십니까?
    ▶ Going to film is not my *idea* of spending a sunny day.
      화창한 날에 영화보러 가는 것은 내 취미에 안 맞는다.
    ▶ That is not my *idea* of happiness.
      나는 행복이 그런 것이라고 생각하지 않는다.

1083 **just** [dʒʌst]
   1. 〔형〕 올바른;정당한;공정한
   2. 〔부〕 이제 방금;정확히;다만;겨우

  1. ▶ He is always *just* to us. 그는 항상 우리에게 공정하다.

▶ It is *just* what I want to say.
내가 말할려고 하는 것은 정당하다.

2. ▶ I could *just* see her legs.
나는 겨우 그녀의 다리만을 볼 수 있었다.

▶ *Just* look at my hand. 내 손 좀 봐.

1084　**keep** [ki:p]　1. 태 ~을 간직하다;(상태)를 유지하다; ~을 …으로 해두다;키우다;(일기 등)을 쓰다;(약속)을 지키다.
2. 자 계속 ~이다;(음식 등이) 썩지않다.

〈활용형〉　**keep－kept－kept**

1. ▶ *Keep* my words in mind. 내 말을 명심해 둬.
▶ I'm sorry to have *kept* you waiting so long.
오래 기다리게 해서 죄송합니다.
▶ Do you *keep* a dog? 개를 키우십니까?
▶ We don't *keep* sugar. 우리는 설탕은 취급하지 않습니다.
2. ▶ I *kept* standing all the way. 나는 계속 서 있었다.
▶ This meat will *keep* for a week.
이 고기는 1주일동안 썩지 않는다.

L·M

1085　**lead** [li:d]　1. 태 ~을 인도하다;앞서다
2. 자 안내하다;통하다;(어떤 결과)~가 되다

〈형용사형〉 leading (주요한)

〈활용형〉　**lead－led－led**

1. ▶ She *led* the blind girl by the hand.
그녀는 그 눈먼 소녀의 손을 잡고 데려갔다.
▶ He *led* me to believe it. 그는 나에게 그것을 믿게 했다.
▶ He *leads* the class in English.
그는 영어는 반에서 1등이다.
2. ▶ Where does this road *lead (to)* ?
이 길로 가면 어디로 나옵니까?
▶ This *led* to great confusion. 이것은 대혼란을 초래했다.

1086　**leave** [liːv]　　　1. 囤 ~을 두고 가다;~한 채로 방치하다;~에게 맡기다
2. 囵 떠나다, 출발하다.

〈명사형〉 leavings (잔여물)

〈활용형〉 **leave-left-left**
1. ▶ Why do you *leave* the window open?
왜 창문을 열어 둔 채로 놔 두는가?
▶ I will *leave* it to you. 그것을 너한테 맡길 것이다.
▶ He *left* a large fortune to his sons.
그는 아들들에게 막대한 재산을 남겼다.
▶ *Leave* him to do as he likes.
그가 좋아하는 대로 하게 내버려두라.
2. ▶ He *left* for Pusan. 그는 부산으로 떠났다.

1087　**life** [laif]　　　囻 생명;인생;생활;활기;전기

〈복수형〉 lives

▶ There is no *life* on the moon. 달에는 생물이 존재하지 않는다.
▶ He spent his *life* in pursuit of pure knowledge.
그는 순수한 지식을 추구하며 일생을 보냈다.
▶ I may have to rely on your help in private *life*.
나는 개인적 생활에서 당신의 원조에 의지해야 할지 모른다.
▶ She was the *life* of our party. 그녀는 우리 파티의 활력소였다.
▶ Great *lives* can only be written by great biographers.
위대한 사람의 전기는 위대한 전기 작가에 의해서만 쓰여질 수 있다.

1088　**line** [lain]　　　1. 囻 선;강;행;선로;단;(~s)방침
2. 囤 …에 선을 긋다;일렬로 세우다

〈형용사형〉 lineal (직계의;정통의), linear (직선의)

1. ▶ The road ran in a straight *line*.
도로는 일직선으로 뻗어 있었다.
▶ She is hanging the clothes on the *line*.
그녀는 세탁물을 줄에 걸고 있다.

▶ Three bus *lines* run in this town.
이 마을에는 버스노선이 3개 있다.
▶ Drop me a *line* when you arrive there.
거기 도착하면 몇 줄 써보내라.
▶ The foreign minister explained the *lines* of his foreign policy. 외무장관은 자신의 외교정책의 방침을 설명했다.
2. ▶ Cars are *lined up* along the street.
차들이 길을 따라 늘어서 있다.
▶ The street is *lined* with trees.＝Trees lined the street.
그 길은 가로수길이다.

| 1089 | **lot** [lɑt] | 몡 많음;복권;운명 |

▶ He has a *lot* of friends here. 여기에 그는 많은 친구가 있다.
▶ The *lot* fell on the little girl.
복권은 그 꼬마 소녀에게 당첨되었다.
▶ He is bearing his hard *lot* . 그는 불운을 견디고 있다.

| 1090 | **make** [meik] | 탣 ~을 만들다;~을 ~로 하다;
~시키다;~가 되다. |

〈명사형〉 making (제조)

▶ Mother will *make* tea. 어머니가 차를 끓여 주실 것이다.
▶ She will *make* you a good wife.
＝She will make a good wife for you.
그녀는 너에게 좋은 부인이 될거야.
▶ He *made* us obey his orders.
＝We were *made* to obey his order by him.
그는 우리를 자기 명령에 따르게 했다.
▶ Don't *make* trouble. 소란을 피우지 마라.

| 1091 | **match** [mætʃ] | 1. 몡 호적수;결혼 상대
2. 탣 ~에 필적하다;~을 ~와 대항시
키다.(~with, against)
3. 잳 걸맞다;결혼하다. |

1. ▶ I am no *match* for you. 나는 네 상대가 될 수 없다.
2. ▶ I can *match* him in running.
   뛰는거라면 그에게 대항할 수 있다.
3. ▶ These clothes and shoes do not *match* well.
   이 옷과 신발은 어울리지 않는다.

1092 **matter** [mǽtər]　1. 명 물질;내용;문제;사고(the~);중요성
　　　　　　　　　　　　2. 자 중요하다.

1. ▶ His speech was over without offering any useful *mat-ter*. 그의 연설은 무슨 도움되는 내용도 없이 끝났다.
   ▶ What's the *matter* with you? 무슨 일 있습니까?
   ▶ It's *matter* for regret that you can't join us.
   네가 우리와 함께할 수 없다니 유감스런 일이다.
2. ▶ It does not *matter* whether he is a Korean or not.
   그가 한국인이든 아니든 중요하지 않다.

1093 **meet** [miːt]　　　　1. 타 ~을 만나다;~을 맞이하다;
　　　　　　　　　　　　　　~에 대항하다;~를 채우다
　　　　　　　　　　　　2. 자 만나다;(회의)가 열리다

〈명사형〉 meeting (회의)

1. ▶ I'll *meet* you at the station. 역에서 당신을 맞이할 것이다.
   ▶ I *met* their objection. 나는 그들의 반론에 맞섰다.
   ▶ He failed to *meet* her wishes.
   그는 그녀의 소원을 충족시켜 주는데 실패했다.
2. ▶ The two properties *meet* at the bottom of the valley.
   그 두 소유지는 계곡밑에서 만난다.

1094 **moment** [móumənt]　　명 순간;중요

〈형용사형〉 momentary (순간의)

▶ I have nothing to say at the *moment*.
  지금 나는 할 말이 없다.
▶ It is of little *moment* for me to leave this town.
  이 마을 떠난다는 것은 나에게 중요한 일이 아니다.

1095 nation [néiʃən]　　　명 나라;국민;민족

〈형용사형〉 national (국가의)

▶ We traveled through the **nation**.
우리는 그 나라 전체를 여행했다.
▶ The President spoke on radio to the **nation**.
대통령은 라디오를 통해 전 국민에게 말했다.
▶ There are many **nations** in Asia.
아시아에는 많은 민족이 산다.

1096 nature [néitʃər]　　　명 자연;천성;자연대로의 상태

〈형용사형〉 natural (자연의;본래의)

▶ Man is engaged in the constant struggle with **nature**.
인간은 자연과 끊임없는 투쟁을 하고 있다.
▶ Some savages live in a state of **nature**.
몇몇 미개인들은 자연 그대로의 상태로 살고 있다.
▶ Cats and dogs have entirely different **natures**.
개와 고양이는 성격이 전혀 다르다.

1097 number　　1. 명 수;번호;(잡지 등의)호;(~s) 다수
[nʌ́mbər]　　2. 타 ~에 번호를 붙이다;세다;~의 수에 달하다

〈형용사형〉 numberless (무수한)

1. ▶ The **number** of applicants was large.
지원자 수는 많았다.
▶ Cars are increasing in **number** in this city.
＝The **number** of cars is increasing in this city.
이 시에서는 차의 수가 증가하고 있다.
▶ I want the May **number** of this magazine.
나는 이 잡지의 5월호를 원한다.
▶ I dialed a wrong **number** on the telephone.
나는 전화를 잘못 걸었다.

▶ There are *numbers* who believe it.
그것을 믿고 있는 사람이 많다.

《용법》 ∫ **the number of~** (~의 수는)
　　　 ⎩ **a number of~** (다수의 ; 얼마간의)

2. ▶ You'd better *number* the pages of your notebook.
노트에 번호를 매겨두는 것이 낫다.

▶ You can *number* me among your friends.
너는 나를 네 친구로 세도 좋다.

▶ They *numbered* fifty all.
그들은 모두 합해 50명이 되었다.

1098 **oblige** [əbláidʒ]　　타　~에게 강제로 시키다 ; ~을 고맙게 하다

〈명사형〉 obligation (의무)

▶ I was *obliged* to do the work.
나는 그 일을 싫어도 해야 했다.

《용법》 **be obliged to~, be compelled to~, be forced to~** ~는 서로
거의 같은 뜻이다.

▶ I am much *obliged* to you for your help.
당신 도움에 무척 감사하고 있습니다.

1099 **odd** [ɑd]　　　　　형　묘한 ; 여분의 ; 홀수의

〈반의어〉 **even** (짝수의)

▶ Father died thirty—*odd* years ago.
아버지는 삼십 여년전에 전에 돌아가셨다.

▶ He is doing *odd* jobs. 그는 틈틈이 일을 하고 있다.

▶ 1, 3, and 5 are *odd* numbers. 1, 3, 5는 홀수이다.

1100 **open** [óup(ə)n]　　1. 타　~을 열다 ; ~을 시작하다 ; ~을 공개하
다 2. 자　열다 ; 시작하다 ; ~에 통해 있다
3. 형　열린 ; 공개된 ; 솔직한 ; 받기쉬운 (~to)
4. 명　(the~) 공터

〈명사형〉 opening (개방 ; 광장), 〈부사형〉 openly (공공연히)

1. ▶ He *opened* a new store. 그는 새 가게를 열었다.
   ▶ They *opened* the park to the public.
     그 공원을 일반에 공개하였다.
2. ▶ The door *opened* slowly. 문은 천천히 열렸다.
3. ▶ Keep the window *open* . 창문을 열어 두어라.
   ▶ This swimming pool is *open* to the public.
     이 수영장은 일반인에게 공개되었다.
   ▶ This is an *open* secret. 이것은 공공연한 비밀이다.

1101 **order** [ɔ́:rdər]　　1. 명 명령;정리;질서;순서;주문
　　　　　　　　　　　　　2. 타 ~에게 명령하다;~을 주문하다
　　　　　　　　　　　　　　(~from);~을 정리하다.

〈형용사형〉 orderly (정연한)

---

1. ▶ Father's *orders* are that you must be home by 10 o'
   clock.
   아버지의 명령은 네가 10시까지는 귀가해야만 한다는 것이다.

《용법》　「명령」의 의미로는 복수가 사용된다. **give orders** '명령하다'.

   ▶ Her room is out of *order* . 그녀의 방은 난장판이다.
   ▶ Arrange the words in alphabetical *order* .
     알파벳 순으로 그 단어를 나열하시오.
2. ▶ I *ordered* the book *from* England.
   그 책을 영국에 주문했다.
   ▶ She *ordered* the dog to sit. 그녀는 개에게 앉으라고 명했다.

1102 **own** [oun]　　　1. 형 자기 자신의;독특한
　　　　　　　　　　　　2. 타 ~을 소유하다;~을 인정하다
　　　　　　　　　　　　3. 자 인정하다

〈동의어〉 1. private 〈반의어〉 2. deny (부인하다)

---

1. ▶ Bring your *own* tennis racket.
   네 테니스라켓을 가져오너라.
2. ▶ He *owns* his land. 그는 자기 토지를 소유하고 있다.
3. ▶ He *owned* to having known about it.
   그는 그 일을 알고 있었다고 인정했다.

P·R

1103 **part** [pɑːʳt]   1. 몡 부분;지역;의무;역할;관계
　　　　　　　　　　　2. 탸 ~을 나누다;~을 떼어놓다
　　　　　　　　　　　3. 쟈 깨지다;헤어지다 (~from)

〈형용사형〉 partial (일부의;부분적인)
〈부사형〉 partly (부분적인)

1. ▶ What *part* of your leg is broken?
다리의 어느 부분이 부러졌는가?
▶ He played the *part* of Othello. 그는 오델로 역을 맡았다.
▶ His father has a *part* in the scandal.
그의 아버지는 이 부정사건에 관계가 있다.
▶ Do your *part* . 자기 의무를 다해라.
3. ▶ It's sad to *part* from you. 너와 헤어져 슬프다.

1104 **pass** [pæs]   1. 쟈 나아가다;지나가다;(때가)지나다;
　　　　　　　　　　시험 등에 합격하다;(상태 등이) 끝나다
　　　　　　　　　　2. 탸 ~의 옆을 지나다;합격하다;
　　　　　　　　　　(때)를 지내다;~건네주다.

〈명사형〉 passage (통행;일절)

1. ▶ The road *passes* along the lake.
도로는 호수를 따라 뻗어 있다.
▶ Two years have *passed* since I came here.
여기온 지 2년이 지났다.
▶ The fever soon *passed* . 열은 금방 가라 앉았다.
2. ▶ I'm glad that my son *passed* the examination.
아들이 시험에 합격해서 기쁘다.
▶ Please *pass* me the salt. 소금을 집어 주세요.

1105 **pick** [pik]   1. 탸 (꽃·과일 등)을 따다;~을 고르다;
　　　　　　　　　　~을 찌르다;~속의 내용물을 집다
　　　　　　　　　　2. 쟈 훔치다;(새가)쪼다;꽃을 따다

〈동의어〉 1. choose (고르다), pluck (따다)

1. ▶ She is *picking* flowers. 그녀는 꽃을 따고 있다.
   ▶ You must *pick* your words. 말조심 하세요.
2. ▶ He tried to *pick* my pocket.
   그는 내 주머니 속의 내용물을 훔치려고 했다.

1106 place [pleis]
1. 명 장소;지방;좌석;지위;입장
2. 타 ~을 두다;(사람)을 임명하다(~in);
   ~을 생각해내다

〈명사형〉 placement (배치)

1. ▶ Save me a *place*. 내 자리 맡아 주세요.
   ▶ He got a *place* at the office. 그는 그 관공서에 취직했다.
   ▶ I have a sore *place* on my arm.
   나는 팔에 쑤시는 데가 있다.
   ▶ Your advice is out of *place*. 네 조언은 적당하지 않다.
   ▶ I took his *place* as chairman. 내가 그대신 의장을 맡았다.
2. ▶ She *placed* her children under her aunt's care.
   그녀는 아이들을 숙모에게 맡겼다.
   ▶ Do you *place* confidence in your leader?
   너는 지도자를 신뢰하는가?
   ▶ I've seen it somewhere, but I can't *place* it.
   어디선가 그것을 봤지만 어디였는지 생각이 안 난다.

1107 plain [plein]
1. 형 명백한;솔직한;검소한;아름답지 않은
2. 부 분명히;알기 쉽게 3. 명 평지;평원

〈동의어〉 clearly (명쾌하게) 〈부사형〉 plainly (분명히)

1. ▶ It's *plain* that he is in the right. 그가 옳은 건 명백하다.
   ▶ She is living a *plain* life. 그녀는 검소한 생활을 한다.
2. ▶ You must make your meaning *plain*.
   네 뜻을 분명히 전달해야만 한다.
3. ▶ The family crossed the *plain* in a covered wagon in
   1860. 그 가족은 1860년 마차를 타고 그 평원을 가로질렀다.

1108 point [pɔint]
명 점;(the~) 요점;한도;뾰족한 것의 끝

▶ I differ from him on some *points.*
몇 가지 점에서 나는 그와 의견이 다르다.
▶ Keep to the *points.* 요점을 벗어나지 마라.
▶ I was on the *point* of going out.＝I was about to go out.
나는 마침 외출하려던 참이었다.
▶ His explanation was to *the point.*
그의 설명은 요령이 있었다.
▶ The house is on the northern *point* of the island.
그 집은 섬의 북쪽 끝에 있다.

1109 prevail [privéil]　자 널리 퍼지다 ; 설득하다 (~upon, on)

〈동의어〉 be wide spread (퍼지다)

▶ The rumor— *prevailed* at once. 그 소문은 금방 퍼졌다.
▶ I *prevailed* on her to stay. 나는 그녀에게 남으라고 설득했다.

1110 public [pʌ́blik]　1. 형 공공의 ; 공적인 ; 공공연한
　2. 명 일반대중 ; 세상 ; 국민

〈반의어〉 private (사적인)

1. ▶ The town has its own *public* library and *public* gardens. 이 마을에는 공공 도서관과 몇 개의 공원이 있다.
▶ It is a matter of *public* knowledge.
그것은 주지의 사항이다.
2. ▶ The town gardens are open to the *public* from sunrise to sunset daily.
이 마을 공원은 매일 해뜨고 질때까지 대중에게 개방돼 있다.
▶ The British *public* is interested in sport.
영국민은 스포츠에 관심이 많다.

1111 put [put]　타 ~을 놓다 ; ~로 향하게하다 ; (어느 상태)
　~에 놓다 ; (책임)을 지게하다 ; ~을 표현하다

〈동의어〉 place (놓다) 〈반의어〉 remove (제거하다)

〈활용형〉 **put—put—put**
▶ *Put* the book on the desk. 그 책을 책상위에 놔두시오.

▶ He *put* me at ease. 그는 나를 편하게 했다.
▶ They *put* all the responsibility on me.
　그들은 나에게 책임을 전부 지웠다.
▶ How to *put* it is difficult.
　그것을 어떻게 표현해야 할지 어렵다.

1112　**reason** [ríːzn]　　1. 명 이유;이성;도리 2. 자 추론하다
　　　　　　　　　　　　　3. 타 ～을 추론하다;설득해 ～시키다

〈형용사형〉 reasonable (도리에 맞는)

　1. ▶ There is no *reason* why he (should) go.
　　　그가 가야만 될 이유는 없다.

참고　That's *why* he failed. 그것이 그가 실패한 이유다.

　3. ▶ I *reasoned* him into refusing the invitation.
　　　나는 그를 설득하여 그 초대를 거절하도록 했다.

1113　**regard** [rigáːrd]　　1. 타 ～을 보다;～을 존중하다;～을 고
　　　　　　　　　　　　　　려하다;～을 ～로 보다(～as)
　　　　　　　　　　　　　2. 명 주의;존경;관계;점;(～s) (편지
　　　　　　　　　　　　　의) 안부 전하라는 인사

〈형용사형〉 regardful (주의깊은)

　1. ▶ Why don't you *regard* her advice?
　　　왜 너는 그녀의 충고를 듣지 않느냐?
　　▶ I *regard* him *as* a gentleman. 나는 그를 신사라 여긴다.
　2. ▶ This doesn't have any *regard* to you.
　　　이것은 너와 아무 상관 없다.
　　▶ I agree with you in this *regard*. 이 점에서 너에게 동의한다.
　　▶ Please give my best *regards* to your parents.
　　　부모님께 부디 안부 전해 주세요.

1114　**rest** [rest]　　1. 명 휴식;휴지;(the～) 나머지
　　　　　　　　　　　2. 자 쉬다;(에)의지하다(on, upon)
　　　　　　　　　　　3. 타 ～을 쉬게 하다;～을 놓다

〈동의어〉 1. break (휴식)

1. ▶ *Rest* is necessary after hard work.
   열심히 일한 뒤에는 휴식이 필요하다.
   ▶ I had a good night's *rest*. 나는 푹 잤다.
   ▶ Take what you want and throw *the rest* away.
   갖고 싶은 것을 갖고 나머지는 버려라.
2. ▶ Success *rests on* your effort.
   성공은 너의 노력여하에 달렸다.
3. ▶ He *rested* his chin on his hands. 그는 손으로 턱을 받쳤다.

1115 **right** [rait]　　1. 혱 오른쪽의;올바른;건전한;적당한
　　　　　　　　　　　2. 튄 곧바로;금방;올바르게;오른쪽으로
　　　　　　　　　　　3. 몡 오른쪽;정의;권리

〈형용사형〉 righteous (옳은), rightful (합법적인)

1. ▶ Turn to the *right* side. 오른쪽으로 도세요.
   ▶ You are *right* to say so. 네가 그렇게 말하는 것은 옳다.
   ▶ He is the *right* man for the position.
   그는 그 지위에 걸맞는 남자다.
2. ▶ Go *right* home. 곧장 집으로 가.
   ▶ I will start *right* now. 지금 곧장 나는 출발합니다.
   ▶ If I remember *right*, he comes from Pusan.
   내 기억이 옳다면, 그는 부산 출신입니다.
3. ▶ Turn to the *right*. 오른쪽으로 돌아가세요.
   ▶ You have no *right* to say so.
   그렇게 말할 권리가 너에게는 없다.

1116 **rise** [raiz]　　1. 쟈 올라가다;일어나다;생기다;나타나다
　　　　　　　　　　2. 몡 (물가의) 상승;언덕(길);승진;기원

〈활용형〉 **rise—rose—risen**
1. ▶ The curtain *rose*. 막이 올랐다.
   ▶ Prices have *risen* surprisingly.
   깜짝 놀랄 정도로 물가가 올랐다.
   ▶ He is a man unlikely to *rise* in the world.
   그는 출세할 것 같지 않은 남자다.
   ▶ An idea *rose* in my mind. 어떤 생각이 마음에 떠올랐다.

2. ▶ His *rise* in the company was meteoric.
그의 승진은 눈부셨다.

1117 **round** [raund]　　1. 혱 둥근;상당한 2. 부 돌아서;주위에
　　　　　　　　　　　　 3. 전 ～주의에;～을 돌아;～의 안을 두루

〈명사형〉 roundness

1. ▶ Oranges are *round*. 오렌지는 둥글다.
　 ▶ He was a short, *round* man.
　　그는 작고 토실한 사람이었다.
2. ▶ The climate here is mild all the year *round*.
　　이곳 기후는 일년내내 따뜻하다.
3. ▶ They sat *round* the table. 그들은 테이블 주위에 앉았다.

S

1118 **see** [siː]　　1. 타 (자연히 물건이 보인다는 뜻) ～을 보다;
　　　　　　　　　　　 ～을 구경하다;～를 만나다;～을 알다;
　　　　　　　　　　　 ～을 생각하다;(사람)을 배웅하다
　　　　　　　　　　2. 자 (can～) 보이다;알다;생각해보다

〈활용형〉 see─saw [sɔː]─seen

1. ▶ I *saw* him dance. 나는 그가 춤추는 것을 보았다.
　 ▶ I *saw* him dancing. 나는 그가 춤추고 있는 것을 보았다.
　 ▶ I *saw* him caught by them.
　　그가 그들에게 잡히는 것을 보았다.
　 ▶ I *see* no reason for his doing so.
　　그가 그렇게 행동하는 이유를 모르겠다.
　 ▶ I *saw* the girl home. 그 여자를 집까지 바래다 주었다.
2. ▶ He left me to *see to* the child.
　　그는 그 애의 돌보기를 나한테 맡겼다.
　 ▶ *See to it* the boy does not go near the window.
　　그 아이가 창문에 가까이 오지 않도록 하여라.

1119 **sense** [sens]
1. 명 감각;의미;제정신(~s);분별력
2. 타 ~을 느끼다;깨닫다.

〈형용사형〉 sensible(현명한), sensitive(민감한), sensual(관능적인)

1. ▶ Most wild animals have a strong *sense* of territory.
   대개의 야생동물은 강한 영토의식을 갖고 있다.
   ▶ In what *sense* do you use the word?
   무슨 뜻으로 그 단어를 쓰고 있는가?
   ▶ No one in his *senses* would believe this story.
   정상인 사람이라면 아무도 그 이야기를 믿지 않을 것이다.
2. ▶ He vaguely *sensed* that danger was approaching.
   그는 위험이 다가오는 것을 어렴풋이 느꼈다.

1120 **set** [set]
1. 타 ~을 두다;~을 맞추다;(모범)을
   보이다;(어느 상태)로 하다
2. 자 (해가)지다 3. 명 한 세트;수신기

〈활용형〉 set—set—set
1. ▶ I *set* my watch by the station clock.
   나는 역 시계에 내 시계를 맞췄다.
   ▶ He *set* a good example. 그는 좋은 모범을 보였다.
   ▶ They will *set* me free. 그들은 나를 자유로이 해줄 것이다.
2. ▶ The sun *sets* in the west. 해는 서쪽으로 진다.
3. ▶ Hollywood has many old moive *sets*.
   할리웃에는 많은 옛 영화세트가 있다.

1121 **settle** [setl]
1. 타 ~을 안정시키다;~에 거주하다;
   (사람)을 진정시키다;(문제)를 해결하다
2. 자 정착하다;안정되다

1. ▶ He *settled* himself in a chair. 그는 의자에 털썩 앉았다.
   ▶ We are *settled* in our new home.
   우리는 새 집에 안주하고 있다.
2. ▶ The weather seems to have *settled* at last.
   드디어 날씨가 안정이 됐나 보다.

1122 **short** [ʃɔːrt]　　1. 형 짧은;키가 작은;부족한;간결한
　　　　　　　　　　　　　2. 부 간단히;갑자기

〈동사형〉 shorten (짧게하다) 〈부사형〉 shortly (곧바로;짧게)

1. ▶ I am *short* of food. 나는 식량이 부족하다
　 ▶ His explanation was *short* and to the point.
　　 그의 설명은 간단하고 요령이 있었다.
　 ▶ Don is *short* for Donald. 돈은 도날드를 줄인 이름이다.
2. ▶ The car stopped *short*. 그 차는 갑자기 멈췄다.

1123 **show** [ʃou]　　1. 타 ~을 보이다;~을 가르치다;
　　　　　　　　　　　　　　 ~을 안내하다
　　　　　　　　　　　　 2. 자 보이다;나타나다
　　　　　　　　　　　　 3. 명 전시회 (exhibition), 구경거리

▶ 1. I will *show* you around the city.
　　 당신에게 이 도시를 두루 안내해 줄께요.
▶ Please *show* me the way to the police station.
　　 경찰서 가는 길을 가르쳐 주세요.
3. ▶ His pictures are on *show* in that gallery.
　　 그의 그림은 저 화랑에 전시돼 있다.

1124 **sight** [sait]　　명 보는 것;시력;광경;시야

〈동의어〉 view

▶ A mere *sight* of it is enough to make me sick.
　　 그것을 보기만 하여도 아프다.
▶ I have good *sight*. 나는 시력이 좋다.
▶ Let's see the *sights* of Seoul. 서울을 구경하도록 하자.

1125 **sign** [sain]　　1. 명 기호;(손·머리에 의한)신호;표식;전조
　　　　　　　　　　　　 2. 타 ~에 서명하다;~에 신호하다
　　　　　　　　　　　　 3. 자 서명하다

〈명사형〉 signature (서명)

1. ► The policeman gave us a *sign* to stop.
   경찰이 우리에게 멈추라고 신호했다.
   ► Do you know a barber's *sign*? 이발소 간판을 아니?
   ► There was no *sign* of human habitation.
   인간이 사는 흔적은 없었다.
2. ► Why didn't you *sign* this letter?
   왜 이 편지에 서명안했는가?
   ► He *signed* me to enter the house.
   그는 집에 들어가라고 나에게 신호했다.

1126 **simple** [símpl]   ⟨형⟩ 간단한;검소한;단순한;무조건의

〈동사형〉 simplify (단순하게 하다) 〈부사형〉 simply

► His letter is written in *simple* English.
그의 편지는 간단한 영어로 씌여 있다.
► She lives a *simple* life. 그녀는 검소한 생활을 하고 있다.
► He is a *simple* man. 그는 단순한 사람이다.

1127 **sit** [sit]   ⟨자⟩ 앉다;(어떤 목적을 위해) 앉다
   (~for);(회의 등이) 열리다

〈활용형〉 sit−sat−sat
► Plese *sit* down. 어서 앉으세요.
► We *sat* talking for a while. 우리는 앉아서 잠시 얘기를 했다.
► Is he going to *sit for* the examination?
그는 시험을 볼 작정입니까?
► I *sat* for my portrait. 초상화를 그리라고 자세를 취했다.
► The castle *sits* on the hill. 성은 언덕 위에 있다.
► He is used to *sitting up* late at night.
그는 밤샘에 익숙하다.

1128 **slip** [slip]   1. ⟨자⟩ 미끄러지다;슬그머니 떠나다;어느덧
   시간이 지나다(~by)
   2. ⟨타⟩ ~을 미끄러뜨리다;슬쩍 내놓다
   3. ⟨명⟩ 미끄러짐;실수

1. ▶ The coin *slipped* out of his hand.
   동전이 그의 손에서 떨어졌다.
   ▶ He *slipped* out of the room. 그는 슬쩍 방을 빠져 나왔다.
   ▶ The days *slipped* by. 어느덧 날이 지나갔다.
2. ▶ He *slipped* the money into my hand.
   그는 내 손에 그 돈을 살짝 쥐어줬다.
3. ▶ He made a *slip* on the pavement.
   그는 보도에서 미끄러져 넘어졌다.

1129 sound¹ [saund]
1. 명 소리;소음;느낌;어감
2. 자 울리다;들리다(＋보어)
3. 타 ~을 소리나게 하다

〈동의어〉 1. noise (소음)

1. ▶ Not a *sound* was to be heard. 아무소리도 들리지 않았다.
2. ▶ I heard the buzzer *sound*.
   나는 부저가 울리는 소리를 들었다.
   ▶ It may *sound strange*, but it is true.
   그것은 이상하게 들릴지도 모르나 정말이다.
3. ▶ You must *sound* your words more clearly.
   너는 좀더 명확하게 말해야 한다.

1130 sound² [saund]   1. 형 건전한;확실한;충분한 2. 부 푹, 잘

1. ▶ He came home safe and *sound*. 그는 무사히 돌아왔다.
   ▶ A *sound* mind in a *sound* body.
   건전한 육체에 건전한 정신
   ▶ He slept a *sound* sleep. 그는 깊은 잠을 잤다.
2. ▶ The child is *sound* asleep. 그 애는 깊이 잠들어 있다.

1131 spring [spriŋ]
1. 명 도약;용수철;샘;본원;봄
2. 자 튀다;솟아 나오다;생기다

〈활용형〉 **spring—sprang—sprung**
1. ▶ The *spring* of his knowledge is this dictionary.
   그의 지식의 원천은 이 사전이다.

2. ▶ His name *sprang* into fame.
　　그의 이름은 갑자기 유명해졌다.
　▶ The water *sprang* from the ground.
　　지면에서 물이 솟았다.
　▶ Tulips began to *spring* up. 튤립의 눈이 나오기 시작했다.

1132　**stand** [stænd]　1. 困 서 있다;위치하다;(어떤 상태로) 있다
　　　　　　　　　　2. 타 ～을 세우다;～에 견디다
　　　　　　　　　　3. 명 스탠드;대

　1. ▶ He was too tired to *stand*.
　　　그는 너무 피곤해 서 있을 수 없었다.
　　▶ The house will *stand* another ten years.
　　　이 집은 10년은 더 갈 것이다.
　2. ▶ I can't *stand* this heat. 이 더위는 참을 수 없다.
　　▶ I'm afraid this old suspension bridge won't *stand* our
　　　weight. 이 낡은 현수교가 우리 무게에 견디지 못할까 걱정이다.

1133.　**start** [stɑːrt]　1. 困 (～에서) 출발하다(～from);시작
　　　　　　　　　　　　하다;(기계가) 움직이기 시작하다
　　　　　　　　　　2. 타 ～을 시작하다 (～to do/～ing);
　　　　　　　　　　　　(기계 등)을 작동시키다
　　　　　　　　　　3. 명 출발(점);펄쩍 뜀

〈동의어〉 1. begin, depart

　1. ▶ They *started* on a journey. 그들은 여행을 떠났다.
　　▶ The engine *started* at last. 드디어 엔진이 걸렸다.
　2. ▶ He *started* a new business. 그는 새 장사를 시작했다.
　　▶ It *started to* rain [or *raining*]. 비가 내리기 시작했다.
　3. ▶ The *start* of the trip was hectic.
　　　여행의 시작은 흥분의 도가니였다.

1134　**state** [steit]　1. 명 상태;지위;국가;주
　　　　　　　　　　2. 타 ～을 말하다;～을 지정하다

〈동의어〉 2. express 〈명사형〉 statement

1. ▶ I am in a good *state* of health. 나는 건강 상태가 좋다.
   ▶ His speech is not fit for his *state*.
      그의 말투는 그의 지위에 걸맞지 않다.
2. ▶ He *stated* that he had never seen me.
      그는 나를 만난 적이 없다고 말했다.
   ▶ He *stated* his case before a judge.
      그는 재판관 앞에서 사정을 진술했다.

1135 **step** [step]
1. 몡 (~s)계단;걸음;발소리;수단
2. 재 걷다;밟다 (~on, upon)
3. 태 (발)을 디디다

1. ▶ He took a *step* forward. 그는 한 걸음 앞으로 나아갔다.
   ▶ I followed my father's *steps*.
      그는 아버지의 뒤를 따라갔다→아버지를 본받았다.
   ▶ They took an unusual *step*. 그들은 의외의 조치를 취했다.
2. ▶ I *stepped* inside. 나는 안으로 들어갔다.

1136 **still** [stil]
1. 혱 꼼짝않는;조용한
2. 뷔 아직;(비교급과 같이) 한층;
   그럼에도 불구하고

〈동의어〉 1. motionless (꼼짝않을), quiet (조용한)

1. ▶ He was lying *still*. 그는 꼼짝도 않고 누워 있었다.
2. ▶ I like her sister, *still more* her.
      나는 그녀의 동생을 좋아하지만, 그 이상으로 그녀를 좋아했다.
   ▶ She is old, and *still* a good walker.
      그녀는 나이가 많지만, 여전히 잘 걷는다.

1137 **strike** [straik]
1. 태 ~을 때리다;~에 부딪치다;
   (시계가) 시간을 때리다;
   (생각이 사람)마음에 떠오르다.
2. 재 때리다(~at);충돌하다;생각해
   내다 (~on, upon) 3. 몡 파업

〈형용사형〉 striking (눈에 띄는)

<활용형>　strike—struck—struck
1. ▶ I *struck* him on the head. 그의 머리를 때려 주었다.
▶ The car *struck* the wall. 그 차는 벽에 충돌했다.
▶ A happy idea *struck* me. 멋진 생각이 내 머리를 스쳤다.
▶ I was *struck* by her wisdom. 그녀의 현명함에 놀랐다.
2. ▶ I *struck on* a good plan. 나는 멋진 계획을 생각해 냈다.
3. ▶ The National Railways Workers' Union is on *strike*.
철도청 직원들이 파업중이다.

1138　**subject** [sʌ́bdʒikt]　1. 몡 주제;학과 2. 혱 복종하는
(~to);~에 걸리기 쉬운
3. 탄 [səbdʒékt] ~을 종속시키다;
~에게 ~을 맡기다

<동의어> 2. liable

1. ▶ How many *subjects* are you studying in this semester?
이번 학기에 몇 과목이나 공부하느냐?
2. ▶ All men are *subject to* death. 사람은 모두 죽는 것이다.
▶ He is *subject to* headache. 그는 쉽게 두통을 겪는다.
3. ▶ He *subjects* his friends to his will.
그는 친구를 자기 마음대로 한다.

1139　**suit** [suːt]　1. 몡 옷 한벌;소송
2. 탄 ~에 적합하다 (~to, for);~에 어울리다
3. 잔 적합하다;어울리다

<동의어> 2. match

1. ▶ His new *suit* doesn't fit well.
그의 새 양복은 잘 맞지 않는다.
▶ She responded to her wooer's *suit*.
그녀는 구혼자의 청원에 응답했다.
2. ▶ This cap *suits* you fine. 이 모자는 너한테 잘 어울린다.
▶ Does the 3:00 p.m. train *suits* you?
3시의 열차가 너에게 편리하지?

1140 take [teik]　　　　　㉣ ~을 잡다;가져가다;데려가다;타다;
먹다;마시다;(시간이)걸리다

▶ *Take* your book in your hand. 네 책을 손에 잡아라.
▶ Let's *take* a taxi. 택시를 잡자.
▶ *Take* this medicine before each meal.
매 식전에 이 약을 먹으시오.
▶ It *takes* only five minutes to go to the station.
역에 가는데 겨우 5분이 걸린다.

1141 tend [tend]　　　　　㉢ ~경향이 있다(~to do);~를 향하다

▶ Milk *tends* to turn sour. 우유는 상하기 쉽다.
▶ The road *tends* toward the coast.
그 도로는 해안 쪽으로 향해있다.

1142 term [tə:ɾm]　　　　　㉤ 말투;기간;사이;조건

▶ I can't understand some of the legal *terms* in it.
이 안에 법률용어중 몇 가지를 이해할 수 없다.
▶ The President's *terms* of office is five years.
대통령 임기는 5년이다.
▶ I am not on speaking *terms* with them.
그들하고는 말을 건넬정도의 사이가 아니다.
▶ The *terms* of surrender were hard. 항복 조건은 까다로왔다.

1143 time [taim]　　　　　㉤ 시간;(have a···time) ···한 시간;
~해야할 시간(~to do);~배;
(one's~)생;(~s)시대.

▶ We *had* a very good *time* at the party.
우리는 파티에서 즐거운 시간을 보냈다.
▶ It is *time* you went to bed.
이제 자러 갈 시간이다.[went는 가정법 과거법]

▶ He has three *times as* many books as I have.
그는 나보다 세배나 많은 책을 가지고 있다.
▶ We must keep up with the *times*.
우리는 시대와 발맞추어 지내야 한다.

1144 turn [təːɾn]   1. 타 ~을 돌리다;~을 켜다;
　　　　　　　　　　　　　　 ~방향을 바꾸다
　　　　　　　　　　　　　2. 자 돌다;돌아보다;~가 되다
　　　　　　　　　　　　　3. 명 회전;길모퉁이;순서

1. ▶ Water *turns* the watermill. 물이 물레방아를 돌린다.
　 ▶ He *turned* his face to me. 그는 얼굴을 나한테 돌렸다.
2. ▶ He often *turns* in bed. 그는 종종 자다가 몸을 뒤척인다.
　 ▶ The leaves *turned* yellow. 잎사귀는 노랗게 되었다.
3. ▶ It is your *turn* to sing. 네가 노래할 차례다.

1145 view [vjuː]   명 전망;시계;견해;의견;목적

▶ A ship came into *view*. 배가 보이기 시작했다.
▶ I enjoyed a fine *view* of the lake.
나는 그 호수의 멋진 풍경을 즐겼다.
▶ In my *view* you are wrong. 내 의견으로는 네가 틀렸다.

1146 way [wei]   명 통로;길;방향;거리;방법;풍습

▶ The village is a long *way* off.
그 마을은 꽤 멀리 떨어져 있다.
▶ Don't talk (in) that *way*. 그런 식으로 말하지 마.
▶ He is different from us in many *ways*.
여러 면에서 그는 우리와 다르다.

1147 wear [wɛəɾ]   1. 타 ~을 입다;~을 써서 닳게 하다;
　　　　　　　　　　　　　　 ~을 피곤하게 하다
　　　　　　　　　　　　　2. 자 오래가다;닳아해지다

〈활용형〉 wear－wore－worn
1. ▶ He *wears* a mustache. 그는 콧수염을 달고 있다.

▶ My shoes are *worn* out. 내 신발은 낡아 떨어졌다.
2. ▶ This overcoat will no more *wear*.
이 오바코트는 더이상 입을 수 없다.

독·해·력·향·상·단·어

예문과 함께 암기해볼 만한
독해력 발전 단어 257

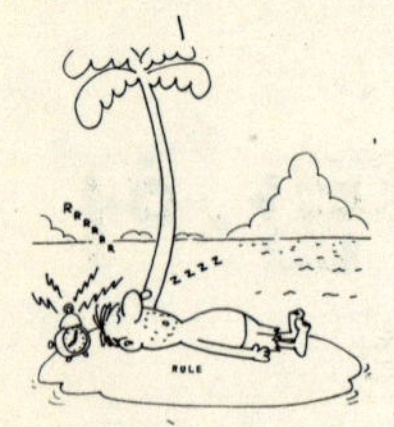

Constant dripping wears away the stone
(낙숫물이 댓돌을 뚫는다)

1148 ability [əbíliti]　　　⑲ 능력

〈형용사형〉 able

▶ Their greatness was proved by their *ability* to acknowledge defeat.
그들의 위대함은 패배를 인정하는 자세에서 증명되었다.

《용법》　**ability**는 **able**의 명사형으로 **ability to**원형의 형식으로 「~하는 능력」이란 의미를 갖는다.

1149 advantage [ədvá:ntidʒ]　　⑲ 유리함;이익

〈반의어〉 disadvantage 〈형용사형〉advantageous

▶ There are *advantages* and disadvantages in being the youngest child in the family.
가족의 막내가 된다는 것에는 유리한 점과 불리한 점이 있다.

1150 argument [á:gjumənt]　　⑲ 논쟁;논의

〈동사형〉argue

▶ They were busy with their political *argument*.
그들은 정치적 토론으로 바빴다.

1151 basis [béisis] [béisiz]　　⑲ 기초

▶ What is the *basis* of your opinion?
네 의견의 근거는 무엇이냐?

〈용법〉　복수형 bases [béisi:z], base의 복수형은 bases

1152　**belief** [bilí:f]　　　　명 1) 신념 2) 신앙

〈동사형〉believe

1.　▶ I had a firm **belief** in his honesty.
　　나는 그의 정직성을 굳게 믿는다.
2.　▶ Religious **belief** was strong enough to make them
　　cross an ocean.
　　종교적 믿음은 그들이 대양을 횡단하게 할 정도로 강했다.

1153　**benefit** [bénifit]　　　　명 이익

〈형용사형〉beneficial

▶ The instrument was not of much **benefit** to the boys.
이 도구는 소년들에게 크게 이익이 되지 않았다.

1154　**challenge** [tʃǽlindʒ]　　　명 1) 도전장;목표 2) 요청;청구

1.　▶ Men have always needed a **challenge** to produce their
　　best. 인간에게는 그들의 최선을 다하도록 만드는 목표가 항
　　상 필요하다.
2.　▶ The **challenge** today is to maintain the peace and secu-
　　rity of the world.
　　오늘날의 요구는 세계평화와 안전을 유지하는 것이다.

1155　**descent** [disént]　　　　명 1) 내려옴 2) 가계

〈반의어〉 ascent 〈동사형〉 descend

1.　▶ The land slopes to the sea by a gradual **descent**.
　　그 땅은 바다쪽으로 조금씩 경사져 있다.
2.　▶ It is easy to see that the queen is of sure **descent**.
　　여왕이 명문가 출신임을 확인하기란 쉬운 일이다.

1156　**expense** [ikspéns]　　　　명 비용

〈동사형〉 expend 〈형용사형〉 expensive

▶ You should take all *expenses* into consideration before building a house.
집을 짓기 전에 모든 경비를 고려해 보아야만 한다.

1157 experiment [ikspérimənt] 몡 실험

▶ Laboratory *experiments* are the foundations of much of modern science. 실험실의 실험은 수많은 현대과학의 기초이다.

1158 failure [féiljə] 몡 실패

〈동사형〉fail

▶ In spite of repeated *failure*, he never gave up.
반복되는 실패에도 불구하고, 그는 결코 포기하지 않았다.

1159 fatigue [fətí:g] 몡 피로

▶ I shall not be able to bear the *fatigue* of a long journey.
난 긴 여행에서 오는 피로를 견딜 수 없을 것이다.

1160 fortune [fɔ́:rtʃən] 몡 1) 행운 2) 재산

〈형용사형〉 fortunate 〈부사형〉 fortunately

1. ▶ He had the good *fortune* to win a big prize in the public lottery. 그는 운이 좋게도 복권에서 큰 돈을 받았다.
2. ▶ When he died he left a great *fortune* to his son.
그는 죽으면서 아들에게 막대한 재산을 남겼다.

1161 ignorance [ígnərəns] 몡 무지

〈형용사형〉ignorant 〈동사형〉 ignore

▶ I am in complete *ignorance* of his plan.
나는 그의 계획을 전혀 알지 못한다.

1162 impression [impréʃən] 몡 1) 인상 2) 감동

〈동사형〉 impress

1. ▶ What is your first *impression* of Korea?
   한국에 대한 당신의 첫인상은 어떻습니까?
2. ▶ His lecture made a deep *impression* on my mind.
   그의 강의는 내 가슴에 큰 감동을 주었다.

1163 **information** [infərméiʃən]   몡 정보;안내

〈동사형〉inform

▶ People with little general *information* may easily misunderstand what has been said.
일반적 지식이 거의 없는 사람들은 사람들의 말을 쉽게 오해할 수도 있다.

1164 **intellect** [íntilekt]   몡 지성

〈형용사형〉intellectual

▶ Human *intellect* is incurably abstract.
인간의 지성은 무척이나 난해하다.

1165 **liberty** [líbərti]   몡 1) 자유 2) 방종;방자

〈동의어〉 freedom 〈형용사형〉 liberal

1. ▶ Individual *liberty* would have become social anarchy.
   개인의 자유가 무정부사회를 만들었을지도 모른다.
2. ▶ I took the *liberty* of borrowing your dictionary while you were absent. 당신이 없는 동안 양해를 구하지 않고 당신 사전을 빌어 썼습니다.

〈용법〉 2)의 의미에서 **the liberty of ~ing** 대신에 **the liberty to** 원형의 구문을 사용해도 된다.

1166 **majority** [mədʒɔ́riti]   몡 대다수

〈반의어〉 minority 〈형용사형〉major

▶ A great *majority* believe in the principle that children should have duties. 대다수의 사람들이 어린아이에게도 의무가 있다는 원칙을 믿고 있다.

1167 **measure** [méʒər] 몡 1) 측정 2) 수단;조치

1. ▶ It serves as a *measure* of value.
   그것은 가치의 척도로 사용된다.
2. ▶ Some *measures* should be taken to control the rise of prices.
   물가상승을 억제하기 위한 몇가지 조치가 취해져야만 한다.

1168 **misery** [mízəri] 몡 고통, 비참함

〈형용사형〉 miserable

▶ Think of the *misery* of having no home or friends.
가정이나 친구가 없다는 비참함을 생각해 보아라.

1169 **occasion** [əkéiʒən] 몡 1) 경우 2) 근거

〈형용사형〉 occasional 〈부사형〉 occasionally

1. ▶ This is not an *occasion* for laughter.
   지금은 웃을때가 아니다.
2. ▶ We have no further *occasion* for his services.
   더이상 그를 일하게 할 필요가 없다.

1170 **outlook** [áutlùk] 몡 1) 전망;조망 2) 견해;시야

1. ▶ This room has an *outlook* on a beautiful lake.
   이 방은 아름다운 호수를 바라보고 있다.
2. ▶ The *outlook* for trade is not very good.
   무역전망이 그리 밝지않다.

1171 **personality** [pə̀ːrsənǽliti] 몡 인격;개성;인성

〈형용사형〉 personal

▶ The writer's *personality* can be seen in what he writes.
그 작가의 개성은 그가 쓴 글에서 엿볼 수 있다.

1172 **prohibition** [pròuibíʃən]　명 금지

〈동사형〉 prohibit

▶ The *prohibition* against smuggling enforced in any country. 어느 나라에서 밀수입금지가 강화되고 있다.

《용법》　**prohibition** 다음에는 **against**가 수반되는 경우가 많다.

1173 **purpose** [pə́:rpəs]　명 목적

〈형용사형〉 purposeful

▶ Each religion has a different explanation of the *purpose* of life. 각 종교마다 인생의 목적에 대한 설명이 다르다.

《용법》　「~할 목적으로」는 for (or with) the purpose of ~ing를 쓴다.

1174 **relief** [rilí:f]　명 안심

〈동사형〉 relieve

▶ It is a great *relief* to me to learn that you returned safe and sound.
네가 무사히 돌아왔다는 것을 알고 나는 크게 안심한다.

1175 **responsibility** [rispɔ́nsibíləti]　명 1) 책임 2) 책무부담

〈형용사형〉 responsible

1. ▶ We must feel *responsibility* for what we have done.
우리는 우리가 한 행동에 대한 책임감을 느껴야 한다.
2. ▶ The education of children is a grave *responsibility* of the parents.
어린아이 교육은 부모의 중대한 책임이다.

1176 **routine** [ru:tí:n]　명 일상적인 일 ; 틀에 박힌 수행

▶ Sweeping the rooms and cooking are her daily *routine*.
방을 청소하는 것과 요리하는 것은 그녀의 일상적인 일이다.

1177 **rumor** [rúːmər]　　　　　명 소문

> ▶ *Rumor* has it that there will be a general election in the autumn. 가을에 총선이 있을 것이라는 소문이 있다.

1178 **sacrifice** [sǽkrifàis]　　　　　명 희생

> ▶ Our father won't approve of any *sacrifice* of studies to sports. 우리 아버지는 스포츠때문에 공부시간을 빼앗기는 것을 인정하지 않는다.

1179 **scope** [skoup]　　　　　명 범위

> ▶ Such subjects are not within the *scope* of this book. 그런 문제는 이 책의 범위가 아니다.

1180 **shortage** [ʃɔ́ːrtidʒ]　　　　　명 부족

〈형용사형〉 short

> ▶ There is a *shortage* of food in this country. 이 나라에는 식량이 부족하다.

1181 **spirit** [spírit]　　　　　명 1) 정신 2) 기분

〈형용사형〉 spiritual

1. ▶ His *spirit* is still alive and guides us.
   그의 정신은 아직 생생하여 우리를 이끌어간다.
2. ▶ The triumphant soliders returned in *spirits*.
   승리한 병사들은 의기양양하게 귀환했다.

1182 **temper** [témpər]　　　　　명 1) 성질;기질 2) 침착함;차분함

1. ▶ She has a sweet *temper*.
   그녀는 부드러운 성격을 갖고 있다.
2. ▶ His weakness is the want of *temper*.
   그의 약점은 침착성이 부족하다는 것이다.

 variety [vəráiəti]　　　명 1) 다양 2) 가지각색

〈형용사형〉 various

1. ▶ I don't want quantity but I do want *variety* in my food.
   나는 많은 음식을 원하는 것이 아니라 음식의 변화를 원하는 것이다.
2. ▶ A *variety* of articles are sold at a drugstore.
   여러가지 종류의 물건들이 약국에서 팔린다.

1184　**virtue** [vɔ́:rtʃu]　　　명 1) 미덕 2) 효과

〈반의어〉 vice 〈형용사형〉 virtuous

1. ▶ Is patriotism always a *virtue*?
   언제나 애국심이 미덕이냐?
2. ▶ Is there any *virtue* in advertisements?
   광고에 어떤 효과가 있느냐?

1185　**weight** [weit]　　　명 1) 무게 2) 영향력

〈동사형〉 weigh

1. ▶ The horse sank beneath the *weight* of its load.
   말은 실은 짐의 무게때문에 주저앉았다.
2. ▶ He lacks *weight* for the post.
   그는 그 자리를 맡기엔 관록이 부족하다.

1186　**access** [ǽksəs]　　　명 접근

〈형용사형〉 accessible

▶ The only *access* to the village was by a rugged path.
그 마을에 접근하는 유일한 길은 울퉁불퉁한 비포장 길이었다.

《용법》　**access**의 경우는 「to＋장소·사람」의 형식이다.

1187　**allowance** [əláuəns]　　　명 수당；승인

〈동사형〉 allow

▶ He gives his boy a weekly *allowance*.
그는 아들에게 주급을 준다.

1188 **analogy** [ənǽlədʒi]　　명 유사;유추

〈형용사형〉 analogous

▶ The human heart has, in function, a strong *analogy* to a pump. 기능면에서 인간의 심장은 펌프와 아주 유사하다.

1189 **approval** [əprúːvəl]　　명 승인

〈반의어〉 disapproval 〈동사형〉 approve

▶ I hope our offer will meet with your *approval*.
나는 우리 제안이 당신의 승인을 얻을 수 있기를 바랍니다.

1190 **aptitude** [ǽptitjùːd]　　명 적성;재능

▶ He has an *aptitude* for music by nature.
그는 선천적으로 음악에 재능이 있다.

1191 **arrangement** [əréindʒmənt]　　명 1) 배열;정돈;준비(~s) 2) 협정;타협

〈동사형〉 arrange

1. ▶ You had better make *arrangements* for an early departure. 일찍 출발하기 위해서 준비를 해두는 것이 낫다.
2. ▶ An *arrangement* has been arrived at between the two parties. 두 당 사이에는 하나의 협정이 성립되었다.

〈용법〉 **make arrangements** 다음에, **for**가 오면 「준비하다」, **with**가 오면 「사람과 의논하다」는 뜻.

1192 **association** [əsòusiéiʃən]　　명 1) 교제 2) 연상;관련

〈동사형〉 associate

1. ▶ His father had an *association* with great men of his time.

그의 아버지는 그 시대의 위대한 사람들과 교제가 있었다.

2. ▶ The sight evokes pleasant *associations*.
그 광경은 즐거운 생각을 불러 일으켰다.

《용법》　**in association with** ～는「～과 공동으로, ～에 관련하여」라는 의미.

1193　**assumption** [əsʌ́mpʃən]　명 1) 가정 2) …체하기;가장하기

〈동사형〉 assume

1. ▶ This *assumption* proved to be contrary to the facts.
이 가정은 사실과 모순되는 것으로 판명되었다.
2. ▶ He put on an *assumption* of ignorance.
그는 아무것도 모르는 척하고 있었다.

1194　**authority** [ɔːθɔ́riti]　명 1) 권위 2) 당국(～s)

〈형용사형〉 authoritative

1. ▶ A father possessed *authority* over his children.
아버지는 자식에 대해 권위를 가졌다.
2. ▶ The *authorities* will never put up with such a state of affairs.
당국은 사태의 그런 상태를 결코 참고 견디지 않을 것이다.

1195　**burial** [bériəl]　명 매장;장례식

〈동사형〉 bury

▶ The *burial* took place a month later.
장례식은 한 달후에 거행되었다.

1196　**censure** [sénʃər]　명 비난, 견책

▶ His conduct is open to public *censure*.
그의 행동은 대중의 비난을 면할 수 없다.

《용법》　「～에 대한 비난」은 **censure on someone**의 형식.

1197　**compromise** [kɔ́mprəmàiz]　명 타협;화해;절충(안)

▶ *Compromise* is ever the fruit of discussion.
타협은 언제나 토론의 산물이다.

《용법》 「타협하다」는 **compromise with** 혹은 **make a compromise with**가 쓰인다.

1198 **conceit** [kənsí:t] 명 자부심;즉흥적 생각

▶ She is wise in her own *conceit*.
그녀는 자신을 현명하다고 생각한다.

1199 **conflict** [kɔ́nflikt] 명 싸움;논쟁;대립;의견의 충돌

〈동사형〉 [kənflíkt]

▶ Free nations have long been in *conflict* with communist nations.
자유국가들은 오랫동안 공산주의 국가와 충돌하고 있었다.

1200 **courtesy** [kɔ́:rtisi] 명 예의;호의

〈형용사형〉 courteous

▶ He did me the *courtesy* of answering the question.
그는 나에게 질문에 대답하는 호의를 보였다.

1201 **emphasis** [émfəsis] 명 강조;중점

〈복수형〉 emphases [émfəsi:z] 〈동사형〉 emphasize

▶ He laid great *emphasis* on world peace in his speech yesterday. 그는 어제 연설에서 세계평화를 무척이나 강조했다.

《용법》 **lay (or place, put) emphasis on~**는 「~을 강조하다」는 의미.

1202 **exhibition** [èksibíʃən] 명 1) 출품;전시회 2) 보여줌

〈동사형〉 exhibit [igzíbit]

1. ▶ He had an *exhibition* of his pictures.

그는 자신의 미술전시회를 열었다.

2. ▶ I never saw such an *exhibition* of courage.
   나는 그런 용기가 발휘되는 것을 본 적이 없다.

《용법》　2)의 **an exhibition of courge**는 **exhibit courage**(용기를 보이다)의 명사적 표현이다.

1203　**facility** [fəsíliti]　　명 1) 솜씨 ; 능력(+in ~ing)
　　　　　　　　　　　　　　　 2) 시설(+for)

〈형용사형〉 facile

1. ▶ He showed wonderful *facility* in learing languages.
   그는 외국어를 배우는데 뛰어난 능력을 보였다.
2. ▶ There were no educational *facilities* in this village.
   이 마을에는 교육시설이 없었다.

1204　**gravity** [grǽviti]　　　명 1) 차분함 ; 위엄 2) 중대함

〈형용사형〉 grave

1. ▶ The *gravity* of his mind and appearance gave us confidence. 차분한 마음가짐과 용모는 우리에게 믿음을 준다.
2. ▶ The *gravity* of the question made us think twice.
   문제의 중대성이 우리를 두번 생각하게 만들었다.

1205　**immigration** [ìmigréiʃən] 명 이주 ; 이민

〈동사형〉 immigrate

▶ There was *immigration* to South America from Korea.
   한국에서 남미로의 이민이 있었다.

《용법》　**immigration**은 「외국으로부터의 이민」을 의미, **emigration**은 「타국으로의 이민」을 의미한다.

1206　**indifference** [indífərəns]　명 1) 무관심(+to, toward)
　　　　　　　　　　　　　　　　　 2) 하찮은 일

〈형용사형〉 indifferent

1. ▶ The boy's *indifference* to his school—work was a trouble to his parents.
   그 소년의 학교성적에 대한 무관심은 부모에게 골치거리였다.
2. ▶ To win or lose was a matter of *indifference* to him.
   이기고 지는 것은 그에게 중요하지 않은 문제였다.

1207 literature [lítəritʃər]　　명 1) 문학 2) 문헌

〈형용사형〉 literary

1. ▶ Shakespeare is the greatest name in English *literature*.
   세익스피어는 영국문학에서 가장 위대한 작가이다.
2. ▶ I found his name in the *literature* of stampcollecting.
   나는 우편수집에 대한 문헌에서 그의 이름을 발견했다.

1208 medium [míːdjəm]　　명 매체;중간

〈형용사형〉 medial, median

▶ A newspaper is a *medium* of advertising.
   신문은 광고매체이다.

《용법》　복수형으로는 **media, mediums** 두가지가 있다.

1209 obedience [əbíːdjəns]　　명 복종;준수

〈반의어〉 disobedience 〈동사형〉 obey

▶ The slave refused *obedience* to his master.
   노예들은 그 주인에게 복종하기를 거부했다.

《용법》　「～에게 복종」이란 뜻에서 주로 **to**가 수반된다.

1210 passion [pǽʃən]　　명 1) 정열;열정 2) 감정의 폭발(a~)

〈형용사형〉 passionate

1. ▶ He has enough *passion* to become a great poet.
   그는 위대한 시인이 될 충분한 열정의 소유자이다.
2. ▶ He flew into a *passion* at my words.
   그는 내 말에 벌컥 화를 내었다.

1211 **prejudice** [prédʒudis]　　圐 편견;선입관

〈형용사형〉 prejudicial

▶ White people had racial *prejudice* against black people.
백인은 흑인에 대해 인종적 편견을 가지고 있었다.

《용법》　**have a prejudice against～**는 「～을 혐오하다」는 뜻.

1212 **pretense** [priténs]　　圐 1) 구실;핑계 2) 겉치레;위장

〈동사형〉 pretend

1. ▶ His illness was all *pretense*.
그의 병은 완전히 꾀병이었다.
2. ▶ They made a *pretense* of knowing the boy's secret.
그들은 그 소년의 비밀을 아는 척 했다.

《용법》　**pretense** 다음에는 **of(of for)** ～**ing** 혹은 **that**절이 동반되어
쓰이는 경우가 많다.

1213 **propriety** [prəpráiəti]　　圐 1) 적당;타당(성) 2) 예절;예의

〈형용사형〉 proper

1. ▶ I doubt the *propriety* of his conduct on that occasion.
그 경우에서 그의 행동이 적당했는지 의심스럽다.
2. ▶ She acted with *propriety*.
그녀는 예절바르게 행동했다.

1214 **rapture** [ræptʃə]　　圐 환희;큰 기쁨

〈형용사형〉 rapt, rapturous

▶ The children greeted him with *raptures* of delight.
어린아이들은 기뻐 날뛰며 그에게 인사했다.

《용법》　주로 복수형으로 사용된다. **be in raptures** 무척 기뻐하다, **go
(or fall) into raptures** 넋을 잃다, 황홀해 지다

1215 **representation**
[rèprizentéiʃən]

〈동사형〉 represent

명 1) 표현;묘사 2) 주장;진술
3) 대표(자)

1. ▶ The *representation* of movement is a question which painters try to solve.
행동의 표현은 화가들이 해결하고자 노력하는 문제이다.
2. ▶ His *representations* influenced the government to remedy the grievances. 그의 주장은 정부가 불만의 원인을 치유하는데 영향을 주었다.
3. ▶ There was no *representation* in the ancient world.
고대에는 대표라는 것이 없었다.

1216 **reverence** [révərəns]　　　명 존경;공손한 태도(~to)

〈동사형〉 revere 〈형용사형〉 reverential

▶ The *reverence* for machines has created boredom.
기계의 숭배는 권태를 낳았다.

《용법》 주로 **for**와 함께 사용된다, feel reverence for parents 부모를 존경하다

1217 **strain** [strein]　　　명 1) 긴장;부담;과로
2) 혈통;(유전적) 특질

1. ▶ Sleeplessness is perhaps the hardest *strain* on our nerves. 불면은 아마도 우리 신경계통에 대해 가장 심한 부담일 것이다.
2. ▶ There is a *strain* of madness in that family.
그의 가계에는 유전적으로 광기가 있다.

《용법》 종종 복수형으로 쓰여 「노래·선율」을 의미한다.

1218 **suspicion** [səspíʃən]　　　명 1) 의혹;혐의 2) 알아챔;눈치챔
3) 소량;기미

〈동사형〉 suspect

1. ▶ He was arrested on *suspicion* of being a spy.
   그는 스파이라는 혐의로 체포되었다.
2. ▶ She had a *suspicion* that she was being followed.
   그녀는 미행당하고 있음을 알아챘다.
3. ▶ There is a *suspicion* of arrogance in his speech.
   그의 어투에는 거만함이 배어있다.

《용법》　3)의 의미에는 **a suspicion of∼** 형태가 주로 쓰인다.

1219　tendency [téndənsi]　　명 1) 경향;(+to do) 풍조
　　　　　　　　　　　　　　　　　　 2) 성향;성격(to∼)

〈동사형〉 tend

1. ▶ There is a upward *tendency* in prices.
   물가가 올라가는 경향이 있다.
2. ▶ She has a *tendency* to talk too much.
   그녀는 너무 말을 많이 하는 성향이 있다.

1220　transition [trænsíʒən, trænzíʃən]　　명 변천;과도기

▶ The world is now in a period of *transition*.
세계는 지금 전환기의 시대이다.

《용법》　**from ∼ to ∼**의 형식으로 자주 쓰인다.
transition from peace to war 평화에서 전쟁으로의 추이

1221　vacancy [véikənsi]　　명 1) 공허;공백 2) 빈방

〈형용사형〉 vacant

1. ▶ His death made a *vacancy* in the company.
   그의 죽음으로 회사에 공석이 생겼다.
2. ▶ There is a *vacancy* in the hotel.
   이 호텔에는 빈방이 있다.

1222　venture [véntʃər]　　명 1) 모험(적 시도) 2) 투기

〈형용사형〉 venturesome, venturous

1. ▶ A bold *venture* is often successful.
   대담한 모험이 때때로 성공을 거둔다.
2. ▶ A lucky *venture* in oil stock made his fortune.
   석유주에 운좋은 투기덕분에 그는 돈을 벌었다.

1223 violence [váiələns]　　　圄 1) 격렬함 2) 폭력;난폭

1. ▶ He slammed the door with *violence*.
   그는 힘껏 문을 쾅 닫았다.
2. ▶ They were compelled to use *violence*.
   그들은 어쩔 수 없이 폭력을 사용했다.

《용법》　**resort to violence**는 「폭력에 호소하다, 폭력을 사용하다」는 의미.

1224 vocation [voukéiʃən]　　　圄 1) 직업;천직 2) 적성;소질

1. ▶ He felt no *vocation* for the ministry.
   그는 목사직이 천직이라고 느끼지 않았다.
2. ▶ I have little *vacation* for teaching.
   나는 가르치는데 소질이 거의 없다.

1225 adjust [ədʒʌ́st]　　　圉 조절하다;적응시키다

〈명사형〉 adjustment

▶ It is doubtful if we can completely *adjust* ourselves to noise. 우리가 완전히 소음에 적응할 수 있을런지 의심스럽다.

1226 amuse [əmjúːz]　　　圉 즐겁게 만들다

〈명사형〉 amusement

▶ *Amuse* yourself to your heart's content, after having worked so well. 그렇게 일을 잘해 놓은 후에 마음껏 즐겨라.

1227 argue [áːgjuː]　　　囷 圉 1) 논쟁하다;논증하다
　　　　　　　　　　　　　　　　　2) 주장하다 3) 설득하다

〈명사형〉 argument

1. ▶ I will *argue* the contrary proposition.
   나는 반대 명제를 논증할 것이다.
2. ▶ He *argues* that only a change of heart will save civiliza-
   tion from destruction.
   그는 오로지 정신의 변화만이 파괴로부터 문명을 구할 수 있
   을 것이라고 주장한다.
3. ▶ I *argued* him into believing what I said.
   나는 내가 말할 것을 믿도록 그를 설득했다.

1228 assert [əsə́:rt] 　타 1) 주장하다 2) 단언하다

〈명사형〉 assertion

1. ▶ There are many people who *assert* their rights but ne-
   glect their duties.
   권리를 주장하지만 의무를 소홀히하는 사람이 많다.
2. ▶ He *asserts* that his statement is true (or his statement
   to be true). 그는 자신의 말이 사실이라고 단언한다.

1229 assign [əsáin] 　타 1) ~을 할당하다
　　　　　　　　　　　　　　 2) (원인을) ~탓으로 돌리다

〈명사형〉 assignment

1. ▶ They *assigned* us the best room of the hospital.
   그들은 우리에게 병원에서 제일 좋은 방을 할당했다.
2. ▶ He always *assigns* his absence to his ill health.
   그는 항상 결석한 이유를 나쁜 건강탓으로 돌린다.

1230 bestow [bistóu] 　타 주다 ; 증여하다

▶ Providence *bestowed* many advantages upon him.
   신은 그에게 많은 재능을 주었다.

1231 beware [biwέər] 　자 조심하다 ; 경계하다

▶ *Beware* of trying to buy valuable things here.
   여기에서 고가의 물건을 사는 걸 조심해라.

334

1232 **cling** [kliŋ]　　　　　　　자 밀착하다;달라붙다

〈활용형〉 **cling−clang−clung**

▶ He *clings* to old−fashioned ideas.
　그는 낡은 사상에 집착하고 있다.

1233 **conceal** [kənsíːl]　　　　　타 ~을 숨기다;~을 비밀로 하다

▶ I haven't *concealed* my poverty from you.
　나는 당신에게 내 가난을 감추지 않았다.

1234 **conceive** [kənsíːv]　　　　타 자 생각하다

〈명사형〉 conception

▶ I *conceived* that something must be wrong with him.
　뭔가 그에게 잘못되어 있다고 나는 생각했다.

1235 **consent** [kənsént]　　　　자 동의하다

〈동의어〉 agree 〈반의어〉 dissent

▶ My father *consented* to my going to America.
　아버지는 내가 미국에 가는 것에 동의했다.

1236 **contend** [kənténd]　　　　자 타 싸우다;주장하다

〈명사형〉 contention 〈형용사형〉 contentious

▶ He was fond of *contending* about everything.
　그는 모든 것에 대해 논쟁하기를 좋아했다.

1237 **contrive** [kəntráiv]　　타 자 연구하다;그럭저럭 …하다(to do)

〈명사형〉 contrivance

▶ He *contrived* to make a new kind of engine without help.
　그는 그럭저럭 아무런 도움도 없이 새로운 종류의 엔진을 만들었
　다.

1238 deceive [disíːv]　　　　　타 자 속이다 ; 현혹되다

〈명사형〉 deception, deceit

▶ I was *deceived* by the blue sky and brought no umbrella.
나는 청명한 하늘에 현혹되어 우산을 잊고 나왔다.

1239 declare [dikléər]　　　　　타 자 선언하다

〈명사형〉 declaration

▶ Germany and Italy *declared* war on America a few days later. 독일과 이태리는 며칠후에 미국에 선전포고를 했다.

1240 depend [dipénd]　　　　　자 의존하다

〈명사형〉 dependence 〈형용사형〉 dependent

▶ He is apt to *depend* upon others for their help.
그는 남들의 원조에 의존하는 경향이 있다.

1241 disappoint [disəpóint]　　　　　타 실망시키다

〈명사형〉 disappointment

▶ He raised our expectations only to *disappoint* us.
그는 우리 기대를 부풀게 했지만 실망시켰을 뿐이다.

1242 divide [diváid]　　　　　타 자 나누다 ; 분배하다

〈명사형〉 division

▶ We cannot *divide* our attention between two things at once. 우리는 동시에 두가지 일에 우리 관심을 흩어지게할 수 없다.

1243 embarrass [imbǽrəs]　　　　　타 ~을 난처하게 하다

〈명사형〉 embarrassment

▶ She *embarrassed* me by praising me too much.
그녀는 나를 너무 지나치게 칭찬하여 당황하게 만들었다.

1244 **emerge** [imə́:rdʒ]　　　타 나타나다 ; ~에서 벗어나다

〈명사형〉 emergence

▶ New facts have *emerged* as a result of inquiry.
조사결과 새로운 사실이 드러났다.

1245 **esteem** [istí:m]　　　타 1) 존중하다 2) ~을 …라고 생각하다

〈형용사형〉 estimable

1. ▶ I like, but cannot *esteem* him.
나는 그를 좋아하지만 존경할 수는 없다.
2. ▶ I *esteem* it a great favor to be remembered so kindly.
나는 그렇게 친절하게 기억되어 아주 고맙게 생각합니다.

1246 **excel** [iksél]　　　자 타 (남보다) 뛰어나다 ; 탁월하다

〈명사형〉 excellence 〈형용사형〉 excellent

▶ They *excel* in some special branch of art or of thought.
그들은 특정분야의 예술이나 사상에서 뛰어나다.

1247 **extinguish** [ikstíŋgiʃ]　　　타 1) 끄다 2) 잃게 하다

1. ▶ Water *extinguished* the fire. 물로 그 불을 껐다.
2. ▶ The repeated failure *extinguished* his hope.
반복되는 실패로 그는 희망을 잃었다.

1248 **fascinate** [fǽsineit]　　　타 ~의 흥미를 끌다 ; ~을 홀리다

〈명사형〉 fascination

▶ All the boys were *fascinated* by (or with) her beauty.
모든 소년들이 그녀의 미모에 매혹당했다.

1249 **flatter** [flǽtər]　　　타 아첨하다, ~을 기쁘게 하다

〈명사형〉 flattery

▶ I feel greatly *flattered* by your invitation.
나는 당신의 초대에 무척이나 기쁘다.

《용법》　**flatter oneself that~**는 「은근히 ~라고 믿게 만들다」는 뜻.

1250　**include** [inklú:d]　　　　타 포함하다

〈반의어〉 exclude 〈명사형〉 inclusion 〈형용사형〉 inclusive

▶ These insects *include* some of the greatest enemies of the human race.
이 곤충들에는 인류의 최대 적 중 몇 가지가 포함되어 있다.

1251　**interfere** [ìntərfíər]　　　자 1) 간섭하다 2) ~을 방해하다

〈명사형〉 interference

1. ▶ It is bad taste to *interfere* in other people's private affairs.
다른 사람의 개인적인 문제에 끼어드는 것은 나쁜 취미이다.
2. ▶ Something always *interferes* with my work.
항상 무언가가 내 일을 방해한다.

1252　**intrude** [intrú:d]　　　자 타 억지로 밀어넣다;침입하다

〈명사형〉 intrusion 〈형용사형〉 intrusive

▶ Don't *intrude* your opinion upon others.
네 의견을 다른 사람에게 강요하지 마라.

1253　**invade** [invéid]　　　타 침략하다

〈명사형〉 invasion 〈형용사형〉 invasive

▶ Britain was *invaded* by the Normans in the past.
영국은 과거에 노르만인들의 침입을 받았다.

1254　**involve** [invɔ́lv]　　　타 1) 포함하다;초래하다
　　　　　　　　　　　　　　　 2) 연루시키다

〈명사형〉 involvement

1. ▶ The new defense program *involves* a huge amount of expenditure. 새 방어계획은 엄청난 비용을 요구한다.
2. ▶ The mistake *involved* him in a great deal of trouble. 그 실수는 그를 커다란 곤란에 연루시켰다.

1255 **marvel** [má:rvəl] 　　　　　자 놀라다;경탄하다

〈형용사형〉 marvelous

▶ We *marveled* at the beauty of the scenery.
우리는 풍경의 아름다움에 경탄했다.

1256 **mourn** [mɔːrn] 　　　　　타 자 한탄하다;슬퍼하다

〈형용사형〉 mournful

▶ They *mourned* over the death of their only son.
그들은 외아들의 죽음을 슬퍼했다.

1257 **operate** [ópəreit] 　　　　　자 타 작용하다;수술하다

〈명사형〉 operation 〈형용사형〉 operative

▶ The propaganda has *operated* on the minds of people.
그 선전은 사람들의 정신에 영향을 미쳤다.

1258 **overlook** [ðuvərlúk] 　　　　　타 1) 내려다 보다 2) 눈감아 주다

1. ▶ My study window *overlooks* a flower garden.
내 서재의 창은 화단을 내려다 보고 있다.
2. ▶ Please *overlook* his behavior this time.
이번엔 그의 행동을 눈감아 주십시오.

1259 **overtake** [ðuvərtéik] 　　　　　타 자 ~을 뒤따라 잡다

〈동의어〉 catch up with

▶ Our production cannot *overtake* the demand.
우리 생산은 수요를 충족시킬 수 없다.

1260 **perceive** [pərsí:v]   타 1) ~을 인지하다
                                    2) 이해하다;깨닫다

〈명사형〉 perception 〈형용사형〉 perceptible, perceptive

1. ▶ I *perceived* an object looming in the mist.
   나는 어떤 물체가 안개속에서 어렴풋이 나타나는 것을 알아보았다.
2. ▶ I *perceived* that she was turning away from me.
   나는 그녀가 나에게 얼굴을 돌리고 있음을 깨달았다.

1261 **perish** [périʃ]   자 타 죽다;소멸하다

▶ Flowers *perish* when frost comes.
이슬이 내리면 꽃은 시든다.

1262 **persist** [pərsíst]   자 1) 고집하다(+in+ 명사·동명사)
                                    2) 지속하다

〈형용사형〉 persistent 〈명사형〉 persistency

1. ▶ The lady *persisted* in wearing that old-fashioned skirt.
   그 부인은 유행이 지난 치마를 고집스럽게 입었다.
2. ▶ We hope this good weather will *persist*.
   우리는 좋은 날씨가 계속되길 바란다.

1263 **persuade** [pərswéid]   타 설득하다

〈반의어〉 dissuade 〈명사형〉 persuasion

▶ I want to *persuade* you to write between the lines.
나는 너를 설득하여 행간에 쓰도록 하고 싶다.

1264 **preach** [pri:tʃ]   타 자 1) 설교하다 2) ~을 설명하다

1. ▶ The clergyman *preached* on the Christian conception
   of God. 목사는 기독교의 신에 대한 관념에 대해 설교했다.
2. ▶ My father *preached* temperance to the people.
   아버지는 사람들에게 금주의 필요성을 설명했다.

1265 **promote** [prəmóut]　　　타 촉진하다

〈명사형〉 promotion

▶ A kindly feeling toward other countries will **promote** world peace.
다른 나라를 향한 친절한 감정은 세계평화를 촉진할 것이다.

1266 **recognize** [rékəgnaiz]　　　타 인식하다 ; 승인하다

〈명사형〉 recognition

▶ He is **recognized** internationally as an authority in this field. 그는 국제적으로 그 분야의 권위자로 인정받는다.

1267 **reduce** [ridjú:s]　　　타 1) 축소하다 2) ~의 상태를 만들다

〈명사형〉 reduction

1. ▶ We have **reduced** our expenditure almost to nothing.
우리는 경비를 거의 제로로 줄였다.
2. ▶ Everything must be **reduced** to a summary.
모든 것이 요약되어 있어야 한다.

1268 **refer** [rifə́:r]　　　자 타 1) 언급하다(＋to)
2) 참조하다(＋to) 3) 위탁하다

〈명사형〉 reference

1. ▶ I warn you not to **refer** to his failure.
나는 너에게 그의 실패에 대해 언급하지 말라고 경고한다.
2. ▶ You must **refer** to your dictionary as often as possible.
가능한한 자주 사전을 찾아 보아야 한다.
3. ▶ How about **referring** our disputes to the teacher?
우리 논쟁을 선생님께 맡기는 것이 어떻겠니?

1269 **reflect** [riflékt]　　　타 자 1) 반사(반영)하다
2) 숙고하다(＋(up)on)

〈명사형〉 reflection 〈형용사형〉 reflective, refexive

1. ▶ A man's actions *reflect* his thoughts.
   행동은 그 사람의 생각을 반영한다.
2. ▶ Stop and *reflect* once more upon what you are going
   to do.
   멈춰서서 다시 한번 네가 무엇을 할 것인지 생각해 보아라.

1270 **refrain** [rifréin]　　　　図 억제하다;그만두다

▶ He politely *refrained* from saying what he thought.
그는 생각했던 바를 말하기를 자제했다.

1271 **refresh** [rifréʃ]　　　　图 1) 새롭게하다 2) 기운나게 하다

〈명사형〉 refreshment

1. ▶ I was able to *refresh* my memory by talking with my
   old friends.
   옛 친구와 이야기를 나누면서 내 기억을 되살릴 수 있었다.
2. ▶ He *refreshed* himself with a cup of tea.
   그는 차 한잔을 마시면서 기운을 차렸다.

1272 **relate** [riléit]　　　　图 図 1) 말하다 2) ~을 관련짓다

〈명사형〉 relation 〈형용사형〉 relative

1. ▶ The explorer *related* the story of his adventure at
   length. 그 탐험가는 그의 모험담을 장황하게 말했다.
2. ▶ Read the part that *relates* to me.
   나에게 관련된 부분을 읽어라.

1273 **repent** [ripént]　　　　図 图 후회하다

〈명사형〉 repentance 〈형용사형〉 repentant

▶ She *repented* of her hasty marriage.
그녀는 성급했던 결혼을 후회했다.

1274 **require** [rikwáiər]　　　　图 図 1) 요구하다 2) 필요로 하다

〈명사형〉 request, requirement, requisition 〈형용사형〉 requisite

1. ▶ The doctor *requires* me to have more rest.
   의사는 나에게 더 많은 휴식을 취하라고 말한다.
2. ▶ Much time and effort was *required* for the achievement. 많은 시간과 노력이 성취를 위해서 요구된다.

1275　reserve [rizə́:rv]　　타 1) 예약하다 2) 보존하다

〈명사형〉 reservation

1. ▶ Please *reserve* a seat for me.
   자리 하나를 예약해 주십시오.
2. ▶ A bright future is *reserved* for you.
   밝은 미래가 너를 위해 마련되어 있다.

1276　resolve [rizɔ́lv]　　타 자 1) 결심하다 2) 해결하다

〈명사형〉 resolution

1. ▶ I *resolved* that nothing should hold me back.
   나는 어떤 일이 있어서도 물러서지 않겠다고 결심했다.
2. ▶ His explanation *resolved* all our misunderstanding.
   그의 설명이 우리의 모든 오해를 해결했다.

1277　revolve [rivɔ́lv]　　자 타 1) 회전하다 2) 궁리하다

〈명사형〉 revolution 〈형용사형〉 revolutionary

1. ▶ The earth *revolved* on its axis.
   지구는 자전한다.
2. ▶ He *revolved* the problem before giving an answer.
   그는 대답하기 전에 그 문제를 곰곰히 생각했다.

1278　settle [sétl]　　타 자 1) 설치하다;놓다 2) 해결하다

〈명사형〉 settlement

1. ▶ He *settled* himself in the armchair.
   그는 안락의자에 앉았다.
2. ▶ A word from my father *settled* the dispute.
   아버지의 한마디가 그 논쟁을 해결했다.

1279 **signify** [sígnifái]　　　　타 자 1) 의미하다
　　　　　　　　　　　　　　　　　2) 중요하다[부정문에서]

〈명사형〉 signification 〈형용사형〉 significant

1. ▶ A red sunset *signifies* fine weather.
　붉은 석양은 청명한 날씨의 전조이다.
2. ▶ What a fool says does not *signify*.
　바보가 말한 것은 중요하지 않다.

1280 **submit** [səbmít]　　　타 자 1) 복종하다
　　　　　　　　　　　　　　　2) ~을 의견으로 진술하다(+that절)

〈동의어〉 2. suggest 〈명사형〉 submission 〈형용사형〉 submissive

1. ▶ I will not *submit* myself to hard treatment.
　나는 어떤 학대에도 굴복하지 않을 것이다.
2. ▶ I *submit* that there is another point of view.
　나는 또다른 견해가 있다는 의견을 진술했다.

1281 **survey** [sə:rvéi]　　　　　　타 1) 개관하다 2) 조사하다

1. ▶ We *surveyed* the countryside from the top of a hill.
　우리는 언덕 위에서 전원지대를 내려다 보았다.
2. ▶ The police *surveyed* the scene of the crime.
　경찰은 범죄현장을 조사했다.

1282 **tempt** [témpt]　　　　　　타 유혹하다

〈명사형〉 temptation

▶ Hunger *tempted* him to steal (or into stealing).
　배고픔이 그에게 도적질하도록 유혹했다.

1283 **threaten** [θrétn]　　　　타 자 1) 위협하다 2) (위험이)
　　　　　　　　　　　　　　　　　　~의 징조를 보이다

〈형용사형〉 threat

1. ▶ I was *threatened* with death.

나는 죽이겠다는 협박을 받았다.
2. ▶ The weather *threatened* a storm.
날씨가 폭풍우가 올 징조를 보였다.

1284 tremble [trémbl]　　　　図 떨리다

▶ I *trembled* at the mere thought of undergoing an operation. 나는 수술을 받는다는 생각만으로 몸이 떨렸다.

1285 undergo [ʌ́ndərgóu]　　　　태 경험하다

▶ Our village has *undergone* a great change during the last five years. 우리 마을은 지난 5년 동안 커다란 변화를 겪었다.

1286 undo [ʌndú:]　　　　태 1) 원상태로 되돌리다
　　　　　　　　　　　　　　2) 파멸로 이끌다

1. ▶ What is done cannot be *undone*.
이미 엎지른 물은 다시 담을 수 없다(속담)
2. ▶ His pride will *undo* him some day.
그의 거만함이 언젠가 그를 파멸시킬 것이다.

1287 urge [əːrdʒ]　　　　태 1) 몰아내다
　　　　　　　　　　　　　2) 거듭 간청하다;격려하다

〈형용사형〉 urgent 〈명사형〉 urgency

1. ▶ He *urged* his horse on with whip and spur.
그는 말에 박차를 가했다.
2. ▶ I was *urged* to study English harder.
나는 영어를 더 열심히 공부하라는 격려를 받았다.

1288 vanish [vǽniʃ]　　　　図 사라지다;보이지 않게 되다

▶ The queen *vanished* out of sight, not enduring her glory.
여왕은 영광을 지탱하지 못한채 멀리 사라졌다.

1289 yield [jíːld]　　　　태 図 1) 산출하다 2) 굴복하다;양도하다

1. ▶ The mine *yields* good ore.
   그 광산은 좋은 광석을 산출한다.
2. ▶ The enemy *yielded* the stronghold to us.
   적은 우리에게 요새를 내놓았다.

1290 acknowledge [əknɔ́lidʒ]　태 인정하다

〈반의어〉 deny　〈명사형〉 acknowledge(e)ment

▶ He *acknowledged* to himself that he had something to do with the matter.
그는 자신이 그 사건과 관계가 있음을 자인했다.

《용법》 「그것을 진실이라고 인정하다」는 acknowledge 다음에 the truth of it, it as true, it to be true, that it is true을 사용하면 된다.

1291 allure [əlúər]　태 ~을 꾀다;유혹하다

〈명사형〉 allurement

▶ This advertisement will *allure* customers to buy the goods. 이 광고는 고객들에게 그 상품을 사도록 유혹할 것이다.

《용법》 **allure a person** 다음에 to원형이나 into+명사의 형태가 사용된다.

1292 apprehend [æprihénd]　태 1) 염려하다;두려워하다
　　　　　　　　　　　　　　　　2) 이해하다

〈명사형〉 apprehension　〈형용사형〉 apprehensive

1. ▶ It is *apprehended* that the bridge will be washed away in the flood. 홍수로 다리가 떠내려갈 염려가 있다.
2. ▶ I *apprehended* his meaning from his gestures.
   나는 그의 몸짓으로 그의 의도를 이해했다.

1293 ascribe [əskráib]　태 ~의 탓으로 돌리다

〈명사형〉 ascription

▶ The discovery of America is usually *ascribed* to colum-
bus. 아메리카의 발견은 보통 컬럼부스의 덕으로 여겨진다.

1294 **aspire** [əspáiər] 자 열망하다

〈명사형〉 aspiration

▶ All arts *aspire* to the condition of music.
모든 예술은 음악적 상태에 도달하기를 원한다.

《용법》 전치사 **to** 혹은 **after**를 수반하면 명사가 나온다. aspire to do
의 용법도 사용된다.

1295 **assume** [əsjú:m] 타 1) ~을 가장하다
　　　　　　　　　　　　　　2) ~라 가정하다;추측하다

〈명사형〉 assumption

1. ▶ She *assumed* ignorance. 그는 모르는 척했다.
2. ▶ I *assume* you have decided against buying a new car.
나는 네가 새차를 사지 않기로 결정했다고 생각한다.

1296 **avenge** [əvéndʒ] 타 복수하다

▶ He *avenged* (or avenged himself) on the murderer.
그는 그 살인자에게 복수했다.

1297 **beguile** [bigáil] 타 1) ~을 속여서 …하게 하다
　　　　　　　　　　　　　　2) ~을 기쁘게 하다

1. ▶ He *beguiled* me into thinking that he was my friend.
그는 나를 속여서 자신이 내 친구인양 생각하게 만들었다.
2. ▶ The old sailor *beguiled* the boys with stories about his
life at sea.
그 노선원은 바다생활의 이야기로 아이들을 즐겁게 해주었다.

1298 **betray** [bitréi] 타 1) 배반하다;(기대를) 저버리다
　　　　　　　　　　　　　　2) 무심코 드러내다

〈명사형〉 betrayal

1. ▶ You should not *betray* his trust.
너는 그의 신뢰를 저버려서는 안된다.
2. ▶ A few words may *betray* a man's true character.
몇마디 말이 사람의 본성을 드러나게 할 수 있다.

1299 **coincide** [kòuinsáid]　　［자］ 1) 일치하다 2) 동시에 일어나다

〈형용사형〉 coincident 〈명사형〉 coincidence

1. ▶ This story *coincides* with the facts.
이 이야기는 사실과 일치한다.
2. ▶ My arrival *coincided* with his departure.
내 도착은 그의 출발과 동시에 일어났다.

《용법》　일반적으로 **coincide with~**가 사용된다.

1300 **compensate** [kɔ́mpenseit]　［자］［타］ 1) 보상하다
2) 상쇄하다；보충하다

〈명사형〉 compensation 〈형용사형〉 compensatory

1. ▶ Nothing can *compensate* for the loss of one's life.
생명을 대신할 수 있는 것은 아무것도 없다.
2. ▶ She *compensates* her homely appearance with great
personal charm.
그녀는 세련되지 않은 외모를 개인적인 매력으로 보충한다.

1301 **console** [kənsóul]　　　　　［타］ 위로하다

〈명사형〉 consolation 〈형용사형〉 consolatory

▶ I *consoled* my friend for the loss of his child.
나는 자식을 잃어버린 내 친구를 위로했다.

《용법》　**console a person for~**는 **console oneself by (or with)**「~
으로 자위하다」의 형식으로 바꾸어 쓰일 수 있다.

1302 **contemplate**　　　　［타］［자］ 1) 눈여겨보다
[kɔ́ntemplèit]　　　　　　2) ~을 의도하다(+명사/doing)

〈명사형〉 contemplation 〈형용사형〉 contemplative

1. ▶ He stood *contemplating* the stars in the clearsky.
그는 맑은 하늘의 별을 바라보며 서있었다.
2. ▶ I *contemplate* going to some health resort.
나는 휴양지로 갈 생각이다.

1303 deposit [dipózit]　　　(타) 1) ~을 놓다 2) 예금하다

1. ▶ They *deposited* their problems on our laps.
그들은 그들의 문제를 우리에게 위임했다.
2. ▶ He would not *deposit* money in (or with) the bank.
그는 은행에 돈을 저금하지 않을 것이다.

1304 determine [ditə́:rmin]　　　(타) (자) 1) 결정하다
2) ~하도록 결심시키다

〈명사형〉 determination

1. ▶ The problem is to *determine* the causes of these differ-
ences. 문제는 이런 차이점들의 원인을 확실히 하는 것이다.
2. ▶ I am *determined* to learn to ride a bicycle by myself.
나는 혼자서 자전거 타는 법을 배우기로 결심했다.

《용법》　1)에서 명사대신에 wh-절, 부정사를 목적으로 받을 수 있
다. 2)에서 determine to원형은 determine that절과 동의어.

1305 discard [diská:rd]　　　(타) 포기하다

▶ We must *discard* our previous conclusion and set up a
new one.
우리는 예전의 결론을 포기하고 새로운 결론을 세워야만 한다.

1306 discern [disə́:rn]　　　(타) 식별하다

〈명사형〉 discernment

▶ I instantly *discerned* her among the audience.
나는 청중들 속에서 그녀를 순간적으로 알아보았다.

1307 **discriminate**　　　　　　　재 타 1) 차별하다;구별하다
[diskrímineit]　　　　　　　　　　　2) 구별을 인정하다

〈명사형〉 discrimination

1. ▶ It is often difficult to *discriminate* between cloud and fog. 구름과 안개를 구별하는 것이 때로는 어렵다.
2. ▶ The law does not *discriminate* against any person. 법은 어느 누구에게도 차별을 두지 않는다.

1308 **dispose** [dispóuz]　　　　　타 1) ～할 마음을 내키게하다
　　　　　　　　　　　　　　　　　　2) 배치하다;처리하다

〈명사형〉 disposal, disposition

1. ▶ These conditions *disposed* me to consent. 이런 조건들 때문에 나는 승락하기로 했다.
2. ▶ Where should we *dispose* of the waste? 이 쓰레기를 우리는 어디에다 처리해야 하는가?

《용법》　1)의 수동태로는 be (or feel) disposed to원형 (or for＋명사)을 사용한다. 2)의 의미에서는 **dispose of**가 주로 사용된다.

1309 **distract** [distrǽkt]　　　　타 1) (마음을) 다른 곳으로 돌리다
　　　　　　　　　　　　　　　　　　2) 괴롭히다(보통 수동구문)

〈명사형〉 distraction

1. ▶ The last thing I want is to be *distracted* from my reading. 내가 궁극적으로 원하는 것은 독서로부터 나의 마음을 딴 곳으로 돌리는 것이다.
2. ▶ He was *distracted* by the uncertainty of his future. 그는 미래의 불확실성 때문에 괴로왔다.

《용법》　1)에서는 **사람＋from**을 수반, 2)는 주로 수동태 형식으로 사용된다.

1310 **embrace** [imbréis]　　　　타 1) 포옹하다 2) 기회를 포착하다

1. ▶ The two lovers *embraced* each other before they part-
   ed. 그 두 연인은 헤어지기전에 포옹했다.
2. ▶ Let us *embrace* this opportunity of thanking you.
   이번 기회에 당신에게 감사를 표합니다.

1311 **enchant** [intʃάːnt] 〔타〕 ~을 매혹하다

〈명사형〉 enchantment

▶ He was *enchanted* by her radiant beauty.
그는 그녀의 눈부신 아름다움에 매혹되었다.

1312 **entrust** [intrʌ́st] 〔타〕 위임하다;맡기다

▶ She *entrusted* the care of her child to her maid.
그녀는 하인에게 아이를 맡겼다.

《용법》 **entrust** a person **with** a thing은 **entrust** a thing **to** a person으
로 바꾸어 쓸 수 있다.

1313 **execute** [éksikjùːt] 〔타〕 (명령을) 실행하다

〈명사형〉 execution 〈형용사형〉 executive

▶ The nurse *executed* the doctor's orders.
그 간호사는 의사의 처방을 실행에 옮겼다.

1314 **forbear** [fɔːrbέər] 〔타〕 ~을 삼가다;억누르다;참다

〈명사형〉 forbearance

▶ He *forbore* to hit back because the boy was smaller than
himself.
그 소년이 더 작았기 때문에 그는 때리고 싶은 것을 참았다.

《용법》 목적어로는 명사·대명사 이외에 부정사·동명사를 사용한다.

1315 **grudge** [grʌdʒ] 〔타〕 1) ~을 싫어하다 2) 질투하다

1. ▶ I *grudge* such a stupid fellow his fine house.
나는 이런 바보자식에게 그의 좋은 집을 주기 싫다.

2. ▶ I *grudge* to leave this beautiful place.
나는 이 멋진 장소를 떠나기 싫다.

《용법》　목적어로 동명사·부정사 모두 가능하다.

1316　**imply** [implái]　　　　타 1) 의미하다 2) 암시하다(＋that절)

〈명사형〉 implication

1. ▶ Generally disease *implies* some serious organic or psychic malady. 일반적으로 병은 어떤 심각한 신체적 혹은 정신적 질환을 의미한다.
2. ▶ I do not *imply* that you are dishonest.
나는 당신이 부정직하다는 것을 암시하지는 않는다.

1317　**induce** [indjúːs]　　　　타 1) 설득하여 ~시키다 2) 유발하다

〈명사형〉 inducement, induction 〈형용사형〉 inductive

1. ▶ Nothing could *induce* him to give up his plan.
어느 것도 그에게 그의 계획을 포기하도록 설득할 수 없었다.
2. ▶ Some drugs *induce* sleep. 어떤 약은 잠이 오게한다.

《용법》　1)은 **induce him to do** ~의 형식으로 사용된 것.

1318　**indulge** [indʌldʒ]　　　　자 타 1) ~을 만족시키다
2) ~에 빠지게 하다(재귀적)

〈명사형〉 indulgence 〈형용사형〉 indulgent

1. ▶ You *indulge* your children with too much pleasure.
당신은 아이들을 지나치게 제멋대로 하게 한다.
2. ▶ Don't *indulge* yourself too freely with wine.
너무 술에 빠지지 않도록 해라.

《용법》　2)의 뜻으로는 **indulge [oneself] with (or in)**의 형태가 주로 쓰인다.

1319　**infer** [infəːr]　　　　타 추론하다;짐작하다

〈명사형〉 inference

▶ The scientific truth is basically *inferred* from facts.
과학적 진리는 근본적으로 사실에서 추론된다.

《용법》 주로 **infer A from B**와 **infer that**절의 형태로 사용된다.

1320 intervene [ìntərvíːn] 困 1) 끼어들다 2) 중재하다

〈명사형〉 intervention

1. ▶ I will call on you tomorrow, should nothing *intervene*.
아무일도 일어나지 않으면 내일 당신을 방문하겠습니다.
2. ▶ I *intervened* between two persons who are quarreling.
나는 말 싸움하고 있는 두 사람을 중재해 주었다.

1321 justify [dʒʌ́stifai] 囲 정당화하다

〈명사형〉 justification

▶ The accused *justified* his killing a burglar by saying he had done it in self—defense.
피고는 정당방위로 그렇게 했다고 주장하면서 강도를 살해한 그의 행위를 정당화했다.

《용법》 **be justified in ～ing**은 「～한 것은 당연하다」는 뜻.

1322 launch [lɔːntʃ] 囲 困 1) 진수하다;쏘아올리다
　　　　　　　　　　　　　　　　2) ～을 …에 내보내다

1. ▶ This ship was *launched* on the 1st this month.
이 배는 이번달 1일에 진수되었다.
2. ▶ He *launched* his son into the world.
그는 아들을 세상에 내보냈다.

1323 lure [ljuər] 囲 유인하다

▶ Don't let money *lure* you into a job you don't like.
돈에 유혹되어 좋아하지 않은 직업을 갖지마라.

1324 muse [mjuːz] 困 명상에 잠기다;숙고하다

▶ He *mused* on his happy past.
그는 행복했던 과거를 생각했다.

《용법》　뒤에는 **on, upon, over**가 주로 동반되어 쓰인다.

1325　**observe** [əbzə́:rv]　　자 타 1) ~을 보다;알아채다
　　　　　　　　　　　　　　　　2) 말하다(+that절)
　　　　　　　　　　　　　　　　3) 준수하다;지키다

〈명사형〉 observation, observance

1. ▶ I *observed* him steal out of the room.
나는 그가 방에서 몰래 빠져 나가는 것을 알아차렸다.
2. ▶ I *observed* that the plan was impracticable.
나는 그 계획이 실행 불가능하다고 말했다.
3. ▶ You must *observe* good manners in public.
너는 사람들 앞에서 좋은 태도를 보여야만 한다.

《용법》　1)은 지각동사의 용법

1326　**plead** [pli:d]　　　　　자 타 탄원하다;변명하다;변론하다

▶ He could not find a lawyer to *plead* his case.
그는 그의 소송을 변호해줄 변호사를 구할 수 없었다.

1327　**provoke** [prəvóuk]　　　타 1) 약올리다 2) 자극하여 시키다

〈명사형〉 provocation 〈형용사형〉 provocative

1. ▶ Don't *provoke* the dog. It's dangerous.
그 개를 약올리지 마라. 그 개는 위험하다.
2. ▶ He was *provoked* to put forth more effort.
그는 자극을 받아 더 많은 노력을 경주했다.

《용법》　2)에서는 **provoke him to**원형의 형태가 사용된다.

1328　**rebuke** [ribjú:k]　　　　타 책망하다;나무라다

▶ The teacher *rebuked* the boy for neglecting his duties.
선생님은 의무를 소홀히 했다는 이유로 그 소년을 나무랐다.

1329 **reconcile** [rékənsàil]　㉺ 화해시키다;일치시키다

〈명사형〉 reconciliation 〈형용사형〉 reconciliatory

▶ How can he *reconcile* his words with his actions?
그는 어떤 식으로 말과 행동을 일치시킬 수 있을까?

《용법》　**reconcile oneself, be reconciled with**은 「화해하다」란 의미.

1330 **represent** [rèprizént]　㉺ 1) 설명하다;납득시키다
　　　　　　　　　　　　　　　2) 대표하다

〈명사형〉 representation 〈형용사형〉 representative

1. ▶ The subject is so diffcult that I do not know how to
represent it to you. 그 문제는 너무 어려워 너에게 어떻게
설명해야 할지 모르겠다.
▶ He *represented* Korea at the conference.
그는 한국을 대표해 그 회의에 참석했다.

1331 **resign** [rizáin]　㉺ ㉜ 1) 사직하다 2) ~에 몸을 맡기다

〈명사형〉 resignation

1. ▶ He is going to *resign* from the chairmanship of the
committee. 그는 위원회의 의장직을 사임할 예정이다.
2. ▶ *Resign* yourselves to the will of God.
신의 의지에 네 자신을 맡겨라.

《용법》　2)의 의미에서 **resign oneself to~, be resigned to** ~란 형태
가 사용된다.

1332 **retain** [ritéin]　㉺ 간직하다

〈명사형〉 retention 〈형용사형〉 retentive

▶ He *retained* the memory of that experience for years.
그는 몇 년동안 그 경험을 기억속에 간직했다.

1333 **speculate** [spékjuleit]　㉜ 사색하다

〈명사형〉 speculation 〈형용사형〉 speculative

▶ He *speculated* about a half dozen books to read during the vacation.
그는 방학중에 읽은 대여섯권의 책을 깊이 생각해보았다.

《용법》　speculate 다음에는 **on, upon, about, of**가 동반된다.

1334　**subdue** [səbdjúː]　　　　㉆ 진압하다;정복하다

〈명사형〉 subdual

▶ I was unable to *subdue* my passion.
나는 내 격정을 억누를 수 없었다.

1335　**subside** [səbsáid]　　　　㉇ 가라앉다;진정되다

〈명사형〉 subsidence

▶ The fury of the storm has *subsided*.
사나운 폭풍우가 가라앉았다.

1336　**suppress** [səprés]　　　　㉆ 1) 억압하다 2) 금지하다

〈명사형〉 suppression 〈형용사형〉 suppressive

1. ▶ The government army succeeded in *suppressing* the rebellion. 정부군은 반란을 진압하는데 성공했다.
2. ▶ This book is *suppressed* for the reason of obscenity.
이 책은 외설을 이유로 판금되었다.

1337　**suspend** [səspénd]　　　　㉆ 1) 매달다 2) 미루다;정직시키다

〈명사형〉 suspension, suspense 〈형용사형〉 suspensive, suspensory

1. ▶ The bridge was *suspended* on chains.
그 다리는 쇠사슬로 매달려 있었다.
2. ▶ Judgement was *suspended* till the following Monday.
판결은 다음 월요일까지 연기되었다.

1338　**sustain** [səstéin]　　　　㉆ 떠받치다;부양하다;～을 계속하다

〈명사형〉 sustenance

▶ No one in the class will *sustain* comparison with him in English. 영어에서는 학급의 누구도 그와는 비교될 수 없을 것이다.

1339 **trespass** [tréspəs] 　　　 재 침해하다;침입하다

▶ I won't *trespass* on your time any longer.
나는 더이상 네 시간을 빼앗지 않을 것이다.

1340 **usher** [ʌ́ʃər] 　　　 타 안내하다;~의 도래를 알리다

▶ We were *ushered* into the banqueting scene with the sound of music.
우리는 음악소리가 들리는 연회장으로 안내되었다.

1341 **vex** [veks] 　　　 타 초조하게 만들다;괴롭히다

〈명사형〉 vexation 〈형용사형〉 vexatious

▶ He didn't mean to *vex* the students with insoluble problems. 그는 해결할 수 없는 문제로 학생들을 괴롭힐 의도는 없었다.

1342 **violate** [váiəléit] 　　　 타 1) (법 등을) 위반하다
　　　　　　　　　　　　　　　　　 2) 방해하다;범하다

〈명사형〉 violation

1. ▶ They *violated* the law and were arrested by the police.
그들은 법을 위반해 경찰에 체포되었다.
2. ▶ The sound of guns *violated* the usual calm of Sunday moring. 총소리가 일요일 아침의 고요한 정적을 깨뜨렸다.

1343 **yearn** [jəːrn] 　　　 재 …하고 싶어하다;마음이 끌리다

▶ I am *yearning* to make myself useful.
나는 무척이나 쓸모있는 사람이 되고 싶다.

1344 **absolute** [ǽbsəluːt] 　　　 형 절대적인;온전한

〈반의어〉 relative, comparative

▶ The perfect man is in possession of *absolute* truth.
그 완벽한 사람은 절대적 진리를 믿는다.

《용법》 the absolute는 「철저한 사람」이란 의미며, the Absolute은 「절대자, 신」을 의미한다.

1345 aloof [əlúːf]   혱 떨어져서

▶ Keep yourself *aloof* from them. 그들과는 멀리 지내라.

1346 ambitious [æmbíʃəs]   혱 야망을 가진 ; 열망하는

〈명사형〉 ambition

▶ He is *ambitious* to succeed in his business.
그는 사업의 성공을 갈망하고 있다.

《용법》 to do가 동반되어 「~하기를 열망하다」, of(or for)~를 수반하면 「~을 열망하는」이란 의미이다.

1347 apparent [əpǽrənt]   혱 1) 명백한 2) 외견상의

〈반의어〉 actual, real 〈동사형〉 appear 〈부사형〉 apparently

1. ▶ A figure of a woman became *apparent*.
여자의 모습이 분명해졌다.
2. ▶ The difficulty is more *apparent* than real.
실제보다 외견상 어려움이 더 커보인다.

1348 attentive [ətÉntiv]   혱 1) 주의깊은 2) 친절한

〈명사형〉 attention

1. ▶ You must be *attentive* to what is said.
너는 말하는 것을 주의깊게 들어야 한다.
2. ▶ The nurse was *attentive* to all her patients.
그 간호원은 모든 환자에게 친절했다.

1349 beneficial [bènifíʃəl]   혱 유익한 ; 유용한

〈명사형〉 benefit

▶ Sunshine is *beneficial* to health. 햇살은 건강에 유익하다.

《용법》 **benefit**에서 똑같이 파생된 **beneficent** [binéfisənt]은 「인정많은, 친절한」이란 의미.

1350 **colloquial** [kəlóukwiəl]　　형 일상회화의 ; 구어의

〈명사형〉 colloquialism

▶ Nowadays letters are mostly written in *colloquial* style.
오늘날 편지는 거의 구어체로 쓰여진다.

1351 **complex** [kɔ́mpleks]　　형 복합적인

〈반의어〉 simple 〈명사형〉 complexity

▶ The American nation is a *complex* mixture of races.
미국은 여러 인종이 뒤섞인 나라이다.

1352 **conservative**
[kənsə́:rvətiv]
형 1) 보수적인
2) 온건한 ; 조심스런

〈반의어〉 progressive 〈동사형〉 conserve

1. ▶ A *conservative* person opposes change and many new ideas. 보수적인 사람은 변화와 새로운 사상에 반대한다.
2. ▶ It is *conservative* to say that he is a strongman ruler.
그가 독재자라고 말해도 과언은 아니다.

1353 **contemporary** [kəntémpərəri]　형 1) 동시대의 2) 현대의

1. ▶ Goethe was *contemporary* with Beethoven.
괴테는 베토벤과 동시대 사람이었다.
2. ▶ They have no idea about *contemporary* European fashions for men.
현대 유럽의 남성패션에 대한 아이디어가 없다.

1354 **definite** [définit]　　형 명확한

〈반의어〉 indefinite 〈동사형〉 define

▶ What we all need is to make *definite* plans for our intellectual growth.
우리 모두가 필요로 하는 것은 우리 지적성장의 계획을 명확히 하는 것이다.

1355 **dependent** [dipéndənt]　형 1) 의존적인 2) ~에 좌우되는

〈반의어〉 independent 〈동사형〉 depend

1. ▶ Man still remains *dependent* for much of his livelihood upon animals.
   아직도 인간은 살림살이 대부분을 동물에게 의존하고 있다.
2. ▶ Whether he does it or not is entirely *dependent* on him.
   그가 그것을 하느냐 않느냐는 전적으로 그 자신에게 달려있다.

1356 **different** [dífərənt]　형 1) 다른 2) 여러가지의

〈동사형〉 differ 〈명사형〉 difference

1. ▶ Any future war will be utterly *different* from the last.
   미래의 전쟁은 지난 전쟁과는 완전히 다를 것이다.
2. ▶ Frustration can occur in a number of *different* ways.
   욕구불만은 갖가지 방법으로 표출될 수 있다.

1357 **distinct** [distíŋkt]　형 별개의 ; 뚜렷한

〈동사형〉 distinguish

▶ What exactly is it that makes us men as *distinct* from animals?
우리 인간을 동물과 구분시켜 주는 것이 정확히 무엇이냐?

1358 **exact** [igzǽkt]　형 1) 정확한 2) 엄밀한

〈부사형〉 exactly

1. ▶ I have no *exact* memory of what happened immediately afterward. 바로 그 다음에 무슨 일이 벌어졌는지 정확히 기억하지 못한다.

2. ▶ Fingerprinting is an *exact* and practical science.
지문학은 엄밀하고 실제적인 학문이다.

1359 **exclusive** [iksklú:siv] 형 1) ~을 제외하고
2) 독점적인;전용의

〈반의어〉 inclusive 〈동사형〉 exclude

1. ▶ We must work six weeks *exclusive* of Sundays.
일요일은 제외하고 6주를 일해야 한다.
2. ▶ This is a car for *exclusive* use of the president.
이 차는 대통령 전용차이다.

1360 **external** [ekstə́:rnl] 형 외부의

〈반의어〉 internal

▶ We find it difficult to apply this to our *external* trade.
이것을 대외무역에 적용하기가 어렵다는 것을 알고 있다.

1361 **former** [fɔ́r:mər] 형 앞의;이전의

〈부사형〉 formerly

▶ They believed that *former* ages were better than the present. 그들은 이전 시대가 지금보다 훨씬 나았다고 생각했다.

1362 **forward** [fɔ́r:wərd] 형 자진하여 …하는(to do), 앞쪽으로의

▶ He is always *forward* to help others (or in helping others). 그는 항상 자진해서 남을 도와준다.

1363 **genuine** [dʒénjuin] 형 진짜의

▶ There was *genuine* sorrow in her voice.
그녀의 목소리에 진정한 슬픔이 배어 있었다.

1364 **imaginable** [imǽdʒinəbl] 형 상상할 수 있는

〈동사형〉 imagine

► There is no *imaginable* reason why he should resign.
왜 그가 사직했는지 설명할만한 이유가 없다.

《용법》 최상급 형용사 또는 all, every, no 다음에 쓰여 강조하는 의미를 만든다. **imaginary** (상상의)와 **imaginative** (상상력이 풍부한)를 구별할 수 있을 것.

1365 liable [láiəbl] 　형 1) ~을 면할 수 없는
　　　　　　　　　　　　　　2) ~하기 쉬운 3) 의무가 있는

〈명사형〉 liability

1. ► If we cannot spell well, we are *liable* to be looked upon as ignorant. 철자법을 제대로 모르면, 무식한 사람으로 여겨지는 것을 면할 수 없다.
2. ► Men are *liable* to disease. 인간은 병에 걸리기 쉽다.
3. ► He is *liable* for all damage.
그는 모든 손해에 대해 책임이 있다.

1366 moderate [mɔ́dərit] 　형 온건한;절제있는

〈부사형〉 moderately

► He is *moderate* in drinking. 그는 술을 절제한다.

1367 mutual [mjú:tʃuəl] 　형 상호적인

〈명사형〉 mutuality

► It is our *mutual* understanding that establishes world peace. 세계평화를 확립하는 것은 우리의 상호이해이다.

1368 parallel [pǽrəlel] 　형 평행의

► The highway runs *parallel* with the railroad.
그 고속도로는 철도와 평행선을 이루며 달린다.

1369 polite [pəláit] 　형 예절바른

► It was *polite* of her to offer me her seat.

그녀가 자기 자리를 내게 양보한 건 예절바른 일이었다.

1370 **proficient** [prəfíʃənt]　　⟨형⟩ 숙련된

〈명사형〉 proficiency

▶ She is very *proficient* in English.
그녀는 영어가 무척 능숙하다.

1371 **reckless** [rəklis]　　⟨형⟩ 무모한；부주의한

▶ *Reckless* of the results, the boy neglected his duties.
결과에는 개의치 않고 그 소년은 의무를 소홀히 했다.

1372 **reluctant** [rilʌ́ktənt]　　⟨형⟩ 싫어하는；다루기 힘든

〈명사형〉 reluctance

▶ The policeman led the *reluctant* boy to the principal.
경찰은 반항하는 소년을 교장에게 데려갔다.

《용법》　**be reluctant to** － 원형은 「～하기를 꺼리다」는 의미.

1373 **responsible** [rispɔ́nsəbl]　　⟨형⟩ 책임있는

〈동사형〉 respond　〈명사형〉 responsiblility

▶ The ideally free individual is *responsible* only to himself.
이성적으로 자유로운 사람은 자신에게만 책임을 진다.

《용법》　**be responsible** 다음에는 to＋사람, for＋사물이 쓰인다.

1374 **shrewd** [ʃruːd]　　⟨형⟩ 1) 빈틈없는 2) 약삭빠른；매서운

1. ▶ It was a *shrewd* comment.
그것은 빈틈없는 논평이었다.
2. ▶ He is *shrewd* in business. 그는 장사에는 빈틈이 없다.

1375 **similar** [símilər]　　⟨형⟩ 유사한

〈명사형〉 similarity

▶ Your watch is *similar* to mine in shape and color.
네 시계는 모양과 색에서 내것과 비슷하다.

1376 stern [stə:rn]　　　　형 1) 단호한 2) 엄격한

1. ▶ He is made of *sterner* stuff than his brother.
그는 그의 형보다 훨씬 엄격한 성격이다.
2. ▶ He is *stern* to his pupils. 그는 학생들에게 엄하다.

1377 stubborn [stʌ́bərn]　　　　형 완고한

▶ He is as *stubborn* as a mule. 그는 노새처럼 고집이 세다.

1378 supreme [sjuprí:m]　　형 1) 최고의;지대한 2) 궁극의;최후의

〈명사형〉 supremacy

1. ▶ He was a man endowed with almost *supreme* patience.
그는 강한 인내심을 타고난 사람이었다.
2. ▶ This is the *supreme* test of his sportsmanship.
이것은 그의 소포츠정신을 시험할 최후의 기회이다.

1379 tremendous [triméndəs]　　형 1) 무서운;엄청난
　　　　　　　　　　　　　　　　　　　　2) 터무니없이 큰

1. ▶ The volcano repeated *tremendous* explosions.
그 화산은 엄청난 폭발을 계속했다.
2. ▶ Light travels through space at a *tremendous* velocity.
빛은 엄청난 속도로 공간을 가로지른다.

1380 vulgar [vʌ́lgər]　　　　형 1) 상스러운 2) 민중의;대중의

〈명사형〉 vulgarity

1. ▶ His talk was quite *vulgar* and I was ashamed to be
with him. 그의 말은 상당히 상스러워, 나는 그와 함께 있는
것이 부끄러웠다.
2. ▶ He worte many poems in the *vulgar* tongue.
그는 민중의 어투로 많은 시를 썼다.

1381 **wretched** [rétʃid]　　　圈 1) 가엾은;비참한
　　　　　　　　　　　　　　　　2) 불쾌한;질이 떨어지는

　　1. ▶ He led a *wretched* life. 그는 비참한 생활을 영위했다.
　　　　▶ The food at this hotel is *wretched*.
　　　　　이 호텔의 음식은 질이 떨어진다.

1382 **akin** [əkín]　　　　　　　圈 동족의;동종의;유사한

　　　　▶ I think something *akin* to a miracle is required to accom-
　　　　plish this task. 나는 그 일을 완수하기 위해서는 기적과 같은
　　　　것이 요구된다고 생각한다.

1383 **alert** [ələ́:rt]　　　　　　圈 1) 빈틈없는 2) 기민한;날쌘

　　1. ▶ You should be *alert* to the changes of traffic signals.
　　　　　너는 교통신호의 변화에 주의해야만 한다.
　　2. ▶ I found him surprisingly *alert* about politics.
　　　　　나는 그가 정치에 무척이나 기민하다는 것을 알았다.

《용법》　1)의 의미에서는 to~를 2)의 의미에서는 in~이나 about~를
　　　　수반한다.

1384 **compatible** [kəmpǽtəbl]　圈 양립할 수 있는

　　　　▶ His interests are not *compatible* with mine.
　　　　　그의 관심사는 나의 관심사와 양립할 수 없다.

《용법》　서술적 용법으로 주로 **with**~가 수반된다.

1385 **compulsory** [kəmpʌ́lsəri]　圈 강제적인

　　〈동사형〉 compel

　　　　▶ Attendance at school is *compulsory* for children.
　　　　　학교에 가는 것은 어린아이에게 의무이다.

1386 **destitute** [déstitjù:t]　　　圈 궁핍한;~이 없는(of)

▶ He is utterly *destitute* of shame. 그는 전혀 염치가 없다.

《용법》 「~이 없다」는 뜻으로는 of~가 수반된다.

1387 discreet [diskrí:t] 　　　㊉ 사려깊은;신중한

〈반의어〉 indiscreet 〈명사형〉 discretion

▶ You must be more *discreet* when you speak to people in high society. 당신은 상류사회의 사람들에게 말할 때 더욱 신중을 기해야만 한다.

1388 dismal [dízməl] 　　　㊉ 우울한;무시무시한

▶ One feels *dismal* when one is sick.
아플때는 참담한 기분이다.

1389 dreary [dríəri] 　　　㊉ 음울한;쓸쓸한

〈부사형〉 drearily

▶ The *dreary* desert stretches for miles and miles.
이 황량한 황무지는 수마일씩이나 계속된다.

1390 exquisite 　　　㊉ 예민한;정교한;매우 아름다운
[ékskwizit, ekskwízit]

〈부사형〉 exquisitely

▶ Millet is noted for the *exquisite* pictures he painted from nature. 밀레는 자연을 묘사한 정교한 그림으로 유명하다.

1391 fatal [féitl] 　　　㊉ 치명적인;파멸의 원인이 되는

〈명사형〉 fate

▶ The slightest mistakes may lead to a *fatal* disaster.
조그만 실수가 치명적인 재앙을 가져올 수 있다.

《용법》 서술적 용법으로 be fatal to~가 사용된다.
The wound was *fatal* to him. 그 부상은 그에게 치명적이었다.

1392 **humane** [hju:méin] 圈 인정많은

▶ Prisoners are kept from view partly on *humane* grounds.
죄수들은 인도적인 이유로 눈에 띄지 않는 곳에 있게된다.

1393 **imprudent** [imprú:dənt] 圈 무분별한;경솔한

〈명사형〉 imprudence

▶ She was *imprudent* to go out at midnight.
그 여자는 경솔하게도 한밤중에 외출했다.

《용법》 It is **imprudent** of a person to do ~의 형식으로 사용된다. **impudent**(무례한)와 구별할 수 있어야 한다.

1394 **intent** [intént] 圈 주의를 집중한;열심인

▶ He was so *intent* on his painting that he didn't notice me.
그는 너무 그림에 열중하고 있어서 나를 알아차리지 못했다.

《용법》 서술적 용법에서는 on+명사·동명사의 형식을 띤다.

1395 **naughty** [nɔ́:ti] 圈 장난꾸러기인;행실이 나쁜

▶ It is *naughty* of you to hit your sister.
네 누이를 때리다니 못됐다.

《용법》 **It is naughty of~ to~의 형식인데 주의할 것.**

1396 **prominent** [prɔ́minənt] 圈 눈에 띄는;중요한

〈명사형〉 prominence, prominency

▶ They had the three most *prominent* figures in the political circle. 정치계에는 가장 눈에 띄는 세사람의 인물이 있다.

1397 **count** [kaunt] 印 계산하다 쥔 중요하다;기대하다

▶ The stars in the sky are too many to *count*.
하늘의 별은 너무 많아서 셀 수가 없다.

▶ It is how much you can understand that *counts*.
중요한 것은 네가 얼마나 이해할 수 있는가이다.
▶ I *count* on you to help me with today's assignment.
나는 네가 오늘 숙제를 도와줄 것이라고 기대한다.

1398 fancy [fǽnsi]　　명 공상;기호;취미 동 ~을 상상하다;
(명령형) 상상해 보라

▶ This is mere *fancy,* not conviction based upon reason.
그것은 그저 공상일 뿐, 이성에 근거를 둔 확신이 아니다.
▶ His book caught the *fancy* of the public.
그의 책은 대중의 관심을 사로잡았다.
▶ In my dream I *fancied* myself flying about in the air.
꿈에서 나는 내가 공중에서 날아다니는 것을 마음속에 그렸다.
▶ *Fancy* that old man marrying a beautiful young girl!
저 늙은이가 아름다운 젊은 여자와 결혼한다는 것을 상상해 보라!

1399 figure [fígjər]　　명 사람의 모습;인물;명사;수(자);(복수)
계산 동 상상하다;판단하다;이해하다

▶ A tall *figure* stood in my way.
키가 큰 사람이 내 길을 막고 서 있었다.
▶ Plato was the central *figure* in Greek philosophy.
플라톤은 그리스 철학의 중심인물이었다.
▶ It turned out that he had a good head for *figures.*
그가 계산에 능하다는 사실이 밝혀졌다.
▶ I cannot *figure* out why you don't like jazz.
나는 네가 재즈를 좋아하지 않는 이유를 알 수가 없다.

1400 heart [hɑːrt]　　명 마음;심장;용기;원기;중심;본토;애정

〈형용사형〉 hearty

▶ Don't break my *heart* with any more troubles.
더 이상 문제를 일으켜 내 마음을 아프게 하지 마라.
▶ His *heart* died within him. 그는 기운이 꺾이고 말았다.

▶ Some people live in the *heart* of the city.
도시의 중심부에서 몇 사람이 살고 있다.
▶ He finally won Jane's *heart*.
그는 결국 제인의 사랑을 얻어냈다.

1401 issue [íʃuː]   困 나오다;유래하다;생기다
명 논쟁;문제;자손;자녀

▶ Many people *issued* from the hall.
많은 사람들이 홀에서 나왔다.
▶ Victory *issued* from our efforts.
승리는 우리 노력에서 나왔다.
▶ He took *issue* with me on my proposal.
그는 내 제안을 두고 나와 논쟁을 빌였다.
▶ Elizabeth I died without *issue*.
엘리자베스 1세는 자손을 두지 못하고 죽었다.

1402 reach [riːtʃ]   타 도착하다;~에 이르다;닿다, ~을 …에
게 건네주다 명 미치는 범위;능력

▶ London can be *reached* from here in less than two hours.
런던은 여기에서 두시간 내에 도착할 수 있다.
▶ There were ice and snow as far as the eye could *reach*.
눈이 닿는 곳에는 어디나 얼음과 눈이 있었다.
▶ Please *reach* me the paper.
저에게 신문을 건네주십시요.
▶ I was placed completely out of the *reach* of all amusement.
나는 완전히 오락과는 거리가 먼 곳에 자리잡고 있었다.

1403 work [wəːrk]   명 일;노동;작품;노력;공부;공장(~s)
동 일하다;움직이다

▶ The world sometimes does not reward your good and sincere *work*. 세상은 때때로 너의 착실하고 성실한 노동에 보상하지 않기도 한다.

▶ The *works* of Dickens are an obvious example.
디킨즈의 작품은 뚜렷한 본보기이다.
▶ All *work* and no play makes Jack a dull boy.
공부만 하고 놀지 않으면 바보가 된다.
▶ There is a big iron *works* near the city.
이 도시 근처에는 커다란 제철소가 있다.
▶ All minds *work* by the same fundamental psychological laws. 모든 사람이 똑같은 기본적인 심리법칙에 따라 움직인다.

1404 world [wəːrld]　　　명 세계;인류;세상 사람들;다량;다수

▶ Unrest throughout the *world* has its rootcause in dissatisfaction. 세계에 만연된 불안감의 근본원인은 불만에 있다.
▶ The entire *world* mourned over the death of President Kennedy. 전 세계 사람들이 케네디 대통령의 죽음을 슬퍼했다.
▶ Today we live in a *world* of signs and symbols.
오늘날 우리는 수많은 기호와 상징 속에서 살고 있다.

I·N·D·E·X

Better an egg today than a hen tomorrow
(오늘의 달걀 하나가 내일의 닭 한마리 보다 낫다)

fortune	1160
forward	1362
found	765
fragrant	766
free	254
freeze	767
fresh	255
friendship	256
fright	768
front	257
fuel	769
fulfill	258
full	259
funeral	770
furniture	260
future	261

<G>

gain	262
gaze	771
generally	263
generation	264
generous	265
genius	772
genuine	1363
get	1075
gesture	266
gift	267
gigantic	773
give	1076
glide	268
go	1077
good	1078
grade	269
gradual	270
gradually	271
graduate	272
grand	273
grant	774
grasp	775
grateful	274
gratitude	776
grave	777
gravity	1204
gray	275
great	276
greedy	778
greet	277
grieve	779
ground	1079
growth	278
grudge	1315
guarantee	780
guard	279
guess	280
guest	281
guilty	781

<H>

habit	282
half	283
hand	999
handle	284
handy	285
hang	286
happen	287
harbo(u)r	288
hard	1000
hardly	289
hardship	290
harm	291
harmony	292
harsh	782
harvest	293
haste	294
hate	1001
have	1002
head	295
health	296
hear	1003
heart	297/1400
heat	298
hesitate	299
help	1080
hence	783
hide	300
high	301
highly	302
hinder	784
hint	303
hire	304
hit	305
hold	1081
hole	306
holy	307
home	308
honey	309
horizon	310
horror	785
host	311
human	312
humane	1392
hunt	313

<I>

idea	1082
ignorance	1161
ignore	786
ill	314
illustrate	787
imaginable	1364
imagine	315
imitate	788
immediate	789
immense	790
immigration	1205
impatient	791
imply	1316
important	1004

representation	1215
request	454
require	1030/1274
resemble	865
reserve	1275
resign	1331
resolve	1276
respect	866
responsibility	1175
responsible	1373
rest	1114
restore	867
restrict	868
result	1031
retain	1332
retire	869
return	455
reverence	1216
revolve	1277
ride	456
right	1115
ring	457
ripe	458
rise	1116
rival	459
road	460
roar	870
rob	871
roll	461
room	462
root	463
roughly	872
round	1117
routine	1176
row[1]	464
row[2]	465
rub	873
ruin	874
rule	466
rumor	1177
rush	467

〈S〉

sacrifice	1178
safe	468
same	469
satisfaction	875
satisfy	470
savage	876
scene	471
scenery	472
scissors	473
scope	1179
search	877
secret	474
secure	878
see	1118
seed	475
seldom	476
send	477

sense	1119
sensible	879
sensitive	880
sentiment	881
separate	882
series	883
serious	478
set	1120
settle	1121/1278
several	479
severe	480
shade	481
shadow	482
shallow	884
shame	885
share	886
sheet	483
shelter	887
shine	484
shock	485
shoot	888
short	1122
shortage	1180
shortly	486
shoulder	487
show	1123
shrewd	1374
shy	889
sick	488
side	489
sigh	490
sight	1124
sign	1125
signify	1279
silly	890
similar	1375
simple	1126
simply	491
sincere	492
single	493
sit	1127
size	494
skill	495
skirt	496
slight	891
slip	1128
slope	892
slow	497
smell	498
smile	499
soft	500
solve	501
sorry	1032
sort	502
sound[1]	1129
sound[2]	1130
sour	893
source	894
sow	895
space	503
spare	896